Deutsche

suchen den Garten der Welt

Das Schicksal deutscher Auswanderer in Texas vor 100 Jahren

Nach Berichten erzählt von Fritz Scheffel

Deutsche
suchen den Garten der Welt
Das Schicksal deutscher Auswanderer in Texas vor 100 Jahren
nach Berichten erzählt von Fritz Scheffel (6. Juli 1889 - 19. Februar 1942)
Ursprünglich von der Union Deutsche Verlagsgesellschaft Stuttgart in 1937 veröffentlicht und im Frakturschrift gedruckt. Diese Ausgabe in *Book Antiqua* gesetzt
mit Notizen und Bilder.

ISBN: 978-3-949197-37-6

© Herausgeber Texianer Verlag
www.texianer.com

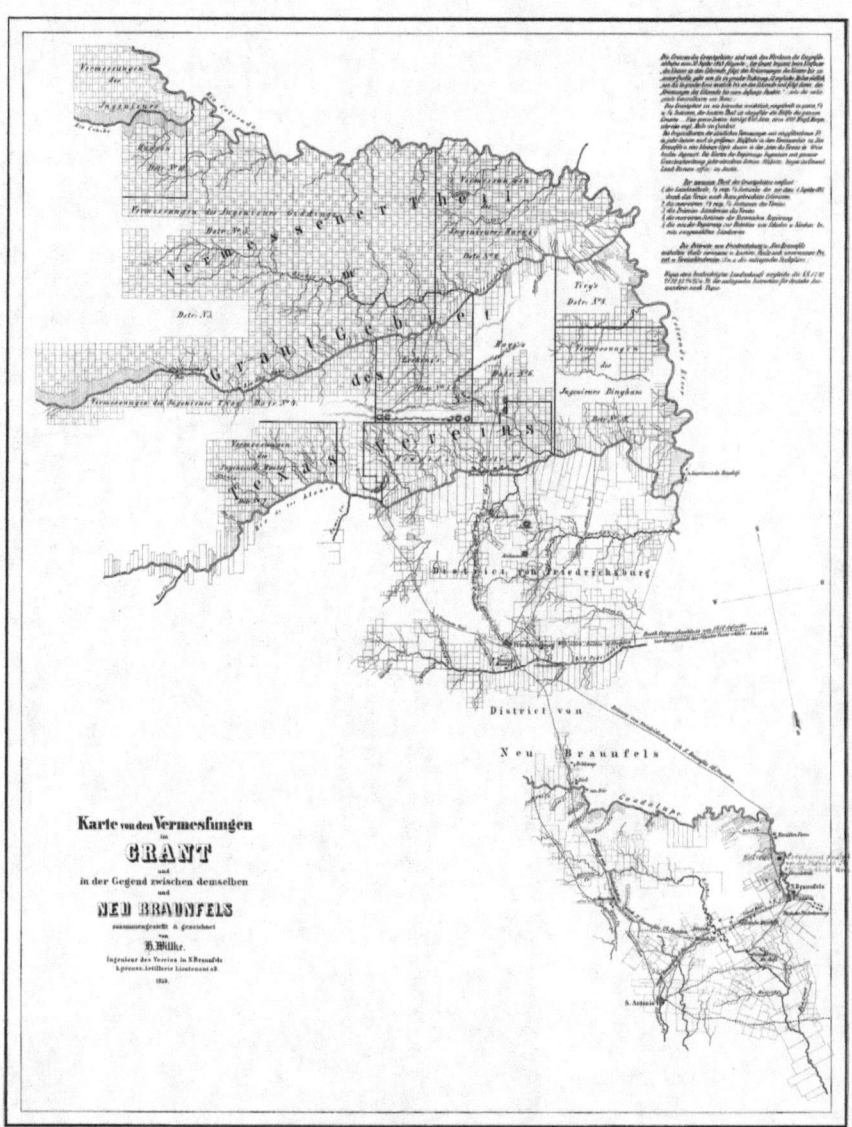

Fig. 1: Vermessungskarte von H. Wilke gezeichnet

a also, hab' ich recht? Immer die alte Geschichte. Zwei Jahre lang geht das nun schon. Sitzung auf Sitzung. Werden die Herren endlich auch fertig? Sie reden und reden, es nimmt kein Ende. Und wir in der Küche müssen's ausbaden. Hab' ich nicht recht, Liebstöckl?"

Liebstöckl, Silberputzer, Ofenheizer, Lampenbesorger und Allerweltsfaktotum im Haus des Festungskommandanten Grafen von Leiningen[1] in Mainz nickte zustimmend.

„So ist's, Herr Häberle, jedesmal verschmort's Essen, wo vor die Herrn gekocht wird. Das schöne Essen! Eine wahre Schand', indem sich der Herr Mundkoch Häberle doch immer solche Mühe geben. Acht Gänge haben S' heute, Vor- und Nachspeis' extra."

Liebstöckl griff unter den Schürzenlatz und zog die Uhr: „Auf zwei geht's, Herr Häberle, denken S', auf zwei Uhr. Für zwölfe war bestellt."

Die Küchentür flog auf. „Ja Lisett, was gibt's denn?" riefen die beiden Männer gleichzeitig.

Das Küchenmädchen ließ sich auf die Bank fallen.

„Du lieber Herrgott, was hab' ich mich jetzt verschrocken, der Kerl da oben, wie er mich angeschaut hat!" Sie drückte beide Hände aufs Herz.

„Kerl, hast du gesagt, was für ein Kerl?" Häberle ließ den Deckel auf den dickbauchigen Suppentopf fallen und hob feinen langen Rührlöffel hoch, als wolle er zuschlagen. Liebstöckl riß die Augen auf. „Oben auf dem Flur, vor dem Saal, wo die Herren schwadronieren, läuft da so ein fremder Kerl hin und her. Huh, wie eine Spinn' schaut er aus! Gelb und dürr, mit einem schwarzen Bart wie ein Bock und Augen, als wollten's einen anbrennen! Ich meint', es wär der Teufel selber, so hat er mich angeschaut. So —" Ihre Augen weiteten sich und stierten Liebstöckl an. Der wich zurück.

Fig. 2: Karl Friedrich Wilhelm Emich Fürst zu Leiningen

Ruhiger sagte sie dann: „Aber gehinkt hat er nicht; das hab' ich genau gesehn. Auf und ab läuft er, als hätt' ihn einer aufgezogen! Was sie nur von so einem Schangel wollen, die Herren?"

Sie verschnaufte. Häberle zupfte an seiner hohen, weißen Mütze herum. Schweißtropfen standen ihm auf der Stirn.

„Unter uns gesagt —" Ein Schwall zischender Dampf fuhr aus einem Topf; spritzendes Fett schoß hinterdrein und verschmorte wild tanzend auf den heißen Herdplatten, zwischen Töpfen und Pfannen.

Häberle sprach den eben begonnenen Satz nicht fertig, griff hastig zu, mitten in das Sprühen und Qualmen hinein und rückte mit spitzen Fingern Gefäße hin und her. Eine fettige Wolke hob sich zur Decke und blieb über den Köpfen der drei stehen.

„Also hab' ich doch recht. Es wird wieder Nachmittag, wie am letztenmal", meinte Häberle, als sei nichts geschehen.

„Und das mit dem Kerl da oben, wo die Lisett so erschreckt hat? Vielleicht ist's schon so einer von da drüben aus dem Amerika, aus Texas. Was mein Freund ist, der Kanzlist Kagelmann. wo immer die Protoköller schreiben muß, wenn die Herren beieinand sind, hat zu mir gesagt, Ludwig, hat er gesagt, das ist eine wichtige Sach', wo mir da betreiben, sozusagen eine Lebenssach' für ganz Deutschland."

Die Küchentür ging leise auf. Die drei fuhren herum und lachten. „Grüß Euch Gott, Herr Kollege", sagte Liebstöckl und machte vor Seiner Wichtigkeit, dem gräflichen Kammerdiener Sebastian Schmoller eine tiefe Verbeugung. Der übersah die Lage, setzte sich neben Lisett auf die Küchenbank und sagte mit einer erhabenen Handbewegung: „Weitermachen." Dann stöhnte er: „Der Wein wird schon wieder warm, das Eis ist zerlaufen. Ich habe kein's mehr und lehne deshalb jede Verantwortung ab. Heut scheint ein ganz besonders großer Tag da oben zu sein. Ich stand eine Weile im gelben Salon und sah durchs Schlüsselloch. Der Kagelmann muß schreiben, daß ihm die Finger zittern. Sie reden und reden. Aber ich habe den Eindruck, als wollten sie heute zu einem End kommen."

Er zog die Augenbrauen hoch und schnippte sich ein Stäubchen vom Aufschlag der Livree. „Es wird wahrhaftig Zeit!"

„Ganz meine Meinung", fiel ihm Häberle in die Rede. „Hab' ich doch auch gesagt, heute kommt's zum Klappen. Was mein

Freund Kagelmann ist, hat mir das im Vertrauen gesagt. Der Mainzer Adelsverein, wie sich die Herren seit dem Sommer 42 nennen, will heute fertig werden, unter allen Umständen, so oder so. Was die Menschen sind, wo es in Deutschland zuviel gibt, die sollen eben fort, fort nach Texas in Amerika. Und das wollen die Herren in die Hand nehmen."

Häberle lehnte sich an den wuchtigen Küchentisch, legte einen Finger an die Nase und versuchte, die Gedankengange seines Freundes Kagelmann wiederzugeben.

„Wir haben zu lange Frieden in Deutschland gehabt, hat er gesagt. Jährlich nehmen die Menschen um dreihunderttausend zu. Wo soll das hinführen? Gibt's doch jetzt schon für viele kaum noch was zu beißen, wer will die in zehn; in zwanzig Jahren alle satt machen? Wie die Läuse in den Blumenstöcken hocken sie dann aufeinander. Und dabei ist die Welt doch so groß und hat noch soviel Platz. Der Zuwachs bringt Hunger. Elend, Jammer und Unzufriedenheit werden zunehmen. Umsturz und Bürgerkrieg wird's geben. Die Massen verderben. Deshalb müssen sie fort, ehe es zu spät ist. Deutschland wird Menschen los, die daheim überzählig sind. Es gibt ihrer genug, die man sich im stillen schon lange dahin gewünscht hat, wo der Pfeffer wächst."

„Recht ham S', Herr Häberle", meinte Schmoller bedächtig, mit erhobenem Zeigefinger. „Von mir aus sollten die Herren fortschaffen, soviel sie nur können; es wird schon ein bißchen eng im Vaterland."

Liebstöckl nickte, und Häberle berichtete weiter; „Auf dem Grund und Boden können nur soviele leben, wie er zu ernähren vermag. Die Erde wächst nicht mit der Zahl der Menschen. Je mehr ihrer werden, desto weniger bleibt für den einzelnen. Wenn die Überflüssigen fortgehen, dann gibt's bessere Zeiten für die, wo daheim bleiben. Und wenn recht viel arme Leut auf die Achse gebracht werden, so haben die wieder Ruhe, wo was besitzen. Dazu sollen sie auch die mitnehmen, wo sonst noch Lust haben, draußen in der Welt ihr Glück zu suchen."

Er beugte sich vor und sagte leise: „Und daß es außerdem eine Menge Menschen sowieso satt haben, das kann ich verstehen. Steuern, Polizei und Pfaffen, von denen gibt's heute mehr, als ein gesunder Mensch vertragen kann. Was mein Schwager ist, der Löwenwirt, Christian, hat er zu mir gesagt, wir leben wie in einem Zuchthaus. Wo du hinrennst, sind Gitterstäbe. Überall eckst du an. Ein Aufpasser steht über dem andern. Und hast du ein paar Kreuzer verdient, dann finden sie genug Schleichwege, dir das wieder abzunehmen.

Ein Loch nach dem andern müssen wir den Hungerriemen enger schnallen. Sagst du Papp, sofort haben sie dich am Kragen. Der Staat ist wie ein Klotz am Bein, und die armen Leute stehen immer auf der Seite, wo die Nägel umgekloppt werden. Guck dir doch dieses arme Deutschland an; wenn's wenigstens einig wäre und zusammenhielte!

Von den neununddreißig Landesvätern stolziert jeder in seinem Land wie ein Gockel auf dem Mist herum. Jeder hat seine eigenen Steuern und Abgaben, sein Heer, seine Polizei, seine Minister, Herren und Beamten. Tausend Hände, die nichts schaffen, greifen nach einer, die arbeitet und reißen ihr den Verdienst aus den Fingern."

„Herr Häberle, nichts für ungut", unterbrach ihn erschrocken der würdige Schmoller, „dies scheint mir doch nicht der Ort, an dem Sie so gefährlich hetzen dürfen; und Ihr Schwager, der Löwenwirt, ist ja bekannt wegen seiner wilden Reden. Der Herren Wohlergehen ist unser Brot. Wenn das nicht wahr wäre, dann ständen wir nicht hier. Und Ihrem Herrn Schwager, dem Löwenwirt, würde es nichts schaden, wenn man ihn mit all den andern auf den Schub brächte, nach Texas meinetwegen, oder sonst-wohin."

Häberle wollte eben einen Trumpf gegen Schmoller ausspielen, da schepperte die Schelle über der Küchentür zweimal grell und hart. Die Köpfe fuhren auseinander, Liebstöckl strich Haar und Schürze glatt und sprang hinaus.

Als Liebstöckl die langsam ansteigende Treppe zum ersten Stock hinaufeilte, sah er den Fremden mit steifen Schritten oben vorüberstelzen. Lisett hatte recht. Vor dem konnte man auch erschrecken.

Leise murmelnd lief er den roten Läufer entlang. Liebstöckl duckte sich und ließ den Unheimlichen erst vorüber. Dann sprang er rechts herum und verschwand hinter einer der vielen Türen, die auf den Flur mündeten.

Baron Bourgeois d'Orvanne[2] nannte sich der Fremde. Seit ein paar Tagen hielt er sich in Mainz auf. Der „Mainzer Adelsverein zum Schutze deutscher Auswanderer" hatte ihn zu abschließenden Verhandlungen in die Dienstwohnung des Festungskommandanten eingeladen. Vor einiger Zeit hatte er nämlich den Fürsten und Standesherren ein Angebot über ein großes Landgebiet in Texas gemacht. Der Adelsverein konnte sich aber nicht so schnell zum Kauf entschließen, wie das Herrn Bourgeois d'Orvanne wünschenswert erschien.

Der Herzog von Gotha hatte ihn bei der ersten gemeinsamen Aussprache eindringlich gemustert und sagte danach offen, daß er keinen guten Eindruck von dem Mann habe.

„Der Kerl gefällt mir nicht", flüsterte er schon während der Verhandlungen seinem Nachbarn, dem Prinzen Solms-Braunfels ins Ohr. Aber der wußte ihn zu beruhigen: „Hoheit, es ist vielleicht das Fremde, Ungewohnte an dem Mann, das Sie abstößt. Er braucht nicht schlecht zu sein, weil er anders aussieht."

Der Herzog von Gotha war nicht der einzige, dem der Fremde aus Texas nicht behagte. Bourgeois, der gerissene Hochstapler, merkte die Unterströmungen, die einen verborgenen Widerstand gegen ihn zusammenschwemmten. Doch seine überlegene Menschenkenntnis befahl ihm, ruhig zu bleiben und sich zu beherrschen.

Mit betonter Sachlichkeit gelang es ihm, die gegen ihn erhobenen Einwendungen abzuwehren; er wollte sein Ziel unter allen Umständen und mit jedem brauchbaren Mittel erreichen. Wer waren vor seiner Erfahrung diese kleinen Potentaten? Sie mußten ihm gefügig werden und den Grant am oberen Medina kaufen.

Er lächelte, weil ihm das Unsichere seiner Lage und die gespielte Sicherheit, mit der er den Herren gegenübertrat, eben jetzt wieder bewußt wurde. In seinen Reden vor der Versammlung hatte er sich mit dem Schein edler Menschenfreundlichkeit zu umgeben gewußt, und dabei war er berechnend und vorsichtig gewesen, wie nie zuvor in seinem Leben. Die Herren mußten seine Opfer werden. Der Kauf mußte zustande kommen, denn er sollte ihm auf lange Zeit alle Sorgen vom Halse nehmen. Nun wurde schon zwei Tage lang verhandelt, und immer noch war man zu keinem Abschluß gekommen.

In bohrender Unruhe schritt Bourgeois d'Orvanne den langen, roten Läufer auf und ab, bereit, jeden Augenblick vor die Versammlung zu treten und den Kauf zu unterschreiben. Mit seinem letzten Geld war er nach Europa gereist. Er setzte alles auf eine Karte.

Der Zauber, den das Wort „Texas" in jenen Jahren nach Europa wehte, hatte auch ihn, wie so viele andere Glücksritter, angelockt. Er gehörte zu denen, die niemals säen und doch immer ernten. Im Lauf der Zeit hatte er sich überlegene Kenntnisse im Landbetrug erworben. Die unklaren und wenig geordneten Verhältnisse in Texas boten ihm dazu reichlich Gelegenheit. Viele Ansiedler, die ihm in die Hände geraten waren, nannten seinen Namen mit Schrecken und Abscheu. Tränen und Unglück bezeichneten die Spur seines unheilvollen Wirkens. Er liebte das große, gefährliche Leben und verstreute das Ergaunerte hemmungslos in alle Winde.

Von Schulden und gierigem Lebenshunger sollte ihn nun ein ganz großer Schlag mit einemmal befreien. Da ihm der Boden von Texas recht heiß unter den Füßen geworden war, kam ihm der Ausflug nach Europa sehr gelegen, denn die handfeste texanische Gerechtigkeit machte wenig Aufhebens mit Leuten seiner Art. Bäume und Stricke zum Aufhängen gab es genug.

Das Land hatte sich nach blutigen Kämpfen 1836 von Mexiko gelöst und selbständig gemacht. Freie Indianer lebten noch auf den weiten Grasflächen in seinem Innern. Aus der Spanierzeit war das Wort von „dem Garten der Welt" in ihrem Gedächtnis geblieben. So hatten die das Land genannt. Leer, offen und wartend lag es hinter dem Golf von Mexiko. Behutsam und leise hob es sich aus dem warmen Meer und stieg über Sümpfe und Moräste langsam nach Westen in die Höhe. In weichen, flachen Wellen verlor sich die Weite grün und buschig am Rand des Himmels. Und der schob sich immer weiter hinaus und wanderte wochenlang vor dem Reiter her, der es wagte, in die wogende Grasflut der Prärie einzudringen. Zwischen den Sümpfen am Meer, in denen Verwesung und Fieber goren, und sagenhaft fernen Gebirgen im Westen lag „das rollende Land".

Was der Norden Amerikas an Überflüssigen und Unsicheren

ausspie, das verschwand spurlos in den grünen Wogen. Von der See her, über Neuorleans und Galveston tastete sich der weiße Mann aus Europa vorsichtig die Flußtäler hinauf. Armselige Ortschaften bezeichneten den Weg seines Vordringens. Jeder Haufe dürftiger Blockhütten nannte sich Stadt und prunkte mit einem glanzvollen Namen.

Die Urkraft des Beginnens, die Unruhe der Fremde in der uferlosen Weite jagte die Ankommenden von einem Ort zum andern. Der „gelbe Jakob", so nannten sie das Fieber, und die unbarmherzige Natur trieben manchen wieder fort von der Stelle, an der er voll Hoffnung sein Leben neu zu beginnen suchte. Ungezählte starben oder fielen im kreischenden Kriegsgeschrei der Komantschen, wurden skalpiert, und ihre Knochen bleichten in der Prärie.

Doch der Strom der Einwanderer ließ nicht nach, Ameisenzügen gleich krochen sie von der Küste herauf. Wie groß war das Land eigentlich? Wieviele Menschen beherbergte es? Wo lagen im Westen seine Grenzen? Auf diese Fragen gab es keine genaue Antwort. Auf den Landkarten sah man noch große, weiße Flecke, viele, viele Tagereisen weit. Ein paar Indianerpfade, zwei, drei alte Reifewege aus der Spanierzeit wanden sich schmal und verschwiegen durch die endlose Weite der wogenden Grasmeere, durch raschelnde Eichenwälder und verloren sich in den Schluchten unbekannter Gebirge.

Unerschöpflich schien die Menge des Wildes in den Jagdgründen der Indianer. Das Land wartete auf den Pflug. Der junge Staat fing an, sein Gebiet, das er noch gar nicht genau übersah, planmäßig aufzuteilen. Am Schreibtisch, mit Lineal und Zirkel, Arbeitsscheuen, die Landhungrigen und Besitzgierigen, sie brachen auf nach Texas. Zu verlockend klang die Kunde, die von drüben herüberkam. Wie eine Seuche flog die Auswanderungslust über ganze Gegenden und entvölkerte sie.

Über Deutschland lag wie eine finstere Wolke die Angst vor zunehmender Verarmung und Verelendung. Wer arm war, wurde gefährlich.

„Armut ist wie ein schwelender Brand in einer gefüllten Scheune. Der muß ausgetreten werden. Deshalb fort mit den Armen und Überflüssigen", sagten die Klagen. Ziellos, ohne

Plan und klaren Blick fuhren die meisten über das große Wasser, und viele kamen um, verlassen und enttäuscht.

Bourgeois d'Orvanne blieb plötzlich stehen. Aus dem Saal hinter der hohen, zweiflügligen Tür hervor drang ein empörtes Durcheinander von Männerstimmen zu ihm heraus. Ihm war, als säße er auf einem scharfen Messer. Die Herren schienen noch lange nicht einig zu sein. Und die Aufgabe, die sie sich gestellt hatten, die deutsche Auswanderung von einem Punkt aus zu leiten und die Auswanderer in der Fremde planmäßig anzusiedeln, wurde immer schwieriger, je mehr man sich nach jahrelangen grundsätzlichen Erwägungen nun endlich der Durchführung und Verwirklichung der Pläne näherte.

Heute, am 25. März 1844, sollten die vorbereitenden Arbeiten zum Abschluß gebracht werden. Nach ermüdenden Widerwärtigkeiten, nach Rückschlägen und Irrtümern war es dem Adelsverein gelungen, mit einem einflußreichen Texaner in Geschäftsverbindung zu kommen. Denn für einen solchen hielt die Mehrzahl der Herren Bourgeois d'Orvanne. Sie glaubten, er verfüge wahrhaftig über ein Landgebiet, das Tausenden eine Heimat werden konnte. Herzog Adolf von Nassau, der die Verhandlungen führte, gab sich redliche Mühe, den Kauf zum Abschluß zu bringen.

Bourgeois d'Orvanne kam wieder in Bewegung. Ein Krampf zog ihm das Herz zusammen. Was sollte werden, wenn sich das Geschäft zerschlug? Er sah nach der Uhr. Drei Stunden lief er nun schon den Flur auf und ab.

„In Deutschland lernt man warten", knurrte er aufgebracht vor sich hin. „Würden sie mich doch nur einmal noch zu Wort kommen lassen! Sie müssen einsehen, daß Landbesitz in Texas nicht des kleinlichen Nachweises bedarf, wie in dem bürokratischen Deutschland, wo jede Handbreit Boden ausgemessen und eingetragen ist."

Samuel Houston[3], der Präsident, hatte nach einer durchzechten Nacht mit offenen Händen Landlose ausgestreut. Bourgeois d'Orvanne erntete aus dem Segen einen sagenhaft großen Grant, über den er nichts weiter besaß als eben jenen Handzettel des Präsidenten. Was ihn als neuen Großgrundbesitzer drückte, war die Anweisung, das Gebiet bis 31. Juli 1844 zu besiedeln.

Könne er die Frist nicht einhalten, dann fiele das Land an die Regierung zurück, so stand aus dem Papier.

Das aber hatte er dem Adelsverein verschwiegen. Die Herren mochten, wenn sie den Termin verstreichen ließen, sehen, wie sie mit der texanischen Regierung ins Reine kämen Das würde ja dann seine Sorge nicht mehr sein.

Aber noch war es nicht so weit. Man verhandelte noch immer und Bourgeois d'Orvanne lief weiter sorgenbeladen den roten Läufer auf und ab.

Hoch aufgereckt lehnte sich der Herzog von Meiningen[4] über den Tisch und verschaffte sich mit seiner starken Stimme Gehör. Das allgemeine Gespräch verstummte.

Fig. 3: Friedrich Ludwig Weidig

„Es muß alles getan werden, den Frieden im Land zu sichern. Sollen die Bestrebungen verrannter Weltverbesserer in sich zerfallen, soll der Pesthauch des Kommunismus, wie ihn der Pfarrer Weidig in Hessen[5] predigte, nicht alles und jeden vergiften, mit einem Wort, soll dem langsam andrängenden Umsturz der sozialen Verhältnisse entgegengearbeitet werden, dann gibt es nur ein Radikalmittel, die Auswanderung.

Ich rufe Ihnen das Wort des Aufrührers Georg Büchner[6] aus dem Darmstädtischen ins Gedächtnis, das er vor zehn Jahren unter die Massen warf: ‚Friede den Hütten; Krieg den Palästen!'

Es ist auch heute noch ungeschwächt die Kampfparole gewisser Kreise, und mir scheint, als würde ihre Wirkung immer stärker. Fördern wir also die Auswanderung! Aber man darf ihr nicht freien Lauf lassen, man muß sie ordnen und lenken. Darin sind wir alle einig. Wer die Umschichtungen im Landvolk und in den Städten nur vom grünen Tisch aus betrachtet, dem mögen Gefängnisse, Arbeitshäuser, Polizei und Militär ausreichend erscheinen, die sozialen Wirken in ihren Auswüchsen niederzuhalten.

Fig. 4: Sam Houston in 1861

Aber glauben Sie mir, es rückt eine neue Zeit heran, die noch niemand in ihren letzten Auswirkungen übersehen kann. Es kommt ein Zeitalter der Dampfmaschine, das die Welt verwandeln wird. Werkstätten werden veröden und das Handwerk verarmen. Arbeitslosigkeit weiter Volksteile schlägt sich als Dauerzustand nieder. Dazu hatten wir in den letzten Jahren eine Kette von Mißernten zu tragen; Bauer und Arbeiter verschuldeten. In Hessen steht es besonders schlimm.

Die letzten Kräfte des an sich so gesunden Volkes versacken in Ohnmacht, Hoffnungslosigkeit und Verbitterung. Fremde Nutznießer saugen ihm das Mark aus den Knochen. Und die Opfer dieser Zustände? — Sie fallen dem Staat und den Gemeinden zur Last. Sie streifen zuletzt alle Hemmungen ab, begehen Verbrechen, verrohen und werden eine wachsende Gefahr für die menschliche Gesellschaft.

Solche Erscheinungen können nicht mit kleinlichen Maßnahmen bezwungen werden. Deshalb wollen wir die blinde, planlose Auswanderung zusammenfassen und ordnen. Das sind wir dem Volk schuldig. Es ist gut, aber man hat wenig getan, sein Selbstvertrauen und seine Lebensklugheit zu heben. Planlos laufen die, denen der Glaube an Heimat und Vaterland verlorenging, davon, in Länder, von denen man ihnen erzählte, daß dort Milch und Honig fließe. Das muß aufhören.

Ich bin der Meinung, daß wir zugreifen sollten. Entspricht das große Landgebiet in Texas auch nur zur Hälfte dem, was uns Herr Bourgeois d'Orvanne davon verspricht, dann können wir Tausenden helfen. Die vom Siedlungsausschuß unseres Vereins seit zwei Jahren vorbereiteten Maßnahmen zur Durchführung einer geschlossenen Auswanderung würden nach dem Kaufvertrag erfüllt werden. Die Zeit drängt. Ich bitte die Herren, nun zum Abschluß zu kommen."

Der Herzog sah die lange Tafel hinunter und setzte sich.

„Gott sei Dank! Endlich das erlösende Wort", rief der Prinz von Solms-Braunfels[7] mit heller, durchdringender Stimme in das Gemurmel hinein, das den Worten des Herzogs von Meiningen folgte.

Fig. 5: Carl Prinz zu Solms-Braunfels (1812-1875)

„Sagen Sie endlich Ja, meine Herren! Wer möchte sich den tausendfältigen Vorteilen verschließen, die das Projekt mit sich bringt. Unzähligen können wir in der neuen Heimat durch geschlossene Ansiedlung ihr Deutschtum erhalten. Deutsche Städte und Dörfer sollen in Texas die Flußläufe entlangwachsen und die Straßen säumen."

Er stand auf. Seine Augen glühten. „Und die Tausende drüben über dem Meer werden das schaffen, wozu unsere Kraft im Vaterland für uns selber noch nicht ausreichte: einen geschlossenen, einigen deutschen Staat! Neugermania sehe ich entstehen im grünen Texas! Und der Segen, den ihnen der fruchtbare Boden freigebig schenkt, ihn sollen deutsche Schiffe uns herüberbringen, unserem Mangel abzuhelfen. Der Überfluß unserer Erzeugung an Waren und Werten wird dann als Entgelt hinübergehen."

Er machte nach diesen aufgeregt gesprochenen Sätzen eine Pause und ließ seine leuchtenden Augen über die Männer schweifen. „Stehen wir nicht an einem Wendepunkt? Deutschland über dem Meer ruft und will werden! Wir sind bereit. Schließen wir den Kauf ab! Die Arbeit kann sofort beginnen. Ich brenne darauf, nach jahrelangem Planen und Besprechen nun endlich zum Handeln zu kommen."

„Wenn das nur alles so einfach ginge!" sagte mitten in die heißen Worte des jungen Solms hinein bedenklich Prinz Friedrich von Preußen. „Dann könnte man es mit Begeisterung allein schaffen. Aber mich drückt die Verantwortung, die wir auf uns nehmen, schwer. Gelingt das Werk nicht, so unterschreiben wir mit dem Landkauf das Todesurteil von Laufen-

Fig. 6: Das Logo des „Mainzer Adelsvereins"

den. Ist Bourgeois d'Orvanne ein Schuft, dann zeigt die Welt mit Fingern auf uns und wird mit Hohn nicht sparen. Als wir vor zwei Jahren den Grafen Boos Waldeck[8] hinüberschickten nach Texas, damit er sich umsähe und Tuchfühlung nähme, da hörten wir nicht allzuviel Erbauliches. Seine Berichte waren kärglich, bis sie endlich ganz verstummten. Er blieb drüben und gründete sich eine eigene Farm. Es gelang ihm nicht, vom Staat ein größeres Gebiet für unsere Siedlungsabsichten zu erhalten. Was dem Grafen nicht gelang, das will uns jetzt dieser exotische Herr bringen. Vorsicht, meine Herren! Was hat der Mann eigentlich an klaren Besitztiteln in der Hand? Lächerlich wenig. Einen Zettel, den der Präsident von Texas unterschrieben haben soll, und eine dürftige Landkarte, in der mit Notstift ein großes Gebiet am Fluß Medina umrissen ist. Ist die Unterschrift echt? Was besagt die leere Karte? Es wurde vorhin betont, der Mann sei doch von altem, französischem Adel und würde es schon deshalb nicht wagen, uns hineinzulegen. Ist aber sein Adel echt?"

Prinz Friedrich von Preußen strich sich nachdenklich den Bart und kniff die Augen zusammen. „Man muß sich an die Wurzeln des fortschreitenden Pauperismus herangraben, Preußen wird vielleicht versuchen, überflüssiges Stadtvolk in den weiten Landgebieten seines Ostens unterzubringen. Fünfzig Jahre reichen nicht aus, die Verwirrung wieder auszugleichen, die Napoleon in Deutschland angerichtet hat. So schlimm wie in Hessen und Thüringen steht es bei uns noch nicht. Die Auswanderung wird zu einer Manie, die, wenn man sie nicht hemmen möchte, auch nicht gefördert werden sollte. Wie ein Fieber schüttelt sie das Volk. Ist es aber seine bösen Träume los, wenn man ihm ein besseres Bett verspricht? Ich warne! Krisen gehen vorüber. Man soll die romantischen Sehnsüchte von Schwärmern nicht leichtfertig unterstützen. Kann ein Staat gesund bleiben der solche Entvölkerungspolitik grundsätzlich betreibt?

Müßten wir nicht viel eher auch der Presse einen Maulkorb vorhängen, die die Verwirrung mit ihrem Geschwätz nur noch vergrößert? Vor kurzem las ich in einer süddeutschen Zeitung den Satz: ‚Während in Europa die Drohnen alle Vorrechte in Anspruch nehmen, gelten in Amerika nur die Bienen!' Solche Prägungen schlagen ein. Fleißige, verarmte Bürger, denen die Steuerlasten über den Kopf gewachsen sind, gesunde, aber verschuldete Bauern, fortschrittlich denkende Handwerker werden abgeschoben. Uns bleiben das Gesindel der Landstraßen, die unverbesserlichen Zuchthauskandidaten und die ewig Arbeitsscheuen. Man heilt den Schaden nicht mit Maßnahmen gegen die, die doch nur Opfer sind. Ich warne noch einmal!"

Er machte eine Pause und ließ seine ernsten Augen über die Versammlung streichen. Prinz Moritz von Nassau lachte und sagte: „Durchlaucht spielen wohl auf die Bedingungen der texanischen Regierung an, nach welchen nur sittlich einwandfreie, unbescholtene Leute drüben zuwandern dürfen? Das ist kein Grund zur Sorge. Jeder, dem wir über den großen Teich helfen, wird ein tadelloses Führungszeugnis in die Hand bekommen. Rein wie die Unschuld werden die Engel landen, die wir hinüberschicken."

Er preßte die Finger übereinander, daß die Knöchel krachten.

„Der Staat ist keine Wohlfahrtsanstalt", fuhr er höhnisch fort, wem er nicht paßt, der soll gehen. Und wer uns nicht gefällt, dem helfen wir hinüber. Es ist mit soviel vorsichtigen Worten um diese Dinge herumgeredet worden. Ich will sie endlich einmal klar aussprechen. Eine ganz einfache Rechnung ergibt, was zu tun ist: Wenn die Unterhaltskosten für gewisse Subjekte in Zuchthäusern, Gefängnissen und Arbeitsanstalten höher sind als dort die Ansiedlungskosten, dann wäre es Frevel, die Nutznießer des Staates dazubehalten. Fort mit ihnen! Man mag einige unter jeden Transport mischen. Fort mit allen, die am Staate zehren, ohne ihm zu nützen. Greifen wir zu, kaufen wir das Land des Herrn Bourgeois d'Orvanne. Wir haben das Direktorium für die Arbeit in Texas noch zu wählen. Gut, nehmen wir den Mann mit hinein und geben ihm einen bezahlten Posten. Dann haben wir ihn in der Hand und können ihn haftbar machen, wenn er uns übers Ohr gehauen hat."

Der Vorschlag des Prinzen Moritz von Nassau wurde von der Mehrzahl der Herren gutgeheißen. Man einigte sich, den Grant zu kaufen und Bourgeois d'Orvanne eine Stelle im Direktorium anzutragen. Generalkommissar für Texas wurde der Prinz von Solms-Braunfels.

Zum geschäftsführenden Direktor in Mainz, dem Sitz des Adelsvereins, bestimmte man den Grafen Karl von Castell[9]. Prinz Solms und der Franzose sollten mit aller Beschleunigung nach Texas abreisen, um die Unterbringung der ersten Transporte vorzubereiten. Die mußten das Siedlungsgebiet noch vor dem Anbruch des Winters erreichen, damit die Aussaat im kommenden Frühjahr sich nicht verzögerte.

Man rief Bourgeois d'Orvanne in den Saal. Schleichend wie eine Katze, betrat der schmächtige Mann den Raum. Eine Welle heimischer Freude flog über sein Gesicht, als er mit scharfem Blick die Versammlung musterte. „Sie sind auf den Leim gekrochen", frohlockte es heiß in ihm.

Er verbeugte sich. Der Vorsitzende begann: „Herr Baron, die hohe Versammlung hat sich entschlossen, von Ihrem Angebot Gebrauch zu machen."

D'Orvanne neigte sich tief und legte die rechte Hand aufs Herz. „Zehntausend Dollar, also die Hälfte des Kaufpreises, werden Ihnen nach der Unterzeichnung des Vertrages durch das Bankhaus L. H. Flersheim in Mainz angewiesen. Den Rest erhalten Sie nach der endgültigen Übernahme des Grants durch den Kommissar Prinzen Solms-Braunfels in Texas."

Der Franzose wurde um einen Schatten bleicher. Er spürte ein Würgen hinter seiner weißen, festsitzenden Binde beim Schlucken, das den Hals hochstieg.

„Zehntausend?" schoß es ihm durch den Kopf. „Nur die Hälfte? Dann ist die andere verloren; denn in Texas muß sich herausstellen, daß sie Wind gekauft haben." Ein trockener Husten zwängte sich ihm in die Kehle, doch faßte er sich sofort wieder.

„Danke särr, danke särr", schnarrte er mit ausgedörrter Stimme und schlug die Augen nieder. Niemand bemerkte die Enttäuschung, die aus diesen Worten hervorklang und spürte etwas von der heftigen Gedankenarbeit hinter des Franzosen ledergelben Stirne, mit der er die Lage zu meistern suchte.

Graf Castell fuhr fort: „Das Geld wird Ihnen aber nur dann ausgezahlt, wenn Sie bereit sind, den Posten eines zweiten Kommissars in Texas zu übernehmen."

Bourgeois d'Orvanne fuhr sich mit dem Finger hinter die Halsbinde. Er kam sich wie ein Gehenkter vor. Hatte er recht gehört? Jetzt mußte er seine Pläne augenblicklich umstellen; denn er hatte vorgehabt, nach der Auszahlung des Geldes schleunigst aus Mainz zu verschwinden. Äußerlich verriet nichts in dem lächelnden Gesicht etwas von dem, was hinter seiner Stirn vorging.

„Danke särr, eine große Ärre, danke särr", knarrte seine Stimme, und er verbeugte sich wieder einige Male.

„Sie nehmen also unsere Bedingungen an und werden als Berater Seiner Durchlaucht des Prinzen Solms-Braunfels sofort nach Texas zurückreisen, die Expedition in den Grant begleiten und an unserem Vorhaben nach besten Kräften mitarbeiten. Dafür bietet Ihnen der Verein ein entsprechendes Gehalt und verschiedene Sicherheiten an, die im Kaufvertrag enthalten sind und die Sie vor der Unterzeichnung einsehen wollen."

Bourgeois d'Orvanne hatte sich schon wieder aufgefangen. Über sein gelbes Gesicht flog ein verbindliches Lächeln. Die Herren legten es aus, als sei es eine Anerkennung ihres klugen Angebotes. Der Franzose aber drückte damit nur feine Überlegenheit aus, die ihm schon neue Wege zeigte, die unerwarteten Hindernisse zu überwinden. Jetzt kehrte er als Beauftragter des Mainzer Adelsvereins nach Texas zurück. Wer würde es unter diesen Umständen wagen, sich an ihm zu vergreifen?

„Oh, isch werrde macken eine särr gutte Arbeit an Verein, werrden sein särr content über mir. Isch sein glückelisch an disser carrière fameuse." Er machte dabei mit dem rechten Arm eine weitausholende Bewegung, die höchste Zufriedenheit auszudrücken schien.

Man reichte ihm den Kaufvertrag. Hastig flogen seine Augen über die Seiten.

Da er die Hauptpunkte kannte, waren ihm Nebensachen gleichgültig. Fieberhaft arbeitete sein Kopf; denn er mußte sich genügend Vorsprung schaffen, um sein Ziel trotz aller störenden Bedingungen des Vertrages doch zu erreichen. Blitzartig erinnerte er sich an die Bestimmung, daß alle in Deutschland geschlossenen Verträge in Texas keine Gültigkeit hatten. So griff er jetzt mit einer ausgesucht vornehmen Handbewegung nach der Feder und setzte seinen Namen großspurig unter den Vertrag. Ein wichtiger Abschnitt in der Entwicklung des Mainzer Adelsvereins war damit zum Abschluß gekommen.

„Und er ist doch ein Schuft", sagte Herzog Ernst von Gotha zu sich selber; er hatte den Franzosen keine Sekunde aus den Augen gelassen.

Das war am 25. März 1844.

„Wissen Sie, Köchert, ich bin wirklich erschrocken über die kalte Offenheit, mit der Sie Ihre Geständnisse machen. Als hätten Sie nichts zu verlieren!"

Kirchenrat Koser drückte seine Stirn an die Fensterscheibe und kehrte dem Schulamtskandidaten Hermann Köchert aus Stedtfeld bei Eisenach den Rücken zu. Der junge Lehrer stand an der Tür und hatte die schmächtige Gestalt des geistlichen Herrn und das dämmerige Studierzimmer vor sich. Dünne Schwaden von Pfeifenrauch wogten in den Winkeln. Vor dem Fenster jagte ein wetterwendischer Apriltag einen Regenschauer nach dem andern vorüber.

Koser wandte sich um. Einen Augenblick lang stand sein Gesicht im Profil vor der Fensterscheibe, hager und mürrisch. „Ich warte auf ein Wort der Entschuldigung von Ihnen, Herr Kandidat. Haben Sie mir nichts weiter zu sagen?"

„Nein, nichts", antwortete Köchert. Die Spannung stand wie eine überstraffte Saite zwischen den beiden Männern.

„Gut, dann wiederhole ich noch einmal die Punkte Ihres Geständnisses, wie ich sie der Regierung mitteilen werde." Er sah Köchert dabei mit harten Blicken an.

Sie haben zum Bürgermeister Ihres Schulortes gesagt, als er Sie zu regelmäßigem Kirchgang anhielt: ‚Der liebe Gott wird einmal nicht die Hosenböden zählen, die auf Kirchenbänken durchgewetzt sind. Ich glaube, daß er sich das Herz eines Menschen ansieht und den ganzen Kerl. Christentum ist mehr als nur eine Feiertagsgewohnheit im Bratenrock.' Haben Sie in diesem Punkt etwas zu Ihrer Entschuldigung anzuführen?"

„Nein."

„Dann erklärten Sie demselben Herrn, als Sie sich mit ihm über die sittliche Verwahrlosung unserer Zeit unterhielten : ‚Schlechte Gedanken kommen viel öfter aus einem leeren Magen als aus verdorbenem Herzen. Ein gutes Essen wäre dem Hungrigen meist nützlicher als die beste Sonntagspredigt.' Haben Sie das gesagt?"

„Ja."

„Ferner versuchten Sie in Ihrem Unterricht die unausgegorenen Gedanken über die sogenannte Entwicklung aller Dinge anzubringen. Sie wiesen hin auf den Wandel der menschlichen und tierischen Gestalt im Lauf der Zeiten. Das geschah wiederholt. Ich habe Beweise."

Koser trat vor den jungen Mann. Der sah ihm offen in die zusammengekniffenen Augen.

„Wissen Sie, daß Sie damit gegen Gottes von Anfang an vollendete Welt gefrevelt haben, indem Sie sein gewaltiges Schöpfungswerk aus den Angeln zu heben suchten?" Seine dünndrähtige Stimme zitterte bei den letzten Worten.

Köchert blieb ruhig. „Ja, ich weiß es. Aber das nimmt der Größe und Ehre Gottes nichts. Ich mühte mich nur um die richtige Einschätzung einer an sich sehr hübschen Geschichte aus dem alten Testament. Der Jude, der sie erfand, wird mir nicht böse sein, wenn ich heute andere Wege suche, Entstehen und Werden der Welt zu erkennen."

Koser fuhr hoch. Seine Stimme überschlug sich. Er krallte die dürren Finger in den Rockaufschlag des Lehrers und versuchte, den jungen Mann zu schütteln. Aber der stand fest wie ein Pfahl.

„Halbbildung, Frevel!" zischte er. „Mißbrauch von unklaren Erkenntnissen einer gärenden Zeit. Unkritisch nimmt der Unreife hin, was ihm nichtsnutziger Zersetzungswille zuträgt."

Er sah Köchert mit bohrenden Blicken an. „Junger Mann, noch ist es Zeit zur Umkehr. Bereuen Sie Ihre Worte und versprechen Sie Besserung. Kehren Sie zurück in den sicheren Hafen des Glaubens!"

Köchert schob die Hand des Geistlichen von seinem Rockaufschlag herunter und sagte kühl: „Keinen Schritt kann ich zurück. Es liegen zuviel durchkämpfte Nächte vor meiner Erkenntnis."

„Hören Sie auf!" brüllte Koser entsetzt. „Gott wird Sie strafen in seinem Zorn. Die Kirche gibt kampflos keinen Millimeter von ihrer Substanz preis. Nun weiß ich genau, wer Sie sind, und verstehe auch, wie Sie dazu kommen konnten, in Gegenwart einiger Ihrer Kollegen in Eisenach über die Schriften jenes von der Hölle ausgespienen Hessen Georg Büchner zu sprechen und sogar daraus vorzulesen. Gott sei Dank! Es gibt noch aufrechte Männer mit einem felsenfesten Glauben. Warum taten Sie das?

Die Zeiten sind ohne Ihr Zutun schlecht genug. Es gärt im Volk. Irgendwo reifen Entscheidungen. Die romantischen Sehnsüchte junger Leute nach einem einigen Deutschland, nach Kaisertum und völkischem Zusammenschluß verwirren den Unfertigen die Köpfe. Sie stehen im Dienst des Großherzogs. Anderes hat Sie nicht zu bekümmern. So ist es, Herr Köchert. Und nun werden Sie wohl selber nicht mehr auf eine feste Anstellung im Staatsdienst rechnen."

Köchert ließ den Redeschwall über sich ergehen. Der Kirchenrat trat einige Schritte zurück an seinen Schreibtisch, nahm mit spitzen Fingern einen Zettel auf und sah den Lehrer hämisch an: „Und mit dem da setzten Sie Ihrem hochverräterischen Treiben die Krone auf."

Er schwang den Zettel wie eine Fahne durch die Luft. „Die Gerechtigkeit hat mir das in die Hände gespielt!"

Seine dürren Finger hielten das zerknitterte Papier weit weg; er las mit spürbarem Ekel: „Denn die Schrift sagt: Was Gott vereinigt hat, das soll der Mensch nicht trennen; und daß der Allmächtige, der aus der Einöde ein Paradies umschaffen kann, auch ein Land des Jammers wieder in ein Paradies umschaffen kann, wie unser teueres Deutschland war, bis seine Fürsten es zerfleischten und schunden..." und so weiter.

„Das deutsche Volk ist ein Leib; ihr seid Glieder dieses Leibes. Wenn der Herr euch ein Zeichen gibt durch Männer, durch welche er die Völker aus der Dienstbarkeit zur Freiheit führt, dann erhebt euch. Und der ganze Leib wird mit euch aufstehen. Herr, zerbrich' den Stecken unserer Treiber und laß dein Reich zu uns kommen, das Reich der Gerechtigkeit! Amen."

Koser kniff seine dünnen Lippen hart aufeinander und sah Köchert voll Verachtung an. „Das haben Sie geschrieben?" Er betonte jedes Wort.

„Ja, abgeschrieben", antwortete Köchert trocken.

„Wieso, abgeschrieben?" — Kosers Augen blinzelten mißtrauisch.

„Diese Sätze stammen aus einer Flugschrift des hessischen Naturforschers Georg Büchner. Der Mann ist 1837 gestorben und kannte die tiefsten Röte des Volkes. Seine Worte werden lebendig bleiben unter allen, die sich nach Freiheit und Gerechtigkeit sehnen. Ich rechne mich zu ihnen. Deutschland soll frei, groß und einig werden; die Tyrannen — „

„Schwätzer! Schluß mit dem Unfug!" Koser stampfte mit dem Fuß auf und warf den Zettel auf die Dielen. „Mensch, wissen Sie, daß Sie ein Hochverräter sind? Ein Aufwiegler gegen die von Gott gesetzte Ordnung! Gott hat den Staat so werden lassen, wie er ist. Und deshalb darf niemand ungestraft daran rühren!"

Er holte tief Luft und zupfte an seinem dürftigen Kinnbart. „Seht habe ich Sie ganz in meiner Hand. Ich kann Sie vernichten, wenn ich will." Er keuchte und holte wieder einige Male Luft. „Finden Sie kein Wort, aus dem ich aus Ihre Umkehr schließen könnte?"

„Tun Sie, was Sie glauben tun zu müssen", antwortete Köchert mit fester Stimme.

Kirchenrat Koser besann sich. Irgend etwas hielt ihn zurück, das auszusprechen, was ihm auf der Zunge lag. Er hatte den Lehrer in die Knie zwingen und erniedrigen wollen. Das war ihm bis jetzt nicht gelungen. Köchert ließ sich nicht ein Haar breit aus seiner Haltung drängen.

„Köchert", begann er nach einer Pause, „Sie sind ein hitziger, unklarer Mensch und tun mir leid; ich will Ihnen Bedenkzeit geben. Überlegen Sie sich alles noch einmal. Wenn Sie Einkehr halten und zu Recht und Ordnung zurückfinden, dann soll das, was wir eben erlebten, unter uns bleiben und keine weiteren Folgen für Sie haben."

Er wollte ihm die Hand geben.

Köcherts bleiches Gesicht hob sich ein wenig. Unwirklich weiß stand es in dem düsteren Raum. Er trat einen Schritt vor und übersah die Hand des Geistlichen.

„Ich danke Ihnen, Herr Kirchenrat. Aber lassen Sie die Dinge laufen, wie sie laufen müssen. Ich brauche keine Bedenkzeit und bin bereit, alles zu tragen. Es wird für Deutschland nie etwas erreicht, wenn wir vor jeder Gefahr die Segel streichen und um eines persönlichen Vorteiles willen vom Weg abbiegen."

Dem Geistlichen trat der Schweiß auf die Stirn. Er drehte sich um und sah wieder zum Fenster hinaus. Regenschauer peitschten an die Scheiben.

„Kann ich gehen?" fragte Hermann Köchert schlicht.

Der Kirchenrat wandte sich um, ging hastig auf ihn zu und sah ihn mit stechenden Augen an. „Unglücklicher Mensch! Mir tut das Mädchen leid, mit dem Sie sich vor ein paar Wochen verlobten. Ich gebe Ihnen einen guten Rat: Für Leute Ihres Schlages ist kein Platz mehr in Deutschland. Wandern Sie aus! Sie gehören zu all den Überflüssigen, die hier nicht auf ihre Kosten kommen. Gehen Sie meinetwegen hinüber nach Texas! Dort wird der Staat Wolkenkuckucksheim gegründet. Vielleicht können Sie da noch etwas werden."

Er lachte meckernd, beugte sich über seinen Schreibtisch und zog unter einem Stapel Akten eine Zeitung hervor. Die rechte Hälfte riß er herunter, faltete sie zusammen und drückte sie dem Schulamtskandidaten Hermann Köchert aus Stedtfeld in die Hand. „Das ist etwas für Sie. Und damit Gott befohlen."

Er zeigte mit der Hand nach der Tür. Der Lehrer ging ohne Gruß hinaus.

Der Sturm riß dem Hinauseilenden die schwere Haustür aus der Hand, knallte sie zu und trieb ihn in die vom Regen triefenden Straßen hinaus. Köchert spürte das Zeitungsblatt in seiner Linken, schob es in die Rocktasche und schlug den Kragen hoch.

Die Erregung, die er vorhin mit aller Kraft niedergehalten hatte, brannte nun sengend heiß in ihm hoch. Die Gedanken überstürzten sich. „Auswandern", hatte Koser zuletzt gesagt. Nach Texas? Wo lag das? Zunächst war ihm das Wort nichts weiter als ein leerer Klang, angetan mit dem Gefühl von Weite und Fremde. Köchert atmete schwer. Er kam sich ausgestoßen und einsam vor. Es fröstelte ihn. Mit der Schulmeisterei war es nun wohl aus. Was sollte werden? — Auswandern, hatte Koser gesagt. Das Wort fraß sich in seinem Gehirn fest. Er kannte manchen, der der Heimat in den letzten Jahren den Rücken gekehrt hatte. Bauern, Arbeiter, Handwerker, Gelehrte, viele, viele, die es satt hatten.

Ihm war der Gedanke noch nicht gekommen. Er hatte kämpfen wollen, um zu siegen. Und nun war er schon aus der Bahn geworfen. Aus einer Dachrinne sprang ein Guß Regenwasser auf seinen Hut und sprühte ihm ins heiße Gesicht. Er zog das Schnupftuch und trocknete sich ab. Warum waren die fort? Der Schatten Metternichs lag noch wie ein Alpdruck auf allen freien

Geistern. Gesinnungsschnüffler standen überall umher, um jedes offene Männerwort, alle Seufzer und Flüchesdienst eifrig aufzufangen und der allmächtigen Polizei die Unsicheren in die Hände zu spielen. Auf Festungen und in Gefängnissen saßen die, die das ausgesprochen hatten, was alle drückte. Kirchliche Unduldsamkeit engte die Gemüter ein.

Wie eine Heerschar zog es aus den deutschen Staaten, sammelte sich in den Hafenstädten, zerbröckelte und verwehte wie Staub in alle Welt. Briefe kamen aus der Ferne und wußten Wunderdinge zu erzählen. Sie logen und übertrieben, weil es so schwer war, den Daheimgebliebene Enttäuschung und Unglück einzugestehen. Schenkte die Ferne den Sehnsüchtigen nicht alles, was sie noch zu hoffen und zu wünschen wagten? – Und dieser Glaube war stärker als alle Vernunft. Mit ganz feinen Fühlern schlich er sich jetzt auch in Hermann Köcherts Denken. Er wußte es nur noch nicht. Um einem neuen Regenschauer auszuweichen, trat er unter einen Torbogen.

„Ist das überhaupt noch ein Leben? Kommt man mit Offenheit und Ehrlichkeit wirklich voran? Geht es den Eigensüchtigen und Wendigen nicht besser?"

In der Not seines Herzens fand er keine klare Antwort auf diese Fragen. Ihm war, als stünde er sich selber gegenüber. Er mußte bitter lachen über das, was er sah: Einen entgleisten Schulmeister, mit einem Schädel voll hoher Gedanken, in einer jämmerlich verpfuschten Wirklichkeit.

„Bring's in Ordnung", hatte sein Bruder am Morgen verärgert zu ihm gesagt, ehe er sich auf den Weg nach Eisenach machte. „So darf das nicht lange mehr weitergehen. Und ehe du dein Amt nicht sicher hast, ist auch ans Heiraten nicht zu denken." Nun war alles aus.

Auch der Bruder hatte schwere Sorgen. Konnte Hermann nicht täglich vor ihn treten und das Erbe fordern? Diese Frage lag unausgesprochen zwischen den Brüdern. Der eine schwieg davon, weil er die Sorgen kannte, die er damit über den Hof brachte. Und der andere quälte sich in unaufhörlicher Unruhe, weil er fürchtete, das Geld könnte verlangt werden.

Die Sonne schob sich einen Augenblick lang zwischen den Wolken hervor und glänzte in den Pfützen und Rinnsalen. Köchert trat auf die Straße hinaus. Er breitete die Arme aus und sog die reine Luft ein.

„Das Geld? ich muß es haben! Je eher desto besser. Es hilft nichts, er muß dran glauben. Ein neues Leben will ich mir zimmern. Frei und unabhängig, mit Luise!" Er blieb stehen. „Ja, mit Luise!"

Heiß floß es durch den fröstelnden Mann. „Und wenn es sein muß, gehe ich bis ans Ende der Welt mit dir." So hatte sie zu ihm gesagt, als er ihr seine Beurlaubung mitteilte. Ein neuer Windstoß fegte die Gasse herauf, vermischt mit Regen und Schnee. Er packte Köchert und trieb ihn die Häuser entlang. Das wunderlich verschnörkelte Schild über der Tür zum „Klosterkeller" schaukelte quietschend im Wind. Köchert sprang die drei Stufen vor dem Wirtshaus hinauf und brachte sich vor dem Unwetter in Sicherheit. Neben dem schweren, grünen Kachelofen stand in der Dämmerung der getäfelten Gaststube ein Tischchen, einsam und abseits. Da ließ er sich nieder. Vorn am Stammtisch unter dem Fenster saßen schon ein paar Männer in eifrigem Gespräch. Als Köchert eintrat, fuhren ihre Köpfe herum. Sie warteten auf jemand.

Er ließ sich von der Wirtin ein Seidel Helles geben.

„Heute muß es aber doch nun endlich drinstehen", sagte der Klempnermeister Sauermilch bedächtig.

„Wo nur der Konrektor bleibt?" fragte Meister Bachmann, der Sattler. „Von ihrem Geschreibe in den Zeitungen und dem Gerede überall bin ich ganz wirrsch geworden. Man will doch einmal wissen, was nun eigentlich an der Sache ist. ‚Annegret', hab' ich zu der meinigen gesagt, ehe ich fortging, ‚brauchst heute mit dem Mittagessen nicht auf mich zu warten, ich hab' auswärts zu tun.'"

Er lachte grimmig. Draußen auf dem Kirchturm am Markt schlug die Uhr zehn.

„Was will man machen, wenn die Weibsleut wie die Schießhunde hinter einem her sind und jeden Biergroschen nachzählen und ewig repetieren. Was hat's so ein Junggeselle gut, wie Sie, Herr Akzessist, braucht sich nicht zum Frühschoppen von daheim fortzumogeln. Und dazu im wohlverdienten Ruhestand. Grüß Gott, das arme Handwerk, sage ich jeden Morgen. Hat sich was mit Ruhestand, Pension und — "

Die Tür flog auf. Konrektor Schäfer kam herein, in der Linken seine lange Pfeife, die Rechte schwang ein Zeitungsblatt.

„Ich hab' mich verspätet", sagte er etwas kurzatmig. „Aber es ging nicht anders, das Wetter, der Postrich kam viel später als sonst."

Die Männer rückten zusammen und machten ihm Platz.

„So, nun wissen wir endgültig Bescheid, was an der Sache ist. Der Verein mußte doch einmal herausrücken mit einem klaren Programm; hier ist es!" Er schlug auf die ausgebreitete Frankfurter Postamtszeitung.

„Also die Hauptsachen zuerst: Der ‚Mainzer Adelsverein zum Schutze deutscher Auswanderer hat in Texas ein Gebiet von sechshundert Quadratmeilen, das sind elfhundertzehn Quadratkilometer, erworben. Darauf will er deutsche Ansiedler unterbringen. Sie sollen auf diese Weise einem besseren Los entgegengehen, wenn sie in wohlgeordneter Masse zusammengehalten werden und so drüben wieder eine neue Heimat finden. Auf jede Familie kommen sechshundertvierzig Acker.

Unverheirateten Männern über siebzehn Jahren trägt es dreihundertzwanzig Acker.

Jedes Los soll in einem Stück zusammenliegen. Um die Häuser herum müssen fünfzehn Acker eingezäunt werden.

Vor dem Abgang bekommt der Auswanderer sein Land schriftlich zugesichert. Er erhält es bei der Ankunft geschenkt. Der Boden wird endgültig sein Eigentum, sobald er drei Jahre darauf gewohnt hat. Vor Ablauf dieser Zeit gehören ihm ohne Einschränkung alle Erträgnisse.

Der Verein sorgt für gute, geräumige Schiffe zur Überfahrt, für gesunde und wohlfeile Nahrung. Dafür werden geringe Unkosten berechnet. An den Landungsplätzen erwarten Agenten des Vereins die Ankommenden. Dort stehen auch Wagen und Geschirre bereit, auf denen das Gepäck unentgeltlich an den Ort der Ansiedlung gebracht wird. Ebenso sichert der Verein die Ernährung während der Wanderung zu."

Konrektor Schäfer verschnaufte ein wenig in seiner schnellen Rede. Den andern standest vor Verwunderung die Mäuler offen.

„Sache", meinte der Marktapotheker. „Da möchte man noch

einmal jung sein und mitmachen; was ist denn bei uns noch zu holen?"

Hermann Köchert hatten die hastig hingeworfenen Sätze des Konrektors wie Steine getroffen. Er fuhr auf unter ihrer Wucht und horchte, als galten sie nur ihm.

Schäfer hustete, brachte seine Pfeife wieder in Brand und fuhr fort: „An Ort und Stelle wird jeder Familie ein eigenes Blockhaus eingeräumt. In den geschlossenen Siedlungen errichtet der Verein Vorratshäuser und sorgt für Lebensmittel, Werkzeuge, Sämereien und Pflanzen. Bei Ankunft der Siedler sind vorhanden: Pflugochsen, Pferde, Kühe, Schweine und Schafe. Dies alles wird den Ankommenden zu viel geringerem Preis verkauft, als auf den amerikanischen Märkten. Fehlt es tüchtigen Auswanderern an Geld, dann gibt der Verein Vorschüsse, die vom Ertrag der ersten Ernten zurückzuzahlen sind. Die Erzeugnisse der Landwirtschaft können nach freiem Ermessen der Siedler an die Magazine des Vereins verkauft werden."

„Das nenne ich Organisation", meinte der Akzessist Weibezahl bedächtig. „Also, meine Herren, was ich immer gesagt habe: es steht nicht so schlimm um unsere Fürsten und Herren, wie man das heute meistens zu sehen beliebt. Ich meine die Herren Handwerker." Er schaute etwas höhnisch im Kreis um. „Wo finden Sie auf einem Haufen zusammen soviel guten Willen, Opfermut, Klugheit und Staatsraison? Die Herren wissen, was sie wollen. Ich meine, mit so einem Plan könnte man Deutschland wirklich helfen. Prosit, Herr Kandidat!"

Er hob sein Glas und wandte sich zu Köchert hin. „In der Hitze des Gefechts habe ich Sie noch gar nicht bemerkt. Wir sind beim Auswandern. Nach Texas geht die Reise. Zunächst nur auf dem Papier. Kriegen Sie da nicht auch Lust?"

„Ja, ja, da möchte man schon —"

Köchert blieb mitten im Satz stecken, so sehr hatte ihn der Gedanke in Bann geschlagen. Zum zweitenmal drang ihm heute das Wort „Texas" in die Ohren. Er hatte jedes Wort, das ihm vom Stammtisch her zuflog, aufgesogen. War er nicht jung und gesund? Luise würde mitgehen. Wie Wellen schlug es über ihm zusammen.

Der Konrektor berichtete weiter: „Der Verein sorgt für die religiöse und sittliche Erziehung der Kinder und errichtet Kirchen und Schulen. Ärzte, Apotheker und Krankenhäuser werden die Gesundheit der Auswanderer sichern. Im Mai reisen Seine Durchlaucht der Prinz von Solms-Braunfels und Herr Bourgeois d'Orvanne voraus, um drüben die notwendigen Vorkehrungen für Ankunft und Unterbringung der Siedler zu treffen. Der erste Transport soll im September dieses Jahres noch abgehen. Die Kosten mit Einschluß aller Ausgaben betragen für Familien sechshundert Gulden rheinisch und für Unverheiratete die Hälfte. Außerdem werden überall in Deutschland Listen ausgelegt, in die man sich mit Spenden einzeichnen kann, um auch unbemittelten Familien die Auswanderung zu ermöglichen. Der Verein veröffentlicht die Namen der Wohltäter in den meistgelesenen Blättern. Bankier des Vereins ist die Firma L. H. Flersheim in Mainz. Von dem Geld vollzahlender Auswanderer werden drei Prozent abgezogen für arme Siedler. Ausgestellt ist die Bekanntmachung am 9. April 1844 in Mainz. Heute haben wir den fünfzehnten. Nun kann's also losgehen."

„Das wird einschlagen", meinte der Marktapotheker.

„Sechshundert Gulden, ich hab's unterdessen ausgerechnet, das gibt dreihundertzweiundvierzig Taler. Ein schönes Stück Geld. Wer hat gleich so eine Menge beieinander?" fragte Bachmann bedenklich.

„Da wird viel Geld aus Deutschland hinausfließen. Also kommt doch das Ganze eben nur denen wieder zugute, die Geld haben."

„Bitte, hier steht's anders", fiel ihm der Konrektor in die Rede. „Von der Deponierung des geforderten Geldbetrages kann in besonderen Fällen Abstand genommen werden. Es ist also doch die Möglichkeit gegeben, auch mittellose Leute hinüberzubringen. Davon werden sicher recht viele Gebrauch machen."

„Soviel Geld hab' ich in meinem Leben noch nicht auf einem Haufen gesehen", sagte der Schneider Sußdorf in Gedanken versunken, wischte mit dem Daumen am Rand seines Seidels hin und nahm einen langen Schluck.

„Aber Meister, das kostet doch alles Geld. Hören Sie, mein Lieber, was im einzelnen dafür geleistet wird."

Der Konrektor rückte die Brille auf die Nasenspitze und las weiter: „Von diesem Geld berechnet der Verein für Überfahrt und Verköstigung sechzig Gulden. Für den Landtransport von der Matagordabai in die Kolonie auf Wagen und in Zelten zehn Gulden. Für ein Wohnhaus sechzig Gulden. Das Geld ist vor Antritt der Reise bei dem Bankhaus in Mainz einzuzahlen. Im Hafen bekommt dann jede Familie für Nebenausgaben fünfzig Gulden zurück und ein Lediger zehn Gulden.

Ich schätze, die Reise übers Meer wird sechzig bis neunzig Tage dauern. Das ist doch wirklich allerhand fürs Geld. Die Barschaft ist in den Händen des Vereins sicherer als wenn sie jeder einzelne behielte. Und dann glaub' ich auch, daß die Sammlung viel einbringen wird. Staat und Gemeinden haben jetzt Gelegenheit, manches Sorgenkind loszuwerden."

Der Stammtisch füllte sich. Immer mehr Männer schoben sich in die Runde. Der Rauch schwelte aus den Pfeifen, und Handwerkerfäuste lagen schwer auf dem Tisch.

Der Buchhändler Jakobi hatte eine Erdkarte geholt. Mit spitzem Finger beschrieb er die Reise. Er wußte manches von dem fernen Land zu erzählen. Und alle fuhren mit ihm hinüber nach Texas, sahen das blaue Meer und drangen hinein in die grüne Flut der Prärien.

Die Zeit verging. Hermann Köchert verwandelte sich. Eine große Sehnsucht begann in ihm zu brennen. Als fiele alles Vergangene von ihm ab, so stieg er aus dem Zusammenbruch am Morgen wie neugeboren ans Licht. Stand er nicht schon auf dem wiegenden Schiff? Er schloß die Augen, als blende ihn die Sonne. Seinen Arm hatte er um Luise gelegt. Über ihnen blähten sich die Segel. Das Schiff fuhr still nach Westen, nach Texas.

Am Nachmittag, auf dem Heimweg nach Stedtfeld, fand Köchert das Zeitungsblatt in seiner Tasche, das ihm der Kirchenrat in die Hand gedrückt hatte. Es war dieselbe Seite der Frankfurter Oberpostamtszeitung, die der Konrektor im „Klosterkeller" vorgelesen hatte.

estliches Maiwetter wärmte Deutschland nach einem April voll Sturm, Regen und Kälte. Hellblau und durchsichtig wie dünnes Glas lag der Himmel über der Erde. Im Hafen von Bremen rührte sich emsiges Leben. Aus den Leibern hochmastiger Segelschiffe wurden Fässer und Ballen ausgeladen. Ketten klirrten und Winden kreischten. Auf schwankenden Stegen trugen die Schauerleute Lasten vom Land auf die Schiffe, von den Schiffen an Land. Wagen und Karten rumpelten die Hafenstraßen entlang, Lagerhäuser sperrten ihre Tore wie Riesenmäuler auf. Den Überfluß der Erde brachten die Schiffe herein, und was Deutschland entbehren konnte, führten sie hinaus. Das war nicht viel an Waren. Menschen, überflüssige Menschen schluckten die hohlen Bäuche der Schiffe. Sie waren ihre Hauptlast. Hochaufgetürmt lagen auf den Ufermauern die Habseligkeiten der Auswanderer.

Sie selber hockten daneben oder standen umher. Ein buntes Bild an Trachten, ein vielfältiges Gewirr deutscher Mundarten nahmen Auge und Ohr gefangen. Wem es möglich gewesen wäre, in die Herzen der Männer und Frauen hineinzuschauen, der hätte manches gesehen, was sich nach außen hin schamvoll und beherrscht verbarg.

Manche hatten überwunden und fühlten sich stark in der Kraft, den Blick nach vorn zu richten auf das neue Ziel. Andere litten stumm und verzweifelt. Es gab kein Zurück mehr. Erst hier im Hafen wurde ihnen das Endgültige ihres Entschlusses klar. An die mächtigen Quadersteine der Kaimauern schlug das trübe Wasser der Weser; es war der Weg ins Meer und in die Ferne, die niemand von ihnen kannte. Hinter ihnen lag Deutschland. Manchem war in den letzten Stunden vor der Abfahrt, als hätte er alle Kraft verloren. Dumpf dämmerten die Gedanken, stumpf gehorchten die Glieder einem dunklen Drang, der stärker war als jede einzelne Not. Und keiner wollte das den andern merken lassen. Oft aber fuhren rauhe Handrücken verstohlen über die Augen, wenn eine Welle heißer Tränen den Blick überschwemmte.

Die Kinder genossen mit aufgerissenen Augen das Neue, Ungewohnte. Sie tollten zwischen Kisten und Kasten umher, wußten unaufhörlich zu fragen und waren glücklich in der Fülle alles dessen, was hier auf sie einstürmte. Verhärmte Mütter suchten die flatternden Schwärme zusammenzuhalten, junge Mädchen mit bleichen oder vor Erregung glühenden Wangen halfen dabei. Manche saßen versunken träumend auf einem Ballen Bettzeug, während die Männer ihre innere Unrast verbargen, indem sie ohne Aufhören hier etwas ordneten, dort einen Strick fester zogen oder ihre Habe immer wieder anders aufbauten.

Aus den Schenken am Hafen drangen Lärm und Pfeifenqualm. Mancher betäubte dort sein stöhnendes Herz oder steigerte mit Bier und Schnaps immer höher die Freude darüber, irgendwelchem Zwänge nun für alle Zeiten entronnen zu sein. Denn Bremen schien, wenn man auf das Wasser hinaussah und den Sprachenwirrwarr der fremden Seeleute hörte, schon nicht mehr in Deutschland zu liegen.

Das Gewimmel der Auswanderer drängte sich zusammen vor einem stolzen Dreimaster, der am Kai festgemacht hatte; „Aurora" stand in hohen Goldbuchstaben am Bug des Seglers. Das Schiff rüstete sich zur Ausfahrt nach Neuorleans und sollte mit der Ebbe die Reise weserabwärts nun antreten. Gegen Mittag waren die letzten Auswanderer im Zwischendeck verschwunden, alle Lasten verstaut und die Vorbereitungen zur Ausreise beendet.

Kapitän Feistel lief ungeduldig zwischen Kajüte und Kartenhaus hin und her und sah hinüber zum Ufer, als warte er noch auf jemand. „Das hat man davon", knurrte er Butenschön, den ersten Steuermann, an, „wenn man sich mit hohen Herren einläßt. Das Zwischendeck ist proppenvoll, die Leute waren pünktlich, und von mir aus könnte es losgehen. Nur Seine Durchlaucht, der Prinz lassen noch auf sich warten." In hohem Bogen spuckte er eine Ladung Priemsaft über Bord.

Da brach drüben aus einer der Uferstraßen ein sonderbarer

Aufzug hervor. Langsam fuhr eine Kutsche auf das Schiff zu. Dahinter lief in abenteuerlicher Uniformierung ein Trupp Männer. Danach rumpelten ein paar Wagen ins Freie, bergehoch beladen mit Gepäck.

„Mensch, Steuermann, kommen Sie mal 'ran! Da, der Festzug, ist das vielleicht unser Prinz?" Der Kapitän lachte dröhnend und verschluckte sich. „Das kann ja gut werden. Die sehen aus wie Löwenbändiger im Zirkus."

Die Kutsche fuhr unterdessen bis an den Laufsteg. Neugieriges Volk aus der Stadt war ihr gefolgt. Das Zwischendeck wurde leer, die Leute drängten sich die Schiffswand entlang, das eigenartige Schauspiel zu genießen.

Aus der Kutsche stieg steif und selbstbewußt Seine Durchlaucht, der Prinz Solms-Braunfels. Ihm folgte verkniffen und etwas betreten Baron Bourgeois d'Orvanne. Der Prinz war größer als das neugierige Volk um ihn her. Auf dem Kopf saß ihm ein riesengroßer, weißer Schlapphut mit wippender Truthahnfeder. Sie steckte hinter einer schweren, silbernen Schnalle. Das graue Wams mit blanken Knöpfen umschloß knapp und zwangvoll eng den schlanken Körper. Die Beine steckten in weiten, schwarzen Sammethosen. Bis hoch über die Knie hinauf reichten die faltigen Stiefel aus weichem Leder, pfundschwere Radsporen klingelten über den Absätzen. Kriegerisch blitzten braune Augen unter der Hutkrempe hervor. Des Prinzen Linke umklammerte den Griff eines massigen Schleppsäbels, zwei Pistolentaschen hingen drohend am breiten, schwarzen Ledergürtel. Dazu trug er Patronenstreifen quer über Brust und Schultern, Dolche und allerlei sonstiges wehrhaftes Gerät.

Ähnlich waren die acht Mann der Leibgarde ausgerüstet, die er mit nach Texas nahm. Statt des knappen Rockes trug sie bequeme Blusen und zu ihrer überreichlichen Bewaffnung noch riesige Flinten.

Der Aufzug fiel sogar den Bremern auf, und die waren doch mancherlei gewohnt. Auf dem zweiten Gepäckwagen stand eine kleine Kanone. Was mochte in der Menge von Koffern, Kisten und Ballen verpackt sein?

In solcher Umgebung wurde Bourgeois d'Orvanne natürlich übersehen. Angetan mit einem schwarzen Schwalbenschwanzrock, in engen, dunklen Hosen, die von Ledersteifen beängstigend straff gezogen wurden und dem seidig glänzenden Zylinderhut sah er aus wie ein vornehmer Stutzen. Unter dem Gebirge von Gepäck verlor sich sein einziger Koffer.

Butenschön, der Steuermann, stand neben dem Kapitän. „Das ist ja Rinaldo Rinaldini mit seiner Räuberbande", lachte er, „und mit ihm irgend so ein gelber Schlawiner. Was die sich wohl unter Texas vorstellen?" „Still, er kommt", flüsterte der Kapitän. Er ging dem Prinzen entgegen und führte ihn in die Kajüte, die er mit Bourgeois d'Orvanne teilen sollte. Die Leibgarde erhielt eine freie Ecke im Zwischendeck angewiesen.

Danach kam der Lotse an Bord. Das Schiff wurde freigemacht, ein Raddampfer spannte sich vor. Die Reise begann.

Die Auswanderer standen Mann neben Mann und sahen die Stadt verschwinden.

Dann stimmten die Soldaten des Prinzen ein Lied an, das einer von ihnen gedichtet hatte. Jeder Vers lief aus in dem Kehrreim:

> „Drum mag da kommen, was es sei,
> Wir dienen unserem Prinzen treu,
> Wir tapferen Texaner."

„Vorschußlorbeeren", höhnte der Lotse am Steuer.

Als der Prinz am Abend mit Bourgeois d'Orvanne und dem Kapitän beim Abendessen saß, sagte er nachdenklich: „Ich will hoffen, Herr Kapitän, daß dies eine der letzten Menschenladungen ist, die ohne Führung aufs Geradewohl nach Amerika verfrachtet worden ist. Wenn wir vom Verein erst soweit sind, dann muß alles Zufällige und Blinde endgültig ausgeschaltet sein. Die deutschen Auswanderer werden sich in unserer Obhut sicher fühlen. Ihr Deutschtum sollen sie in die Fremde verpflanzen, und wir werden über ihr Wohl wachen. Alles ist in besten Händen. Der Herr Baron" — und dabei nickte er dem Franzosen zu — „wird uns mit seiner großen Erfahrung beistehen. Während der Wochen unserer Reise läuft sich in der Heimat die Organisation ein.. Und wir wollen dafür sorgen, daß drüben alles bereit ist, wenn am Ende des Jahres die ersten Schiffe des Vereins in Texas eintreffen. Die Muße der Überfahrt will ich ausnützen, die wertvollen Kenntnisse des Herrn Baron im Siedlungswesen der guten Sache dienstbar zu machen. Prosit meine Herren, stoßen wir an! Es lebe Neugermania in Texas!"

Er sah die beiden andern mit strahlenden Augen an. Bourgeois d'Orvannes Hand zitterte, als er das Glas hob. Das Schiff kam ihm wie ein Gefängnis vor. Mit der ersten Stunde der Ausreise begann sein Denken fieberhaft zu arbeiten, wie er sich aus dem tollen Abenteuer herausziehen könne.

In Bremerhaven wurde noch Frischwasser und Post eingenommen. Der Schlepper blieb zurück, und der Lotse führte die „Aurora" durch das schwierige Fahrwasser der Unterweser hinaus in die Nordsee. Die Heimat verschwand zuletzt wie ein dünner Strich im Rücken. Wind faßte die Segel und führte das Schiff ins freie Meer.

Ende Mai, an einem Vormittag, das Lichtgeflimmer über dem Wasser blendete die Augen, riefen ein paar Stimmen: „Ein Schiff, ein Schiff".

Langsam kam es am Horizont herauf. Unter der Last seiner vollen Segel stand es wie eine weiße Feder vor dem blauen Himmel. Butenschön hielt darauf zu. Nach Stunden waren sich beide Schiffe auf Rufweite nahegekommen.

„Das ist die ‚Franziska' unter Kapitän Stürje, mit Kurs auf Bremen", sagte Feistel. Er stand mit dem Prinzen und Bourgeois d'Orvanne auf dem Dach des Kartenhauses. Die Leute aus dem Zwischendeck starrten hinüber. Auf der „Franziska" waren nur wenig Menschen.

Die Schiffe näherten sich noch mehr. Von hüben und drüben konnten sie einander erkennen. Neben dem Kapitän Stürje lehnte ein kleiner, untersetzter Mann in einem hellen Leinenanzug. Er winkte mit seinem breiten Hut und rief deutsch herüber: „Landsleute, ich will die Heimat grüßen!" Allerlei Zurufe flogen von der „Aurora" hinüber. Ohne daß es jemand merkte, drehte sich Bourgeois d'Orvanne plötzlich um. Er hatte den Rufer drüben erkannt. Und der ihn wohl auch; denn es fegte ein Fluch herüber, den aber niemand mehr verstand. Die Worte verloren sich im Rauschen der Bugwelle.

„Haben Sie den ausgedörrten Kerl, der auf dem Kartenhaus der ‚Aurora' stand, auch gesehen?" fragte der Mann im Leinenanzug auf der „Franziska" den Kapitän.

„Natürlich, Herr Konsul das muß doch auffallen, wenn ein

Mensch unter dem dreißigsten Breitengrad in Gehrock und Zylinderhut an einem vorüber nach Südwesten segelt. Wie der ewige Jude sah er aus."

Die „Franziska" legte in der zweiten Juniwoche am Kai in Bremen an. Der Mann im weißen Leinenanzug schien es außerordentlich eilig zu haben; denn er reiste auf dem schnellsten Weg nach Mainz und ließ sich beim Grafen von Leiningen in der Festungskommandantur melden.

Sebastian Schmoller, der Kammerdiener Seiner Gnaden, nahm dem Fremden die Karte ab. „Karl Fischer, Konsul der freien Hansestadt Bremen, Neuorleans", stand darauf.

„Führen Sie den Herrn in den gelben Salon", befahl der Graf.

„Entschuldigen Sie, Exzellenz", sagte Fischer nach einer tiefen Verbeugung, bei der er seinen Hut weitausholend schwenkte, „daß ich Sie so ohne jede Vorbereitung überfalle. Ich komme direkt aus Texas und habe Ihnen, wie ich glaube, außerordentlich wichtige Mitteilungen zu machen." Seine Augen sogen sich an denen des Grafen fest.

„Und die wären?"

„Haben Sie in der letzten Zeit mit einem Baron Bourgeois d'Orvanne zu tun gehabt?"

„Gewiß, mein Herr! Der Mainzer Adelsverein kaufte von ihm unter günstigen Bedingungen ein umfangreiches Landgebiet in Texas, auf dem deutsche Auswanderer angesiedelt werden sollen. Dem Herrn Baron wurde die Hälfte der Kaufsumme ausgezahlt, die andere bekommt er in Texas. Außerdem ist er Mitglied der Direktion und erhielt pränumerando ein Monatsgehalt —"

„Also doch", fuhr es dem Konsul heraus, „dann sind Sie einem Betrüger auf den Leim gekrochen! Ich bin zu spät gekommen." Seine Spannung ließ nach. Er sackte in sich zusammen, die Arme sanken über die Stuhllehne hinab.

Der Graf wurde bleich, beugte sich weit vor und fragte erschrocken: „Wieso? Betrüger? Erklären Sie sich, Herr Konsul."

„Ehe ich auf Einzelheiten eingehe, zuerst das Wichtigste: Bourgeois d'Orvanne ist ein ausgekochter Gauner, dem in Texas der Boden heiß wurde. Er verfügt über eine Landkonzession, die mit dem ersten Juli dieses Jahres an den Staat zurückfällt, wenn das Gebiet bis dahin nicht mit mindestens sechshundert Familien besiedelt ist. Wußten Sie das, Herr Graf?"

„Nein, nein, davon war bei den Verhandlungen des Vereins nie die Rede. Aber das kann doch nicht sein, nein, Herr Konsul, wie wollen Sie das beweisen? Und wir haben mit dem Mann doch einen bindenden Vertrag!"

„Das hat nichts zu sagen. Der lebt vom Betrug, dem sind Verträge nichts; aber Geld, Geld braucht er für sein wüstes Leben. Und er schafft es sich mit jedem Mittel. Ich möchte das Gelächter gehört haben, das den Menschen schüttelte, als er Ihr Geld ausgezahlt bekam."

„Aber unser Vertrag?"

„Hat keinen Wert, wenn ihn die texanische Regierung nicht beglaubigt. Da das kaum der Fall ist, können Sie nichts erhoffen!"

Graf von Leiningen stand steil von seinem Stuhl auf und schlug mit der Faust auf den Tisch. „Elender Lump! Was ist da zu machen?"

„Nichts, Herr Graf, gar nichts. Den Posten müssen Sie streichen und noch einmal von vorn anfangen. Sie haben teures Lehrgeld bezahlt!"

„Wie meinen Sie das?"

„Ehe es möglich sein dürfte, dem Betrüger auf die Spur zu kommen, werden viele Wochen vergehen. Bedenken Sie die Reise. Sechzig bis neunzig Tage müssen Sie rechnen. Das ist ein außerordentlicher Vorsprung, den der Mann hat. Und nehmen wir selbst an, Sie erwischen ihn wirklich, dann hätten Sie die Sache des Vereins doch nicht um einen Millimeter weitergebracht."

Der Graf ließ sich in den Stuhl zurückfallen. Ratlos hefteten sich seine Blicke an die Blumenmuster des Teppichs. „Ich muß sofort eine Sitzung des Vereins einberufen, dringendst! Aber was soll dann weiter werden? Der Prinz ist unterwegs. Was wird er tun?"

Er rang die Hände. „Die Werbung hat begonnen. Zeitungen und Agenten sind mobil gemacht. Helfen Sie, raten Sie, Herr Konsul! Die Welt wird über uns lachen." Er stöhnte.

„Verteufelte Situation. Das Geld ist verloren. Die Aktion kann nicht abgeblasen werden. Und Land haben wir auch nicht! Es nützt nichts, wenn sich die Vereinsmitglieder nun untereinan-

der in die Haare fahren. Ich höre schon das schadenfrohe Lachen des Herzogs von Gotha. Der warnte vor dem Halunken!"
Es blieb eine ganze Zeitlang still zwischen den beiden Männern.

„Ich möchte irgend etwas kurz und klein schlagen", würgte der Graf dann heraus und biß die Zähne in die Unterlippe.

Fischer stand auf und verbeugte sich. „Wenn mir Euer Gnaden gestatten, werde ich einen Vorschlag machen, der dem Verein wirklich hilft. Was ich zu sagen habe, geht die Öffentlichkeit nichts an. Die Arbeit kann ruhig weiterlaufen. Und Ihnen ist wirklich geholfen, wirklich —"

„Fassen Sie sich kurz, Herr Konsul, ich bin am Ende meiner Kraft."

Fischer öffnete seinen Handkoffer und zog ein Bündel Papiere hervor. „Ich bringe Ihnen hier einen neuen Vertrag! Mein Grant liegt am oberen San Saba. Er ist in diese Karte eingetragen! Hier! Das Land ist außerordentlich geeignet für Siedlungszwecke: fruchtbare Flußtäler, unendliche grüne Ebenen, Mineralschätze im Gebirge."

Graf von Leiningen musterte den Sprecher mit zusammengekniffenen Augen: „Genau so begann Bourgeois d'Orvanne seine Rede, der Teufel soll ihn holen!"

„Ich kann Euer Gnaden Mißtrauen wohl verstehen", sagte Fischer zurückhaltend. „Aber hier, bitte!" Er gab dem Grafen ein Bündel Papiere.

„Die Unterlagen: Da, mein Kaufvertrag, hier die Siedlungsbedingungen, ferner eine Vollmacht, mit dem Mainzer Adelsvereins unter Zustimmung der texanischen Regierung in Verhandlung zu treten. Jedes Papier ordnungsgemäß unterschrieben und gesiegelt. Gegen den Gewinn, den Sie aus diesem Gebiet ziehen werden, ist der Kaufpreis niedrig. Mit einem Schlag sind Sie aus der Sackgasse heraus. Sie haben drei Jahre Zeit, das Land abzumessen, aufzuteilen und zu besiedeln. Es wird Ihnen nur die eine Bedingung gestellt, in dieser Zeit sechshundert Familien einzuführen. Das läßt sich unter allen Umständen schaffen. Darüber hinaus haben noch mindestens sechstausend Familien Platz.

Die Regierung sichert ferner zu, daß sie die Besiedlungsfrist noch um ein halbe Jahr verlängern wird, wenn es notwendig sein sollte. Der texanische Präsident Samuel Houston hat sowohl die Bedingungen als auch den Vertragsentwurf bereits unterzeichnet. Wenn sich der Verein entschließen könnte, darauf einzugehen, so wäre die Gültigkeit aller Abmachungen bindend, ohne jeden Zweifel."

Während der Graf die Papiere prüfte, erzählte Fischer weiter: „Ich stamme aus Kassel. Mein Vater war dort Lehrer. Schon in jungen Jahren wanderte ich aus. Auf der Nassaufarm erfuhr ich zu Beginn dieses Jahres die Absichten Ihres Vereins — mein Kompliment übrigens, Herr Graf —, Sie sind auf dem richtigen Weg! Mir wurde ferner zugetragen, daß der Hochstapler Bourgeois d'Orvanne nach Mainz gereist sei. Das konnte nichts Gutes bedeuten. Ich eilte hinter ihm her, vermochte aber das Verhängnis nicht mehr aufhalten. Südlich der Azoren fuhren wir aneinander vorüber. Der Kerl hat mich erkannt und wohl sofort begriffen, weshalb ich nach Europa unterwegs war."

Ende Juni gab es in Mainz ein paar außerordentlich stürmische Sitzungstage. Nachdem sich die Herren genügend erleichtert hatten, kamen sie unter dem Druck der Verhältnisse zu einem Vertragsabschluß mit Fischer. Sie kauften seinen Grant und zahlten ihm sofort hundert Friedrichsdor. Vierzehntausend Gulden sollte er am 5. Juli bekommen, den Rest von zweitausend Gulden am 1. September 1845 in Neuorleans.

Vom Gewinn aus dem Unternehmen würden dem Verein zwei Drittel und Fischer ein Drittel zufließen. Die Durchführung der Ansiedlung in Texas wollte man einem Ausschuß von sechs Personen übergeben. Fünf wurden aus den Mitgliedern des Vereins ernannt, als sechsten bestimmte man Fischer. Die Oberleitung behielt der Prinz zu Solms-Braunfels.

Der fuhr inzwischen ahnungslos und erfüllt von seiner großen Aufgabe durch das Gewirr der Bahamainseln. Die „Aurora" wurde von einem günstigen Wind getrieben. Die Märcheninsel Kuba tauchte auf. Der Golf von Mexiko lag dahinter in sehnsuchtsvoller Weite, Wasser und Himmel blau und klar.

Mit der Flut wand sich endlich das Schiff, vom Lotsen geführt, den Mississippi hinauf und legte an einem der letzten Junitage 1844 in Neuorleans an. Die Stadt war fast leer. Wie in jedem Sommer hatten die Einwohner, soweit es ihre Verhältnisse irgend gestatteten, gesündere Gegenden ausgesucht; das Fieber gor in den Flußniederungen.

Fig. 7: St Louis in 1846, Painted by Henry Lewis

Erlöst aus der qualvollen Enge des Schiffes stiegen die deutschen Auswanderer an Land. Schon ein paar Tage daraus waren sie in alle Winde verweht.

Der Prinz bezog bis zur Weiterfahrt nach Galveston das Grande Hotel. Am Morgen nach der ersten Nacht in Amerika bemerkte er mit Schrecken, daß Bourgeois d'Orvanne verschwunden war. Seine Hotelrechnung hatte er nicht bezahlt.

Die Gassen auf und nieder, in Kramläden und Schreibstuben, auf Märkten, Hochzeiten und Kindtaufen, in Wirtshäusern, Werkstätten und Bauernstuben, überall sprach man während des Sommers 1844 von dem Unternehmen des Mainzer Adelsvereins.

Wie Spatzenschwärme fielen seine Agenten in Dörfer und Städte ein und erzählten den Leuten das von dem fernen Land, was sie am liebsten hören wollten. Wie Märchen klang es. Sehnsüchte zogen wie bunte Schleier über das Denken der Bevölkerung. Viele, viele begannen ganz behutsam die Wurzeln aus der

Heimaterde zu ziehen und alles Hoffen und Wünschen nach Texas auf die Reise zu schicken.

Bei den Ärmsten wirkte die Kraft der Werbung am stärksten. War es jetzt nicht in ihre Hände gelegt, sich ein besseres Schicksal zu schaffen? Mütter blühten auf und sahen ein neues Kinderland. Väter strafften sich in dem Willen, mit der Kraft ihrer Fäuste der Familie Lebensraum zu schaffen. Das Wort „Texas" blieb wie eine hohe Verheißung in ihrem Denken stehen.

Die Sammellisten, die der Verein auslegte, füllten sich. Die Reichen brachten Opfer, durch die sie sich zu sichern glaubten. Im Bankhaus Flersheim zu Mainz flossen die Spenden aus ganz Deutschland zusammen.

Jeden, der sich entschlossen hatte, auszuwandern, sah man in seiner Straße, seinem Dorf wie einen Helden an. Seine Sicherheit gab Schwächeren Kraft und hemmte die fressende Unruhe in den Herzen der Unentschlossenen.

In manchen Gegenden wuchs der Texasglaube zu einer Bewegung aus, die alle Schichten des Volkes ergriff. Eine bittere Notzeit lag über Deutschland. In Fulda buk man damals Quecken und Rapsmehl in das Brot der Armen. Die kleine hessische Stadt Hünfeld hatte einundzwanzighundert Einwohner, siebenhundert davon fielen der öffentlichen Fürsorge zur Last. Mit Zustimmung der Behörden hatten sie sich in drei Haufen geteilt, jeder wurde von einem Gendarmen angeführt. Zweimal in der Woche gingen die nach einem ordentlichen Plan innerhalb der Stadt und einmal auf den nächsten Dörfern betteln. Wie ein Evangelium hörten diese Menschen die Kunde von Texas.

Das kurhessische Dorf Meimbressen im Kreis Hofgeismar bot sich mit allem Besitz an beweglicher und unbeweglicher Habe dem Staat zum Kauf an; die Gemeinde wollte gemeinsam nach Texas auswandern. Achtzig Familien wuchsen zusammen in einem neuen Diesseitsglauben.

Ähnliches bereitete sich in der Gemeinde Pferdsdorf bei Büdingen vor, die sich einmütig hinter die Führung ihres Pfarrers und Bürgermeisters stellte. Das Gemeindevermögen, das mitgenommen werden konnte, betrug dreißigtausend Gulden. Dazu kam noch das Eigentum jedes einzelnen. Alle Vernunftgründe, die die Behörden vorbrachten, um die zweihundertfünfzig Menschen auf ihrer Scholle festzuhalten, fruchteten nichts.

„Herr Amtmann, lassen Sie es gut sein", sagte der baumlange, hagere Bürgermeister von Pferdsdorf im Amtshaus zu Büdingen. Seine geballten Fäuste lagen auf einem breiten Stoß von Papieren, die den ganzen Tisch bedeckten. „Lassen Sie es gut sein. Da ist jedes Wort vergeblich. Was wir wollen, wollen wir. Wenn sich die Regierung jetzt erst auf uns besinnt, dann ist es eben zu spät. Und wir nehmen jeden mit, jeden, Herr Amtmann. Wir werden Pferdsdorf in Texas neu aufbauen, dann können Sie uns, Herr Amtmann, mit all den übrigen Blutsaugern im Mondschein besuchen. Dann behalten wir, was wir schaffen und wehe dem, der drüben mehr von uns verlangt, als ihm zusteht."

Das harte Kinn des Bürgermeisters schob sich vor. Seine Rechte fegte einen Berg Papier beiseite. „Das ist Gottes Wille, Herr Amtmann. Wir wollen sein Reich schon in dieser Welt erleben. Um Gottes willen werden wir den Pflug drüben in die Erde setzen. Es muß doch einmal eins geben: Gottes Wille und Menschenwerk."

In Darmstadt brachte die Post ein Gesuch der vierzehnhundert Einwohner zählenden Gemeinde Egelsbach aufs Ministerium. Es war von allen Familienvätern unterschrieben. Auswandern wollten sie, einer wie der andere, nach Texas. „Wenn uns die Hohe Regierung nach den Gründen fragen sollte, dann möge sie sich besinnen auf das, was uns und unsern Vorvätern in den letzten hundert Jahren angetan wurde." Mit diesem Satz schloß das eindeutig klare Schriftstück.

Da war der Marktflecken Großzimmern, ein armes, kleines Nest. „Es geht doch nicht an, daß wir die Leute einfach verhungern lassen", meinte der Bürgermeister in einer Gemeinderatssitzung und wischte sich die heiße Stirn. „Wir sind Matthäi am Letzten. Siebenhundert Ortsarme! Mehr als die Hälfte der Einwohnerschaft lebt aus dem Gemeindesäckel. Wenn wir an Liegenschaften, Wiesen, Feldern und Wald verkaufen, was uns geblieben ist, dann kann es möglich sein, die Kosten aufzubringen für die Auswanderung nach Texas. Nachbarn, soweit ist es: Unsere eigenen Leute müssen wir abschieben. Der Staat bohrt sich die Finger in die Ohren und meint, das Notgeschrei, das er deshalb nicht hört, sei nun auch nicht mehr da. Fünfzigtausend Gulden sind nötig. Ich weiß keinen andern Ausweg." Er sah sich im Kreis der Gemeinderäte um. Grau und versorgt saßen sie am Tisch und starrten vor sich hin. Aber mitten unter ihnen glühte wie eine Verheißung des Himmels das Wort: „Texas".

Die Botschaft des Mainzer Adelsvereins senkte sich in Hirne und Herzen. In Osterode, einem Städtchen in Masuren, füllten sich die Kneipen, die Handwerker traten aus den Werkstätten auf die Straße, und die Ackerbürger ließen die Arbeit liegen. Jahrzehnte alte Last an Sorgen suchte nach Worten und rollte in Schimpflawinen die Häuserreihen entlang. Gab es einen andern Weg als auswandern? Alle Vernunft schien verschüttet zu sein.

„Zugreifen müssen wir", trieb einer, „so schnell wie möglich, damit wir nicht zu spät kommen, ehe das Land in Texas aufgeteilt ist. Los, entschließt euch! Laßt den Plunder hier stehen und liegen, auf, nach Texas!"

Und was der eine sagte, meinten bald alle. Tag und Nacht fraß die Sorge in den Aufgescheuchten, sie könnten die letzten sein und nichts mehr bekommen. Beim Landrat häuften sich die Gesuche. Haus und Hof wurden verschleudert und das Geld aus allen Winkeln zusammengekratzt. Der Landrat wollte beruhigen. „Die von Ihnen gewünschten staatlichen Zuschüsse können nicht so schnell beschafft werden, wie Sie das erwarten", sagte er eindringlich zu einer Abordnung, die sich bei ihm nach dem Stand der Dinge erkundigte. „Und bevor außerdem nicht alle übrigen Formalitäten erfüllt sind, kann ich auch die Pässe nicht ausstellen. Sie sind ja noch nicht einmal mit dem Verein im Reinen. So etwas läßt sich nicht vom Zaun brechen. Vergessen Sie ferner nicht, es laufen noch über zwanzig Gesuche um Befreiung von der Militärpflicht. Ehe darüber nicht entschieden ist, kann keiner der Dienstpflichtigen von hier weg. Auf Fahnenflucht stehen schwere Strafen. Nehmen Sie doch Vernunft an! Ich lasse mich nicht drängen, um Ihretwillen nicht! Ich bin mir meiner Verantwortung bewußt, verstehen Sie?"

Aber sie verstanden ihn nicht. So konnte nur ein Mensch mit bösem Willen sprechen. Das Volk sammelte sich vor dem Landratsamt und belagerte es. Als der Landrat zur Ruhe mahnen wollte flog ihm ein Hagel von Pflastersteinen und Knüppeln entgegen. Keine Fensterscheibe blieb ganz. Die Masse wollte das Gebäude stürmen. Schreiber und Gendarmen verschanzten sich im Erdgeschoß, Türen wurden aufgebrochen, Fensterläden herabgerissen, Holz splitterte, Steine polterten. Einige Burschen legten schon Leitern an, um vom Dach aus ins Innere hinuntersteigen zu können.

Es war höchste Zeit, als eine Schwadron Dragoner mit geladenen Karabinern auf den Platz sprengte. Die Menge drehte um und suchte die Soldaten zurückzudrängen. Die Dragoner mußten zuletzt scharf schießen; es gab ein regelrechtes Gefecht mit Verlusten auf beiden Seiten. Am Abend war der Platz gesäubert, und die Truppen konnten abrücken.

Drei Tage mühte sich der Ortsvorstand von Kleinschmalkalden im Thüringer Wald an dem Brief ab, den er auf eine Anfrage des Herzoglichen Justizamtes nach Gotha schreiben mußte. Immer aufs neue hatte er angesetzt. Viermal zerriß er das Papier und begann von vorn. Nun war er endlich fertig. Voll Schwung malte er zuletzt darunter: „Mit der größten Hochachtung verharrt Herzogl. Wohllöbl Justizamtes untherthänigster Ortsvorstand von Kleinschmalkalden." — Zufrieden las er das Ganze noch einmal durch:

„...Ich habe zu berichten, daß Dittmer mit seyner Familie, welche aus Vier unerzogenen Kindern und mit dem fünfften die Ehefrau nächstens ihre Niederkunft erwarthet, sich in der drückendsten Armuth befindet. Das Holzmachen dauert nur einige Wochen, da die mehrsten armen hiesigen Einwohner wegen den theuren Preyßen keins kaufen können.... Leseholz, wo mancher armer Familienvater sich mit nährte, darf nicht mehr verkauft werden, und ist auch keins mehr vorhanden; so bleibt ihm weiter nichts übrig, um seine Familie nicht verhungern zu lassen, als in der Herrschaftlichen Waldung Schaden zu tun und zu Wildern und Fallen zu stellen, wo ihm dann nach mehrmaliger Buße doch das Correktionshaus zu Theil werden wird.

Von hier könnten noch eine ganze Menge, welche ganz ohne Nahrung und Verdienst sich in der größten Armuth befinden und den Gnädigsten Herrschaften zum Nachtheil sind, nach Texas auswandern. Wo aber Reisegeld und Kleider hernehmen?"

Er siegelte den Brief und gab ihn auf der Post ab. Und die armen Leute in Kleinschmalkalden hofften nun über viele Wochen hin.

Aber die Regierung in Gotha hatte andere Sorgen: „Haben die Leute bisher gelebt, werden sie auch weiterleben. Man darf es ihnen nicht zu leicht machen und alle Härten übereilig wegräumen sobald sie nur greinen. Das lebensuntüchtige Unkraut verdirbt von selber und ist zu nichts nütze. — Hoheit, ich glaube, wir sollten den aus der Staatskasse abgezweigten Fonds für Auswanderung zuerst einmal dazu anwenden, all das Zeug loszuwerden, das unsere Gefängnisse und Arbeitshäuser bevölkern Erschreckend ist die Zunahme der vagabundierenden Frauen, die, mit mehr oder weniger Kindern beladen, die Landstraßen unsicher machen. Ich kann mir denken, daß es in Texas bei der überwiegend männlichen Einwanderung einmal an Frauen fehlen wird." Der Staatsminister von Wangenheim lächelte. „Hätten wir da nicht eine Aufgabe?"

Der Herzog überlegte und sagte: „Das wird nicht so einfach gehen, Exzellenz. Sie wissen ja, jedes auswanderungslustige Individuum muß ein polizeiliches Führungszeugnis bei der Anmeldung in Mainz vorlegen —"

„Gestatten Hoheit, bemerke dazu, daß dies meine geringste Sorge ist." Der Minister kniff die Augen zusammen. „Wen wir auf den Schub bringen, dessen Papiere stimmen."

So wurde in Gotha die Auswanderung nach Texas von Staatswegen vorbereitet.

Aber auch Künstler, Gelehrte, Offiziere, Kaufleute, Juristen und Ärzte hörten das lockende Werben des Vereins. Es gab manchen, der an einem Aufstieg in Deutschland zweifelte. Viele hatten das Gefühl, als sei ihnen die Luft genommen. Und Texas verhieß genug Weite und Leere, die man mit sich selber und seinem Wesen ausfüllen konnte.

„Wer seine Hosen verkauft, kann drüben ein Fürstentum dafür erwerben. In Texas gibt es keine Juden." Solche Gerüchte flogen über das Land.

Ein gewissenloser Seelenverkäufer fing auf eigene Faust an, Menschen nach Texas zu verfrachten. Er brachte seine Opfer den Rhein hinunter bis Rotterdam. Dort ließ er sie im Stich. Verkommen und krank lagen sie ohne Geld und Nahrung monatelang im Hafen. Kein Schiff nahm sie auf. Die Mittel zur Rückreise fehlten. Sie lebten vom Bettel. Viele verhungerten und starben. Endlich griff die holländische Regierung ein und schob sie über die deutsche Grenze ab. Verhärmt und ausgemergelt wurden hundertfünfzig von ihnen im Zuchthaus zu Brauweiler einstweilen untergebracht.

Gefälschte Briefe gingen von Hand zu Hand, in denen Texas als ein Paradies geschildert wurde. In Hessen entstanden Texasgemeinden, die sich in den Häusern reihum versammelten und mit religiöser Inbrunst auf Choralmelodien Texaslieder sangen:

„Es geht ein Geist an allen Orten
umher im deutschen Vaterland;
an jedes Haus, an alle Pforten
hört man ihn klopfen mit der Hand.
Wollt ihr ihn sehn? Es ist ein Bauer,
ein mißvergnügter Ackersmann!
Fürwahr, das Leben wird ihm sauer!
Jetzt will er fort. — Er spricht euch an:
Wer kommt mit?"

Am Sonntag predigte in einem kleinen Dorf des Vogelsberges der Pfarrer von der Kanzel: „Die europäische Welt geht unter. Mehr ist sie auch nicht wert. Aber Gott der Herr steht am grünen Ufer von Texas und ruft alle seine guten und gerechten Kinder hinüber." Die Damen trugen Hüte à la Texas: Große, breitkrämpige Schwinger mit einer langen Truthahnfeder. Im Büro des Vereins zu Mainz häuften sich die Anmeldungen bergehoch. Bei Flersheim lief das Geld in ununterbrochenem Strome ein.

„Noch so einen Winter halte ich nicht aus", sagte der Kantor Karl Blumberg zu seiner Frau. „Zwei Jahre hintereinander Überschwemmung und Mißernte. Wovon sollen die Kinder satt werden?"

Die Frau weinte.

Auf dem Weg von Kokozko in die Kreisstadt Kulm überdachte der Kantor seine Lage. Sieben unmündige Kinder hausten mit den Eltern zusammen in den beiden Stuben, die die Überschwemmung der Weichsel von dem Häuschen übriggelassen hatte. An Schulehalten konnte er nicht denken; denn die Schulstube mit allem, was darin war, hatte das Wasser mitgenommen. Seine Felder lagen verschlammt und versandet unter dem verhängten Himmel. Müde und zerschlagen schlich der verhärmte Mann den aufgeweichten Feldweg entlang nach Kulm. Der Landrat hatte ihn geladen. Hatte die Regierung ihm die Unterstützung gewährt, um die er bat? Er verneigte sich vor dem Landrat.

„Leider muß ich Ihnen die Ablehnung Ihres Gesuches mitteilen." Der Landrat trommelte auf der blanken Schreibtischplatte. „Sehen Sie, Blumberg, so bitter es Sie auch getroffen hat, Sie sind aber doch nur einer unter vielen. Und allen zu helfen ist dem Staat nichtmöglich. Beißen Sie die Zähne aufeinander. Es kommen auch wieder bessere Zeiten." Er zwirbelte die Spitzen seines Blücherbartes durch die Finger. „So ist nun mal das Leben, Blumberg, kein Paradies, kein Garten zum Spazierengehen. Es geht auf und ab. Hoffen wir also das beste. Beten Sie, Blumberg, Gott wird Ihnen mehr helfen können als der Staat."

Dann stand der Kantor wieder auf der Straße, stumpf und schwer. Im Gasthaus „Zur guten Einkehr" fand er eine Zeitung mit der Werbeanzeige des Mainzer Adelsvereins. Und die entschied sein Geschick.

Nach Wochen harten Streites und schwerster Verbitterung hatte der Schulamtskandidat a. D. Hermann Köchert aus Stedtfeld seinen Bruder endlich soweit, daß er sich bereit erklärte, ihm das Erbe auszuzahlen. Es kostete größte Mühe, das Geld zu beschaffen. Achthundert Taler waren viel.

Endlich wurden sie mit dem Juden Isaak Grünstein in Eisenach einig. Der übernahm die Forderung bei einer baren Auszahlung von sechshundert Taler und fünfprozentiger Verzinsung des Restes. Nur schweren Herzens unterschrieb der Bruder. Als der Jude das Geld in Reihen hinlegte, gab es einen ganzen Tisch voll.

„Des Vaters Segen bauet den Kindern Häuser", sagte er beim Aufzählen. Nun war der Weg nach Texas frei für Köchert.

Am Abend saß er mit seiner Braut, der Tochter des Leinewebers Steinbrück, zusammen in der Gartenlaube. Die Nacht war mild und voll geheimnisvollen Lebens. Er hielt das Mädchen fest umschlungen. „Ich wußte es, schließlich mußte dein Vater doch einmal ja sagen. Aber wenn es hätte sein müssen, würde ich dich bei Nacht und Nebel aus dem Haus gestohlen haben."

„Und ich wäre mit dir gegangen", flüsterte sie und küßte ihn, „bis ans Ende der Welt. Erzähle etwas von Texas!"

Und Hermann Köchert zog ihren Kopf ganz nahe an seinen heran. Mit farbigen Worten wob er bunte Bilder von dem fernen

Land. Immer aufs neue kehrte in seinen Sätzen das Wort „Freiheit" wieder. Er redete sich heiß, und sie fühlte sich geborgen in der Kraft, die von ihm ausging.

„Ach Luise", sagte er dann unsicherer, „muß das eigentlich so gehen? Sollte die Heimat nicht wie eine Mutter sein, die jeden in gleicher Liebe an ihrem Herzen hegt? Wie viele mögen in dieser Nacht an Texas denken! Ich habe manches Buch gelesen, aus dem es mir entgegensprang, wo überall in der Welt Deutsche von vorn begannen, sich opferten und der Kultur den Weg bereiteten. Viele taten es, weil sie sich treu bleiben mußten. Das Unbedingte trieb sie fort."

Das Mädchen hatte die letzten Worte nicht mehr gehört, es schlief in des Geliebten Armen.

Als nach vielem Suchen und Fragen an der Flucht Bourgeois d'Orvannes nicht mehr gezweifelt werden konnte, wurde dem Prinzen klar, wie sehr er bisher auf den Beistand des Franzosen gerechnet hatte. Hundertmal hörte er die Fahrt über immer die gleiche Redensart von ihm: „Oh, isch werden malen sehr schnell gutte Situation für Einwanderer. Kennen misch Regierung, kennen misch Abgeordnete. Wosu Fragen? Wosu Reden? Worte, Worte! Können sisch Durchlaucht verlassen auf mir. Texas meine sweite Heimat. Isch lieben das Land, und das Land lieben mir."

Mit solchen Worten wich er den Fragen des Prinzen aus. Und die wurden immer drängender, je näher sie dem Festland kamen. Oft hatte Solms mitten im Spiel die Karten fallen lassen und ganz unvermittelt eine solche Frage an Bourgeois d'Orvanne gerichtet. Dann erschrak der Franzose und lenkte ab. War es dem Prinzen entgangen, daß er planmäßig falsch spielte und ihm manchen Dukaten aus der Tasche holte?

Viele Stunden saß Solms über der Karte und legte Straßen von der Küste ins Land hinein. Eisenbahnen wollte er bauen, mit hölzernen Schienen; die Züge würden von Pferden gezogen. Wie sollten die Städte heißen, die gegründet würden? Ganze Listen von Namen hatte er zusammengestellt. Viele wurden verworfen, neue kamen hinzu. Forts mußten gebaut werden zur Sicherung gegen die Indianer. Wagen, Pferde, Fuhrleute, Zugochsen, Nahrungsmittel, Werkzeuge, Samen, Waffen, Arzneimittel: oft schien ihn die Fülle des Notwendigen zu erdrücken. Notizbücher füllten sich.

Was würde er überall vor Behörden und bei Staatsbesuchen für Reden halten müssen? Manche Nachtstunde lief er unter dem südlichen Himmel auf Deck auf und ab und baute große Worte zusammen. „Herr Präsident werden das Siedlungswerk und die Ehre, welche damit dem Land Texas widerfährt, sicher zu schätzen wissen. Tausende der Besten aus dem deutschen Vaterland tragen unsere Schiffe über das Meer. Sie wollen sich hier eine neue Heimat aufrichten und werden mit allem, was sie sind und haben, Ihrem Staat ein außerordentlich wertvoller Zuwachs sein—„

Über all das hatte sich nach der Flucht Bourgeois d'Orvannes ein Schatten gelegt. Was sollte nun werden?

Angetan mit vollem kriegerischem Schmuck irrte der Prinz durch die von der Sonne versengten Straßen von Neuorleans. Schmolz seine Sicherheit zusammen? Und noch wußte er nicht, daß auch der Grant verloren war.

Weißer, mehlfeiner Staub wirbelte ihm bei jedem Schritt um die Stiefel. Ein paar Schwarze kamen ihm entgegen. Er stutzte.

„Das ist der Süden", flog es ihm durch den Kopf. „Baumwolle, Negersklaven, gelbes Fieber, Mais, Zuckerrohr, Sümpfe und ein unberechenbarer Fluß."

So stand es in den Büchern. Las er es jetzt, oder war er wirklich da? Die Stadt war so still.

Eine Stimme rief aus der Ferne: „Milch! Milch!" Solms blieb stehen. Um die Ecke rumpelte in einer Staubwolke, von müden Maultieren gezogen, ein Milchkarren. Die gelbe, glänzende Glocke schepperte grell. Der Kutscher rief: „Milch! Milch!!"

Solms sah auf. Er war dem Kerl beinahe dankbar für den Lärm. Aber die Stimme? Kannte er die nicht? Schnell sprang er dem Wagen nach.

„Milch! Milch!!"

Der Karren hielt, und der Fuhrmann stieg ab. Ein paar Negerfrauen in bunten Kleidern traten aus den schlafenden Häusern.

„Mein Gott, Herr von Patschkow, sind Sie es?" rief der Prinz und packte den Milchkutscher am Arm. Der drehte sich unwillig um und verschluckte erschrocken einen handfesten Fluch.

„Durchlaucht haben recht, ich bin es, der Freiherr Wilhelm von Patschkow auf Lobsens. Das heißt, ich war es."

„Wie kommen Sie hierher?"

„Das könnte ich Sie genau so fragen. Durchlaucht sehen ja aus, als wollten Sie im Zirkus auftreten." Er lachte und schlug dem Prinzen die Faust auf die Schulter.

„Ja, das waren Zeiten in Berlin, Durchlaucht! Hofball, Theater, Paraden und so schöne Sachen mehr."

Er drehte sich um, wies mit der Hand auf seinen Wagen und lachte tief und hohl. „Mein Adel liegt jetzt in der Milchtonne. Einen Augenblick, erst will ich die Kundschaft loswerden."

Er maß den Schwarzen die Milch ab, kassierte das Geld und wandte sich dann wieder dem Prinzen zu. „Eigentlich ist das ein ganz geradliniger Weg, auf dem ich hierher gekommen bin. Die Klitsche daheim war nicht mehr zu halten, der Jude hat sie gefressen. Dann wurde ich königlich preußischer Justizkommissarius, brachte aber die Seßhaftigkeit nicht auf, die so ein dauerhafter Beruf erfordert. Mit dem Rest meines Vermögens kam ich vor zwei Jahren nach Texas. Ich kaufte ein Gebiet, auf dem daheim Tausende leben, und brachte es mit den letzten Groschen und meiner ganzen Kraft soweit, daß ich auf gute Ernte hoffen konnte. Da tauchte eines Tages in der Mittagspause der Gauner auf, dem ich die Farm abgekauft hatte und wies mich an, Haus und Land sofort zu verlassen.

„Mutter, mach' dem Herrn einen Umschlag auf die Stirn, der hat einen Sonnenstich", sagte ich zu meiner Frau. „Aber es half nichts. Der von Gott in seinem Zorn geschaffene, mit allen Hunden gehetzte Lump behielt recht. Wir mußten wieder abziehen. Der Kaufvertrag war an einem Sonntag abgeschlossen worden, und deshalb galt er nach texanischem Recht nichts.

Das war der Trick des Herrn Baron Bourgeois d'Orvannes. Damit legte er die Grünhörner aus Europa zu Dutzenden herein und verkaufte seine Farmen einmal ums andere. Jedesmal konnte er mehr nehmen; denn die Anfänger stürzten sich mit aller Kraft in die Arbeit und verbesserten den übernommenen Wert in kurzer Zeit."

„Bourgeois d'Orvanne, sagten Sie, einen Augenblick, Sie kennen den Mann?"

„Und ob ich den kenne! Eine Zeitlang konnte ich Bäume nur

unter dem Gesichtspunkt ansehen, wie sie sich dazu eigneten, den Bauernfänger aufzuknüpfen. Aber ich habe ihn noch nicht erwischt."

Nun erzählte Solms dem Freiherrn und Milchkutscher den Handel des Adelsvereins mit dem Franzosen. Patschkow unterbrach ihn oft mit vierkantigen Flüchen. Zuletzt packte er voll Mitleid des Prinzen Hand.

„Da geben Sie sich mal keinen falschen Hoffnungen mehr hin. Je eher Sie sich mit den Verhältnissen abfinden, um so besser ist es für Sie. Nicht darauf kommt es jetzt an, dem nachzutrauern, was endgültig verloren ist, sondern das müssen Sie finden, was nach der neuen Lage sofort zu tun ist. Bourgeois d'Orvannes Grant, die Salz- und Kreidewüste am oberen Medium sind Sie los. Seien Sie froh. Dort ist kein Knopp zu holen. Ich kenne die Lage. Kopf hoch! Texas ist groß. Versuchen Sie, ein anderes Gebiet von der Regierung zu bekommen. Die braucht wegen des drohenden Krieges mit Mexiko Geld und wird Ihnen sicher entgegenkommen. Hier ist nichts unmöglich. Das sehen Sie ja an mir. Mit meinem Milchgeschäft verdiene ich täglich fünf Dollar. Darum kann mich jeder preußische Justizkommissarius beneiden. Dazu bin ich ein freier Mann. Und das ist überhaupt nicht zu bezahlen."

Der Prinz schwieg, von Schreck und Enttäuschung schwer betroffen. War nun nicht jeder Gedanke, den er bisher für das Unternehmen gedacht hatte, vergeblich, waren nicht all die großen Pläne umsonst geschmiedet?

Jetzt kam er sich lächerlich vor in seiner Uniform. Sie war ihm plötzlich zu eng und drückte. Wie sollte das nun weitergehen?

„Wo wohnen Durchlaucht?" fragte der Milchkutscher und kletterte unter das Sonnendach seines Sitzes.

„Im Grande Hotel. — Wie geht es der Gnädigen Frau? Was machen die Fräulein Töchter?" Der Prinz knickte in einer leichten Verbeugung zusammen.

„Die beiden Mädchen schneidern und verdienen vier Dollar den Tag. Meine Frau, ja Gott, meine Frau, die konnte mit den Verhältnissen nicht fertig werden. Ich mußte sie in eine Irrenanstalt bringen. Heute Abend mehr davon. Ich komme ins Hotel."

Die Maultiere zogen an, die Glocke bimmelte, der Milchwagen fuhr davon. Lange noch klang es aus der Ferne: „Milch, Milch!"

Einige Minuten starrte der Prinz auf die Stelle, an der eben der Milchwagen gehalten hatte, die Spuren waren im Straßenstaub noch zu sehen. So also war die amerikanische Wirklichkeit.

Gebrochen ging er zurück ins Hotel. Das war eins von den wenigen Steinhäusern der großen Handelsstadt im Baumwollstaat Louisiana.

Die Hitze lähmte das Denken. Durst, unaufhörlicher Durst quälte den Prinzen und seine Leute. Erst in drei Tagen ging der nächste Dampfer nach Galveston. So lange mußten sie warten. Aber der Schnaps war billig. Die Leibgarde ließ ihn wie Wasser die Kehlen hinunterlaufen. Ein wohltätiger Dämmerzustand umfing die Männer. Sie vergaßen die Qual der Stechmücken, die Angst vor dem Fieber und die auszehrende Hitze.

Am Abend kam der Freiherr. „Wenn es unsere Umstände erlaubt hätten, würde ich Durchlaucht zu uns gebeten haben. Aber es geht nicht. Wir sind leider nicht in der Lage, Gäste zu empfangen."

Es tat dem Milchmann richtig wohl, sich wieder einmal der Sprache seiner Vergangenheit bedienen zu können.

Die beiden unterhielten sich über die Pläne des Mainzer Vereins. „Das ist ja alles groß und edel gedacht", meinte Herr von Patschkow, „aber, aber! Was nützt den Leuten die schönste Landwirtschaft mit den besten Erträgen, wenn keine Märkte da sind, auf denen man verkaufen und kaufen kann? Daran fehlt es überhaupt. Es gibt weder Straßen noch schiffbare Flußläufe ins Innere. Ein paar Bretterhütten hier und da, die sich Städte nennen. Die Flüsse sind verstopft von Treibholz und enden am Meer in Sümpfen und Morästen. Galveston ist ein Nest, das der Teufel auf eine Sandinsel hat fallen lassen. Na, Sie werden ja selbst sehen. Ich will Sie nicht irre machen. Dazu ist es wohl auch zu spät. Aber man kann hier der Wirklichkeit gar nicht nüchtern genug in die Augen sehen."

Irgend etwas sträubte sich in dem Prinzen, die Worte des Freiherrn zu begreifen. Ihm war dabei, als zöge der ihm die Haut vom lebendigen Leib.

Die Tür wurde aufgerissen. In die Öffnung trat ein Mann in

hohen Stiefeln und einem faltenreichen, langen Rock. Den bauschten in der Hüftgegend ein paar schwere Pistolen auf, die darunter in ledernen Taschen steckten. Im rechten Rockaufschlag glänzte ein Messingstern mit einem S in der Mitte.

„Aha, der Sheriff", meinte der Milchmann und blieb sitzen.

Der hagere Polizeimann überflog den Raum mit ein paar Blicken und ging auf den Prinzen zu. „Ah, Mister Braunfels!" Er packte dessen Hand, schüttelte sie mit einem Druck, als sollten alle Knochen darin auseinandergequetscht werden und spuckte eine Ladung Tabaksaft über den sitzenden Prinzen hinweg in eine entfernte Zimmerecke.

Dann zog er sich zwei Stühle heran, setzte sich aus den einen und streckte die langen, dürren Beine über den andern. „Nichts zu machen, wir kamen zu spät, Mister Braunfels. Meine Leute hatten ihn in einer Kneipe am Hafen beim Spiel geschnappt. Aber der Vogel flog davon. Der Kerl kann schießen, sag' ich Ihnen. Einem von den Männern sitzt ein schönes Stück Blei zwischen den Rippen."

Der Sheriff wälzte den Kautabak aus einer Backe in die andere und schob den Hut ins Genick. „Einmal kriegen wir ihn aber doch, den lederfarbenen Lumpen, nicht wahr, Mister Patzko; er ist doch auch Ihr guter Freund?" Das zerknitterte Gesicht des Polizeigewaltigen von Neuorleans quetschte sich lächelnd in Falten zusammen. Er legte die Hände auf die Pistolentaschen: „Aber dann, wehe ihm."

Als der Sheriff wieder gegangen war, saßen sich der Prinz und der Freiherr noch eine Weile schweigend gegenüber. Solms kam sich vor, als hätte man ihn ausgezogen. „Mister Braunfels", hatte ihn der Amerikaner angeredet und ihm schmerzvoll die Hand geschüttelt. Dazu behielt er den Hut auf dem Kopf. Gab es hier keinen Respekt vor uraltem Adel? Der Prinz war tief verletzt.

Freiherr von Patschkow verstand ihn und sagte tröstend: „Das ist Amerika, Durchlaucht. Kautabak, Pistolen, Wisky und Respektlosigkeit! Wer das nicht vertragen und mitmachen kann, kommt unter den Schlitten. In Texas sitzen die Schießeisen besonders locker im Gürtel. Man sagt, es gäbe dort soviel Männer wie Pistolen und soviel Pistolen wie Männer."

Als sich der Prinz zum Schlafen unter sein Moskitonetz verkrochen hatte, lag er noch lange wach. Die Sumpfluft drückte auf die Brust, sie schmeckte ekelhaft süßlich. Bleischwere Einsamkeit breitete sich über ihn in der schwülen, dunstigen Dunkelheit. Wirre Traumbilder hetzten den Hindämmernden von einer Qual in die andere: Lange Züge von Menschen krochen über ihn hinweg. Viele sahen ihn mit verzerrten Gesichtern an. Erst gegen Morgen fand er ein wenig Schlaf.

Wie einen Alpdruck ließen die Deutschen Neuorleans hinter sich, als sie auf dem Dampfer standen und dem Quirlen der Schaufelräder zusahen. Das Schiff ging außerordentlich flach und lag wie eine Schüssel auf dem Wasser. Behutsam führte es der Lotse den Mississippi hinunter, an Untiefen und Treibholzinseln vorüber. Die Kessel wurden mit Holz geheizt, das man in riesigen Stapeln an Deck aufgeschichtet hatte. Dampf zischte aus lockeren Ventilen und allen möglichen Öffnungen außerdem. Es schien, als sei das leichte Fahrzeug mit seinen beiden Decks sparsam und verspielt um die eisernen Maschineneingeweide herumgebaut worden.

Neger schürten die Feuer, Neger bedienten die Fahrgäste. Der Prinz hielt sich vornehm zurück; das war er sich nach den Erlebnissen in Neuorleans schuldig. Der Fluß wälzte sich trüb und schwerfällig dem Meer zu, der mitgeführte Schlamm färbte es weit hinaus schmutzigbraun.

Baumlos und sandig stieg die Küste langsam aus dem warmen, blauen Wasser. Dahinter lag das Festland, geheimnisvoll, irgendwo.

Die Leibgarde war enttäuscht von der Nüchternheit der Gegend, die nun ein paar Tage lang an ihnen vorüberglitt.

Der erste Tag der Fahrt aus dem Meer hatte genügt, den Prinzen nach den Erschütterungen in Neuorleans sich selber wiederzugeben. Er sah vorwärts und erwog die ersten Maßnahmen, die er für notwendig hielt. Zu allererst mußte versucht werden, die Konzession für Bourgeois d'Orvannes Grant zu verlängern. Das dürfte unter dem Druck des Ansehens, das er als Vertreter des Adelsvereins beanspruchte, sicher nicht allzuschwer werden. Mit Geld würde er nicht sparen. War das erreicht, dann mußte sofort eine Expedition in das

Siedlungsgebiet ausbrechen. Auf den Anmarschwegen war Land anzukaufen, um durch Stationen, die in Tagereisen auseinanderlägen, den Zug der Einwanderer zu sichern. Dann galt es, mit den Deutschen, die schon in Texas lebten, Verbindung aufzunehmen und sie für eine Übersiedlung in das Vereinsgebiet zu gewinnen. Sie würden mit ihrer Erfahrung den Kerntrupp des Unternehmens bilden. Zu gleicher Zeit mußten aber auch die Verhältnisse sondiert werden, aus denen zu erkennen war, ob und in welchem Umfang man den Seehandel mit Deutschland ausbauen könne.

Wie ein schmaler, langer Strich hob sich endlich die Insel Galveston aus dem Meer. Lagunen von Brach und Sumpfwasser zogen sich in das Innere hinein. Nirgends ein Schimmer Grün, so sehr die Augen der Reisenden auch danach suchten. Konnte dies das Paradies sein, das ihnen verheißen wurde?

Das Schiff hielt auf eine Gruppe von drei Bäumen zu, die fremd und einsam über dem Wasser zu schweben schienen. Weiße Bretterhäuser tauchten dahinter auf. Kirchtürme stachen spitz in den Himmel. Dann legte das Schiff an.

Der Prinz ging an Land. Es war der 1. Juli 1844, der Verfalltag von Bourgeois d'Orvannes Grant.

In einer Wirtschaft am Hafen fand man Unterkunft. Der Wirt, ein Deutscher, war dazu noch Schuster und Pfarrer.

„Sie haben sich eine schlechte Jahreszeit ausgesucht", sagte er besorgt zum Prinzen, „ein großer Teil der Stadt ist vom Fieber heimgesucht. Ich rate Ihnen, sobald wie möglich weiterzureisen. Wir haben kein Süßwasser. Es gibt nur Schnaps, Bier und Wein. Ein Teil der Häuser steht leer; die Menschen sind umgekommen oder geflohen. Die dürftig verscharrten Leichen verseuchen das Grundwasser; es tritt schon in zwei Fuß Tiefe aus der Erde."

„Schöne Aussichten", knurrte ein Mann der Leibwache. Die Leute waren enttäuscht, auch wenn sie sich nach außen hin zusammennahmen. Was sie bisher erlebt hatten, war kaum dazu angetan, ihnen für künftige Tage Mut zu machen. Wo lag der Garten der Welt?

Galveston war eilig und nachlässig auf Pfahlrosten errichtet, die den unsicheren Baugrund stützen sollten. Die Stadt hatte damals gegen dreihundertfünfzig Holzhäuser und stand schon seit sieben Jahren, ein hübsches Alter für Texas. Auf Gerüsten und einem wirren Wald von Pfählen schoben sich die Hafenanlagen ein Stück ins Meer hinaus, um den Schiffen das Anlegen möglich zu machen. Unter den Brücken und Stegen sammelte sich Unrat und Verwesung, die Brutstätten des furchtbaren Fiebers, das die Stadt fast in jedem Sommer heimsuchte. Ganz plötzlich kroch der „gelbe Jakob" aus dem Sumpf, schlich die Häuser entlang und schlug die Menschen nieder, bis er seine Gier gesättigt hatte.

Der deutsche Schuster gefiel dem Prinzen zuerst recht gut. Er war ein erfahrener Mann. „Was Sie hier in Galveston sehen", sagte er zuversichtlich, „ist nicht Texas, und die Menschen sind keine Texaner. Die hat der Zorn Gottes zusammengefegt. Erst im Innern, weit weg von hier, liegt das Land Ihrer Sehnsucht. Viele sind berufen, aber nur wenige auserwählt. Wer dahin will, muß erst hier hindurch."

In der Dämmerung packte es den Mann plötzlich. Er kletterte auf einen Tisch und begann zu predigen. Seine Augen verdrehten sich, er raufte sich Bart und Kopfhaare und schleuderte mit einer grabhohlen Stimme in einem Gemisch von Englisch und Deutsch furchtbare Verwünschungen über die verderbten Menschen.

Dann schlugen ihm vor Frost die Zähne aufeinander. Sein zerrüttetes Gesicht verfiel, er begann mit Armen und Beinen um sich zu schlagen, bis ihm der Schweiß in Bächen ausbrach. Zuletzt sackte er entkräftet zusammen und schlief ein. Ein paar Schwarze, die in Bereitschaft standen, weil sie diese Anfälle kannten, trugen den Schuster hinaus. Sie meinten, das sei hier in der Fieberzeit nichts Seltenes.

Wie eine Spinne lag die Stadt auf dem heißen Sand und wartete auf Beute. Von den gröbsten Formen des Betruges und der Bauernfängerei bis zu den verfeinertsten in Wechselstuben, Bankhäusern, Läden, Hurenquartieren und Güterschlächtereien bestand jede nur denkbare Art der Ausbeutung. Mancher, der mit einem Herzen voll Unternehmungslust vom Schiff gestiegen war, blieb schon hier als Opfer hängen und machte dann aus solcher Erfahrung wieder andere zu Opfern, bis ihn das Fieber packte und langsam verzehrte. Die Stadt lebte von Armut, Hoffnung und Verzweiflung. Die biederen Männer der Leibwache überkam das Grauen. So also sah die Welt an ihren Reibungsflächen aus? Sie waren froh, als der Prinz ihnen eröffnete, sie würden am Morgen schon die Galvestonbai hinauf in den Buffalo-Bayou nach Houston weiterreisen.

Der Mainzer Adelsverein kam mit einem blauen Auge davon. Um zehntausend Dollar hatte Bourgeois d'Orvanne ihn geprellt, die Summe mußte in aller Stille als Verlust gebucht werden.

Konsul Henry Fisher[10], wie er sich englisch schrieb, hatte sein Ziel auch erreicht: Seinen Grant war er los; der Vertrag verschaffte ihm großen Einfluß. Als Kaufmann sah er die Möglichkeit, aus Jahre hinaus gute und sichere Geschäfte machen zu können; Mit Bourgeois d'Orvanne hatte er einen gefährlichen Konkurrenten beseitigt. Geld würde rollen; denn ein wesentlicher Teil der unübersehbar großen Materiallieferungen mußte nun durch seine Hände gehen. Volle Taschen würde das geben; er konnte in Geschäften wühlen, und das war ihm höchstes Glück.

Der Texaner aus Kassel verstand es, die Vorstandsmitglieder in Mainz durch sein sicheres Auftreten, seine Kenntnis des Landes und geschickte Beweisführung in ihre alte Sicherheit zurückzuwiegen und sie von dem Erfolg des Unternehmens zu überzeugen.

„Es ist überhaupt noch gar nicht abzusehen, welche Möglichkeiten zur Ausbeutung im neuen Vereinsgebiet sich erschließen lassen. Ich denke nur an die Bodenschätze. Eins ist sicher: Schon vor mehreren hundert Jahren besaßen die Spanier am oberen Kolorado Silberminen. Sie liegen in meinem Grant und warten der Aufschließung. Bedenken Sie, meine Herren, Silber, pures, blankes Silber! Lassen Sie das nach Europa hereinfließen, und Sie können Währungen erschüttern."

Durchschaute jemand den geschäftstüchtigen Mann, der auf amerikanische Art reich werden wollte? Aber niemand wäre damals in der Lage gewesen, das nachzuprüfen. Und die meisten hätten solches Mißtrauen schroff zurückgewiesen; denn Fischer war ja in höchster Not als Retter erschienen.

Die Kurve des Texasfiebers in Deutschland stieg immer weiter. Im Herbst 1844 schon mußte die Anmeldung für die Überfahrt auf den ersten Schiffen gesperrt werden; sie waren voll besetzt. Im Dezember gab der Verein die Trennung von Bourgeois d'Orvanne und den Kauf des Grants von Fischer bekannt. Das wurde aber kaum beachtet.

Alle Pläne des Vereins, wie sie in den „Gesammelten Aktenstücken" veröffentlicht worden waren, wurden für möglich gehalten. Nur ganz verschämt wagten ein paar Zeitungen besorgt in der Öffentlichkeit zu warnen.

„Die Auswanderung wird aus einer Notwendigkeit zu einer Manie, zu einem fieberhaft unzurechnungsfähigen Zustand, von dem ergriffen und geschüttelt der Kranke, den schlafenden Wächter täuschend, aus dem Bett und der Krankenstube springt, um in der frischen Luft Rettung von seinen bösen Träumen und ängstigenden Vorstellungen zu suchen", schrieb eine führende Zeitung. Niemand hörte daraus.

„Es wird den Deutschen in Amerika genau so gehen, wie ihren Landsleuten daheim: Die Ideen schießen ihnen auf wie Pilze, und die Gedanken steigen gleich kerzengerade in den Himmel. Aber wenn es ans Ausführen geht, da rennt man in die Dornhecken der Wirklichkeit und kommt oft darin um." Wem sagten solche Sätze etwas?

„Ich warne vor Texas", meinte der württembergische Staatsminister von Gagern den Volksvertretern gegenüber. „Das Urteil des Grafen Boos-Waldeck über Texas ist im ganzen ungünstig." Aber das Ansehen des Vereins war auch von so hoher Stelle nicht zu erschüttern.

Fischer reiste aus einem schnell segelnden Schiff als zweiter Kommissar des Vereins neben dem Prinzen und mit umfangreichen Vollmachten nach Texas zurück. Sein erstes dort würde sein, Solms zu suchen und ihn mit den veränderten Verhältnissen bekannt zu machen; denn es mußte ja auch in Texas dafür gesorgt werden, daß der Bruch mit Bourgeois d'Orvanne möglichst wenig Aufsehen erregte.

Ein winziger Raddampfer trug inzwischen den Prinzen und seine Leute die Galvestonbai hinauf und durch den Buffalo-Bayou weiter nach Houston. Diese Stadt hatten die Texaner nach ihrem Präsidenten genannt. Sie war jung und bestand aus einigen Dutzend Bretterhütten. Wie ausgestorben lag sie unter der unbarmherzigen Sonne. Die wenigen Menschen, die noch anzutreffen waren, lebten in Todesangst, überall lauerte das Fieber.

Es gab niemand, mit dem der Prinz in seinen Angelegenheiten hätte verhandeln können. Wie sollte er von hier weiterkommen? Man versank in den Sümpfen, es gab nicht Weg noch Steg. Er kaufte Pferde. Die Leibgarde bekam wieder Mut und Haltung. Das Hauptgepäck war in Galveston zurückgelassen worden. Die Reisegesellschaft hatte nur das Nötigste mitgenommen und beschränkte sich in Houston weiter auf das, was die Pferde tragen konnten.

Es war, als schwebe der Grund unter ihnen, als sie durch hartes, hohes Gras den Weg nach Westen suchten. Das Land schien keinen festen Boden zu haben. Die Pferde zitterten vor Angst, wenn ihre Hufe im schwarzen Brei versanken.

Oft hielten sie an. Der Prinz breitete die Karte aus und suchte mit dem Kompaß die Richtung zu bestimmen. Das nächste Ziel war San Felipe de Austin. Bei der Ankunft fanden sie fünf oder sechs elende Bretterhütten vor.

Die größte war ein Wirtshaus. Ein Neger nahm die Pferde in Empfang und band sie an das Geländer der Veranda. Dann trug der Wirt einige Eimer Wasser heran, an jedem hing ein Flaschenkürbis als Schöpfkelle. Die Reiter wuschen sich.

Später wurde das Essen aufgetragen. Sie setzten sich an den klobigen Tisch, auf Stühle, deren Sitze mit Kalbfell bespannt waren. Es gab frische, warme Maiskuchen und gebratenen Speck. Am oberen Ende des Tisches nahm die Wirtin Platz und stellte eine große, blecherne Kaffeekanne neben sich. Wer trinken wollte, mußte seine Tasse um den Tisch herum zu ihr wandern lassen. Es waren noch mehr Gäste gekommen, keiner kümmerte sich um den andern. Die Amerikaner schlangen die Mahlzeit in kaum zehn Minuten hinunter, und schnell wurde abgeräumt. Wer länger brauchte, dem riß man das Essen vom Mund weg.

Für die Gäste war ein gemeinsamer Schlafraum zu ebener Erde vorhanden. Jeder bekam ein Bett: vier Pfähle waren in den festgetretenen Fußboden hineingetrieben und zwischen ihnen Ochsenhäute straffgespannt. Decken hatte jeder Reisende selber.

Am andern Morgen mußte der Prinz für Mann und Pferd je

eineinviertel Dollar bezahlen. Im Leeren der Beutel durch hohe Preise waren sich alle texanischen Wirte einig.

Eingefangen von der Fülle des Neuen und Fremden, ritt die Expedition schweigend weiter nach Industry. Hier wohnte eine größere Anzahl Deutscher. Die Kunde seiner Ankunft war dem Prinzen schon vorausgeeilt. Der Trupp wurde festlich empfangen und ins Wirtshaus geleitet.

Wie ein Wunder aus einer andern Welt wirkten die Reiter in ihrer vollkommenen Ausrüstung. Industry war ein armes Nest, in dem fleißige Menschen sich mühten, vorwärts zu kommen. Alles steckte noch in den Anfängen, und das Klima fraß die Leute. Nur harte Naturen konnten sich durchsetzen. Kaum einer von den Deutschen in der Stadt hatte bisher erreichen können, wovon er in der Heimat träumte.

Nur eine bittere Lehre mußte jeder schlucken: unmenschlicher Fleiß, Verzicht auf alle lieben Gewohnheiten und verbissene Zähigkeit waren notwendig, wenn etwas erreicht werden sollte. Wer das nicht leisten konnte, verdarb. Das Land war mitleidlos. Und mancher saß nur mit halbem Herzen auf der Scholle, die er zu bearbeiten begonnen hatte, weil er in sorgenschweren Nächten davon träumte, er könne anderswo bequemer vorwärtskommen.

Die schwarze Erde schien unerschöpflich im Hervorbringen der besten Ernten. Aber das Klima stand gegen die Menschen. In der Regenzeit weichte alles auf zu einem grundlosen Brei, und die Siedler mußten sich auf die wenigen festen Stellen inmitten der schwankenden Erde retten. Der Boden sog sich voll, Sümpfe und Moräste blieben zurück.

Wachstum quoll aus dem feuchten Grund, überreichlich und maßlos. Aber mit ihm auch Wolken von Stechmücken und eklem Ungeziefer. Krankheiten hoben sich wie Gespenster aus Schlamm und Schwüle, zehrten die Menschen aus und lichteten die Ansiedlungen der Weißen. Wer es sich leisten konnte, kaufte Neger und ließ die für sich arbeiten. Weder die furchtbaren Gewitter und darauffolgenden Überschwemmungen noch die unerwartet hereinbrechenden Norder mit ihren Temperaturstürzen konnten Bresche in den Glauben der Zähesten schlagen.

Die Verbissensten im Festhalten waren die Deutschen. Mancher wußte, daß er für den Rest seines Lebens auf verlorenem Posten stand. Aber die Kinder würden einmal den Segen seiner Hingabe ernten, das ließ ihn durchhalten. „Bücke dich, grab, oder stirb!" sagten sie.

Das konnten viele Amerikaner nicht begreifen. Sie wechselten ihre Siedlerstellen oft und suchten unruhig immer neue und bessere Plätze. Von heute auf morgen verließen sie, ohne sich umzusehen, was sie in monatelanger, schwerer Arbeit geschaffen hatten. Die Deutschen aber bissen die Zähne aufeinander und traten nur in der letzten Not beiseite. Mütter starben mit einem stillen Glanz in den Augen, weil sie wußten, ihr Opfer sei nicht umsonst gebracht: die Kinder würden Erben sein.

Das war das andere an den Deutschen. Die dachten in Geschlechtern. Nicht der Nutzen, den sie dem Land von heute auf morgen abzwingen konnten, bestimmte ihre Entschlüsse, sondern der Glaube an den endgültigen Sieg ihres Fleißes übertrug sich von den Eltern auf die Kinder. Deshalb pflanzten sie Bäume, planten Straßen, zogen Gräben, bauten Dämme und Schleusen. Sie verwachsen mit dem Boden, rangen mit ihm, warfen ihn nicht weg, wie ein Ding, das einem nicht gefällt. Auch unter ihnen hielt das Land furchtbare Auslese. Aber zuletzt siegten doch die Besten und Widerstandsfähigsten.

Das waren des Prinzen Gedanken auf dem Ritt über das flache, steinlose Gebiet.

In der sengenden Mittagssonne lagerte man sich unter einer Gruppe Lebenseichen. Hirsche strichen in Rudeln vorüber. Die Jagdlust erwachte. Sie schossen ein schweres Tier. Nur langsam begriffen die Männer der Leibwache, daß hier Jagd niemandes Vorrecht sei. Das Abenteuer begann zu locken.

Die besten Stücke wurden gebraten. Hermann Nahm ein Fleischer aus dem Hessenlande, besorgte das mit Geschick. Es kam allen wie eine unverantwortliche Verschwendung vor, als sie den größeren Teil des Hirsches beim Weiterreiten liegen lassen mußten.

Der Prinz lachte, als er sah, wie schwer sich seine Leute von dem schönen Fleisch trennen konnten: „Das werdet ihr noch lernen. Ihr seid jetzt in Texas und nicht daheim, wo man ein kleines Stück davon für teures Geld im Laden kauft."

Als der Trupp gegen Abend die Bretterhütten von Industry

auftauchen sah, sangen die Männer zum erstenmal wieder das Prinzenlied.

In der kurzen Dämmerung kam ihnen ein Schwarm Menschen entgegen, winkte und hieß sie auf Deutsch herzlich willkommen.

Der Prinz blieb einige Tage in Industry. Er arbeitete die Denkschrift an den texanischen Kongreß aus, in derer um die Verlängerung der Konzession für den Grant von Bourgeois d'Orvanne bat. Mit einem Eilboten schickte er sie nach der Hauptstadt Austin, die nordwestlich am Kolorado im welligen Land lag.

Die Landsleute aus der ganzen Gegend kamen zusammen, ihm, dem Prinzen, ein Fest zu geben. Er ließ sich feiern als der große Helfer aller Deutschen in Texas. In einer Ansprache forderte er sie auf, von dem Angebot des Mainzer Adelsvereins lebhaften Gebrauch zu machen und in das Vereinsgebiet überzusiedeln.

„Der Verein wird nicht eher ruhen," als bis er alle Deutschen hier in seiner Obhut gesammelt hat. Ein starker deutscher Staat in Texas ist unser Ziel. Die Deutschen auf beiden Seiten des Atlantischen Ozeans werden den Segen unserer Opfer bald zu spüren bekommen. Ich trinke auf die Zukunft des einigen Deutschtums in Texas!"

Gläser, gefüllt mit Schnaps und Wein, wurden begeistert gehoben und stießen aneinander. Später brachte einer der ältesten Pioniere, Friedrich Ernst, einen Trinkspruch aus. Seine Augen glänzten, als er rief: „Trinken wir nun auf das Wohl der edlen und freigebigen deutschen Fürsten, die auch an ihre Untertanen auf der andern Seite des großen Meeres denken!"

Viele Augen füllten sich da mit Tränen. Jetzt waren alle die Männer und Frauen für ein paar Augenblicke in der Heimat gewesen, und das hatte jedem ans Herz gerührt.

In Austin hatten es die Gouvernementsbeamten und der Kongreß nicht besonders eilig, die Sache des Vereins zu fördern. Der Präsident war schwer zu erreichen. Er reiste viel im Land umher, das sich zu einer letzten, entscheidenden Auseinandersetzung mit Mexiko rüstete.

Der Prinz wurde in der Hauptstadt ehrenvoll und mit allem nur möglichen Gepränge empfangen. In feierlichem Aufzug ritt er mit seinen Leuten vor das Regierungsgebäude. Der Vertreter des Präsidenten hielt eine huldigende Ansprache. Der Prinz, sehr empfänglich für solche Äußerlichkeiten, dankte bewegt.

Ein Festessen mit Sturzbächen großer Worte folgte. Solms schwamm in hohen Gefühlen und wußte die Bedeutung des Mainzer Vereins für Texas in immer andern und farbigeren Redewendungen zu preisen. In einem Bericht in die Heimat schrieb er:

„Ich habe den besten Eindruck von Land und Leuten und hoffe bestimmt auf die Erneuerung der Konzession. Überall wurde ich von Deutschen und Texanern ehrenvoll begrüßt. Man trank auf das Wohl der deutschen Fürsten. Die in Texas lebenden Landsleute werden sich einmal glücklich fühlen, unter der Obhut unseres Vereins sicher und behütet leben zu können."

Aber die texanische Regierung ließ sich durch erhabene Worte nicht aus der Ruhe bringen, sie folgte eigenen Schweregesetzen. Der Prinz brannte vor Ungeduld. Er machte Besuche und Geschenke, trat wie ein Gesandter auf, wenn es galt, Eindruck zu machen, aber die Erneuerung der Konzession verzögerte sich trotz allem. Was sollte er tun?

„Leute", sagte er eines Tages zur Leibwache, „macht euch fertig! Wir reiten morgen so schnell es geht in den Grant und wollen sehen, was dort los ist. Ich hoffe, daß sich die Regierung bis zu unserer Rückkehr entschieden hat."

Lange Wochen waren sie unterwegs. Die weichen Wellen der Prärie durchstreiften sie in kühnem Ritt. Spuren von Indianern tauchten auf, Büffel sahen sie am Horizont hinziehen. Endlos war die Weite, aus der sich Büsche und Bäume gruppenweise erhoben. Flüsse mußten mühselig durchquert werden.

Dann stiegen im Südwesten Hügelreihen hintereinander auf, immer neue schoben sich am Horizont hervor. In Eichenwäldern mit Stämmen wie Säulen, ohne Unterholz, verschwand der Reitertrupp. Hin und wieder kamen sie an einsamen Siedlungen vorüber. In engen Flußniederungen bestaunten sie die fruchtbare dunkle Erde.

Immer höher wurden die Berge, immer enger und öder die Täler. Die Pferde kletterten steile, kahle Hänge hinan. Vertrocknete, steinübersäte Hochflächen dehnten sich nüchtern und unabsehbar in die Weite. Der Prinz wurde immer stiller. Öfter und öfter zog er die Karte heraus und schüttelte den Kopf. Es gab keinen Zweifel mehr, diese Steinwüste war der Grant des Bourgeois d'Orvanne.

In der zweiten Augusthälfte kamen die Reiter müde und niedergeschlagen nach Austin zurück. Der Prinz war beinahe froh, als er nun den Entscheid der Regierung mitgeteilt bekam, sie lehne die Erneuerung der Konzession endgültig ab. Am 20. August schrieb Solms nach Deutschland: „Wir sollten froh sein, auf diese Weise aus einer üblen Lage herauszukommen. Es ist nicht auszudenken, was mit unsern Leuten geschehen wäre, wenn wir sie in diesen Grant gebracht hätten. Das meiste ist ödes Kalkgebirge, auf dem kein Grashalm gedeiht. Das gute Land in den engen Tälern wurde vielfach schon früher besiedelt. Unsere Kolonisten hätten nur noch den Rest erhalten. Aber was soll nun werden? Hoffentlich ist es möglich, die Vorbereitungen in der Heimat so zu mäßigen, daß nichts Endgültiges geschieht, ehe ich hier nicht ein wirklich brauchbares Gebiet fest in der Hand habe."

Zur gleichen Zeit ging der Verein in der Heimat daran, den ersten Transport in den von Fischer aufgekauften Grant zusammenzustellen. Das erste Schiff sollte den Stoßtrupp hinübertragen. Man stellte ihn mit viel Überlegung zusammen. Es wurden nur gesunde und tüchtige Menschen unter Hunderten herausgesucht, Leute in den besten Jahren. Familien mit vielen Kindern wies die Leitung auf spätere Überfahrten zurück.

Dieser Stoßtrupp sollte den Weg ins Innere freimachen. Die Pioniere mußten Bresche schlagen, den Marsch ins Unbekannte aufklären und festlegen. Bauern, Handwerker, Lehrer, Ärzte, Fuhrleute, Müller und Apotheker wurden ausgewählt. Sie erhielten Listen zugeschickt, in denen die notwendige Ausrüstung bis in alle Einzelheiten angegeben war, und wurden aufgefordert, sich am 15. September 1844, also drei Tage vor der Abfahrt des ersten Schiffes, im Hafen von Bremen einzufinden. Bis zum Ende des Jahres sollten drei weitere Schiffe folgen.

Die Führung des ersten Schubs übertrug die Vereinsleitung dem Darmstädter Ingenieur Nikolaus Zink. Er wurde beauftragt, nach der Ankunft im Grant unter Hinzuziehung amerikanischer Fachleute sofort an die Vermessung des Landes und die Errichtung der ersten Siedlungen heranzugehen.

Nach klugen Erwägungen der Vereinsleitung mischte man

unter das gesunde Mannsvolk eine Anzahl stramme Bauerndirnen. Das würde allen genug Lebensfreude und Zusammenhalt geben. Außerdem war damit auch die Möglichkeit geschaffen, bald einen Stamm geburtsechter Deutsch-Texaner entstehen zu sehen.

Den Frauenspersonen wird für die Seereise im Zwischendeck empfohlen, sich mit sicheren Beinkleidern zu versehen. Das hatte die Vereinsleitung mit allem Bedacht vorgeschlagen, denn das planmäßige Nacheinander des gewünschten Aufbaues sollte durch keine Zufälligkeit gestört werden.

Und nun begannen an vielen Stellen im deutschen Vaterland die Vorbereitungen für den Aufbruch nach Texas. Auf Wagen, Schiffen und mit der Eisenbahn strebten die Menschen in den ersten Septembertagen 1844 nach Bremen. Es gab ein großes, freudiges Abschiednehmen in Städten und Dörfern, dem mancher Zurückgestellte nur mit Neid zusehen konnte.

Der rötliche Spätsommermond kletterte beschaulich über die Dächer der Häuser zu Bremen. Als er sich von den höchsten Firsten und Schornsteinen gelöst hatte, schwamm er friedlich in der weichen Himmelsbläue und sah schläfrig herunter auf das glitzernde Hafenbecken und das Gewirr der Gassen und Straßen. Der Hafen lag still. Kein Lüftchen ging. Der Tagesbetrieb war eingeschlafen und es roch schon ein wenig nach Herbst und Wehmut.

Die Wache auf der Brigg „Johann Detthart" schob die Laufplanke ans Ufer hin über und hängte eine Laterne darüber. „Schötensack", hatte der Steuermann zu dem Matrosen gesagt, „da sind so ein paar Herrens, die haben noch etwas vor. Das Brett wird erst wieder eingezogen, wenn sie zurück sind."

Auf dem stattlichen Dreimaster war es still. Ein Teil der Auswanderer hatte seine Quartiere im Zwischendeck schon bezogen, andere wohnten noch in den Gasthäusern am Hafen.

Hermann Köchert saß mit seiner jungen Frau auf einer Rolle Tauwerk „Geh' nun hinunter, Luise", sagte er zu ihr, „lege dich hin, es wird nicht lange dauern. Ich bin bald zurück. Zink hat ein paar Männer gebeten, heute noch zu einer Besprechung hinüber in die ‚Letzte Träne' zu kommen. Gegen zehn Uhr würde ein Herr aus Berlin eintreffen, der sich der Reisegesellschaft anschließen wolle. Man müsse mit ihm reden, denn er sei schon in Texas gewesen und habe sogar ein Buch darüber geschrieben. Eine Aussprache mit ihm würde sehr wertvoll sein für die Instruktionen, die er morgen, am Tag vor der Ausreise, allen geben wolle, meinte Zink." Köchert führte Luise an den Niedergang zum Zwischendeck und sie stieg die steile Treppe hinab.

Eine Männerstimme rief vom Ufer her: „Herr von Wrede[11] ist angekommen!"

Im Zwischendeck fuhren manche erschrockenen aus der Einsamkeit ihrer Gedanken, in die sie sich nach der Fülle des Tages versponnen hatten. Schritte trappten hohl über das hölzerne Deck, dann war es wieder still. Hermann Köchert trat mit einem Trupp Männer in das Hinterzimmer des Gasthauses „Zur letzten Träne", das dem Ankerplatz der Brigg gegenüberlag.

„Meine Herren, ich stelle Ihnen Herrn Hauptmann von Wrede vor", begann Zink. „Er ist eben angekommen und will trotz der späten Stunde an dieser Aussprache teilnehmen. Ich bin sehr erfreut, Herr Hauptmann, daß Sie sich im letzten Augenblick noch entschließen konnten, das Angebot des Mainzer Vereins anzunehmen. Aus der Reihe der Männer, die den Stoßtrupp in das Vereinsgebiet bilden werden, habe ich einige ausgesucht; ich möchte sie tiefer mit allem bekanntmachen, was unsere Reise angeht. Aus der Erkenntnis der inneren Zusammenhänge möge ihnen ein breiteres Verantwortungsgefühl und ein höheres Gewissen erwachsen, das über der Suche nach dem eigenen Vorteil sich dem Ganzen verpflichtet fühlt. Herr Hauptmann, wenn ich fragen darf, warum zögerten Sie bis zuletzt mit Ihrem Entschluß?"

Hauptmann von Wrede stand auf. In seinem hageren, gebräunten Gesicht brannten ein paar ernste Augen. „Das ist sehr einfach. Ich verfolge die Arbeit des Mainzer Adelsvereins seit seiner Gründung. Wer die eingehende theoretische Vorbereitung des Unternehmens kennt, kann der Meinung sein, es werde wirklich das Menschenmögliche getan, um das Unternehmen zu sichern. Auf dem Papier stimmt alles, und in dieser Tatsache beruht die ungeheure Werbekraft unter den Leuten. Die Vorbereitung verrät großes Verantwortungsgefühl, aber sie bleibt trotzdem in vielem eben nur Theorie, Papier, Tinte."

„Aber ich bitte Sie, Herr Hauptmann, unser Geld, unsere Vorräte, die Waffen, die gesunden, einwandfreien Menschen, und vergessen wir auch das Ansehen der Vereinsmitglieder nicht: das sind doch greifbare Tatsachen! Das sind keine Theorien, das sind Wirklichkeiten!"

„Gewiß. Aber es gibt eine Reife des Ausdenkens von Plänen, da ist zuletzt alles so klar, daß man das Erkannte leicht für die Wirklichkeit hält. Man vergißt die Gegenkräfte in die Rechnung einzusetzen. Und weil man sie nicht kennt, scheinen sie nicht da zu sein. Aber zuletzt bestimmen diese den Ablauf eines Geschehens und werfen mitunter die reifsten Pläne um. Hier hat mich zuletzt mein Verantwortungsgefühl gepackt, und so will ich meine alte Haut noch einmal wagen; denn das Ganze kann nach dem Stand der Dinge weder abgeblasen noch aus den Umfang zurückgeführt werden, den ich aus meiner Erfahrung für notwendig halte."

Doktor Küster, ein junger Arzt aus Frankfurt, sprang auf: „Erlauben Sie, Herr Hauptmann, der Verein steht doch mit seinem gewaltigen moralischen Gewicht hinter allem. Ganz bedeutende Geldmittel sind bereitgestellt worden. Und wir, nicht wahr, meine Herren, wir werden uns mit Leib und Seele einsetzen, das Ziel zu erreichen!"

Alle sahen ihn zustimmend an.

„Das werden Sie wohl auch müssen", fuhr der Hauptmann fort. Gut. Geld, sagten Sie? Schön. Aber geben Sie Obacht. Der Verein ist mit einem Betriebskapital von zweihunderttausend Gulden ausgestattet worden. Das ist dem Armen eine gewaltige Summe. Aber! Nehmen wir an, man schickte im kommenden Jahr nur fünfundzwanzighundert Siedler nach Texas und jeder nähme die für eine Person freigegebenen vierhundert Pfund Gepäck mit, dann gäbe das für alle eine Million Pfund, also zehntausend Zentner.

Ein texanischer Planwagen trägt nun im günstigsten Fall zweitausend Pfund. Wollte man die Leute also geschlossen ins Vereinsgebiet bringen, dann wären fünfhundert Wagen nötig; dazu noch hundert Wagen für Frauen und Kinder und noch einmal hundert für Zelte, Proviant, Geräte, Werkzeuge und vieles andere. Schon die Beschaffung von soviel Wagen ist beinahe unmöglich. Sie kosten Riesensummen.

Soll der ungeheure Fuhrpark ohne störende Zwischenfälle in Bewegung gehalten werden, dann braucht man siebenhundert texanische Fuhrleute; denn nur sie beherrschen das schwierige Geschäft des Ochsenlenkens in jedem Gelände. Sie müssen verpflegt und bezahlt werden. Als Zugtiere sind eineinhalb bis zwei Joch Ochsen für den Wagen notwendig. Das gibt einundzwanzig- bis achtundzwanzighundert Tiere. Schon wieder taucht also eine sehr hohe Summe auf, Das ist meine Wirklichkeit!

Der Verein verspricht die Erstellung von fertigen Wohnhäusern. Er will die ersten Haustiere, Kühe, Pferde, Schweine beschaffen; er will dafür sorgen, daß jeder fünfzehn Acker Land mit Fenzriegeln einzäunen kann. Eher ist wegen der Vieh- und Wildschäden an eine geregelte Feldbestellung nicht zu denken. Zum Aufbrechen der verfilzten Grasnarbe müssen oft drei bis vier Paar Ochsen an einen Pflug gespannt werden. Dreitausend Ochsen, dreitaufend Kühe, fünfzehnhundert Pferde sind notwendig, die Landwirtschaft auch nur einigermaßen in Gang zu bringen.

Da sich der Verein entschlossen hat, nicht ein vorsichtiges Nacheinander in der Besiedlung einzuhalten, sondern sogleich Massen nach Texas zu werfen, so liegt die große Gefahr in der Gleichzeitigkeit. Sie erfordert Millionen. Ein gutes Pferd allein kostet hundertfünfzig bis zweihundert Dollar. Was sind da zweihunderttaufend Gulden? Und ich rechne zunächst nur mit fünfundzwanzighundert Einwanderern."

Der Bauer Thomas Schwab aus dem Schwarzwald stöhnte. Er hatte sein ganzes Vermögen vor der Abreise an den Verein eingezahlt. Nun stützte er den Kopf zwischen die Hände und starrte Wrede an, als wolle er endlich auch ein befreiendes Wort von ihm hören.

„Sie sehen, es ist in Texas wie überall in der Welt: Geld scheint zu entscheiden. Aber nicht nur Geld, nicht die Summe Ihrer Wünsche und Hoffnungen wird den Ausschlag für das Gelingen geben. Zu allem, was ich sagte, tritt noch etwas Besonderes hinzu. Und um dessentwillen bin ich gekommen. Man kann es nicht mit Geld schaffen: Es ist die Kraft des Mannes nötig, der etwas will!"

Seine grauen Augen glänzten, die Fäuste hatte er auf den Tisch gestemmt. „Ich möchte Sie nicht mutlos machen, Sie sollen nur den Dingen ehrlich und rücksichtslos in die Augen sehen lernen. Uns hilft kein schöner Schein, kein Traum, kein Wunsch! Ich reise mit Ihnen, weil ich weiß, daß es hart hergehen wird über Menschen und Dinge. Eine rücksichtslose Auslese steht bevor. Was fallen muß, wird fallen. Und das lockte mich;

so wollte ich noch einmal mit Männern zusammenschaffen. Gibt es etwas Größeres, als sich die Erde untertan zu machen?!"

Er reichte seine Hände über den Tisch. Die andern griffen danach. „Wer hier führen will, soll das wissen! Und wer nun schwach ist, kann noch heimgehen. Es taugt nicht für alle, was ich da sagte. Aber die Männer des Vertrauens, und Herr Zink hat Sie als solche ausgewählt, müssen größer sein als alle einzelne Rotz sie sollen weiter sehen als nur bis zur Befriedigung ihrer eigenen Wünsche."

Zink und seine Vertrauensleute ließen die letzten Worte noch lange auf sich wirken. „Ich danke Ihnen, Herr Hauptmann. Wir haben Sie verstanden und spüren die schwere Verantwortung, die auf uns liegt. Aber sie ist schon beinahe keine Last mehr."

Zink gab jedem noch einmal die Hand. Es wurde bis spät in die Nacht hinein noch mancherlei besprochen. Zuletzt gingen sie wie Verschworene auseinander, getragen von einer großen, überpersönlichen Pflicht. Am andern Tag, dem 17. September 1844, sollte die Reisegesellschaft mit dem Kreis der Aufgaben bekanntgemacht werden, die sie in dem Zusammenleben während der Überfahrt zu erfüllen hatte.

Hermann Köchert kroch neben seine Frau in die Koje. In dieser Stunde war ihm, als fiele sein ganzes voriges Leben von ihm ab. Er dachte noch lange nach über einen Satz des Hauptmanns: „Ob es richtig war, einen Prinzen zur Vorbereitung nach Texas zu schicken? Man muß die Amerikaner kennen. Sie bestaunen so etwas wie ein Wundertier, bleiben aber deshalb nur um so mißtrauischer und zugeknöpfter."

Schon in aller Frühe rückten anderntags auch die an, die in den Wirtshäusern am Hafen die letzten Nächte zugebracht hatten. Ehe das vielgestaltige Gepäck verstaut wurde und sich die Leute in die noch freien Kojen teilten, ließ Zink antreten. Hundertfünfzig Menschen, Eheleute und Unverheiratete aus allen Gegenden Deutschlands, unterschiedlich in Tracht und Mundart, versammelten sich an Deck.

„Morgen früh wird der Anker gelichtet", begann Nikolaus Zink. „Wir bilden die Vorhut, die der Mainzer Verein nach Texas schickt, damit wir den Tausenden, die nach uns kommen, den Weg freimachen. Das muß uns jede Stunde bewußt bleiben und verpflichten. Wir sind nun siebzig bis neunzig Tage gezwungen, in der Beschränkung zusammenzuleben, die uns die Enge dieses Schiffes auferlegt. Es wird manche Stunde geben, in der wir aus Nähe und menschlichem Überdruß einander satt haben. Immer aber muß der Friede aller wichtiger sein als der kleine Zwist einzelner.

Die Reisegesellschaft wird eingeteilt in Genossenschaften von zehn Personen. Jede solche Gruppe bildet eine Back, und jede Back wählt einen Führer, den Backmeister. Er empfängt am Abend das Fleisch vom Steuermann für den kommenden Tag und befestigt daran die Nummer der Back. Die entsprechenden Blechmarken gebe ich nach Bestimmung der Backmeister aus. Jeder holt das Fleisch seiner Nummer mit der Zukost am andern Tag zubereitet wieder ab.

Das große Geschirr wird nach dem Essen zurückgegeben, das kleine behalten, und die Reisenden reinigen es selbst. Brot und Belag bekommt der Backmeister für die ganze Woche zugeteilt.

Jede Back hat einen gemeinsamen Kessel für Tee oder Kaffee. Zum Vorschneiden und Austeilen ist in jeder Gruppe eine gerechte Person auszusuchen. Niemand darf sich an die Küche drängen, um etwas Besonderes zu kochen oder zu braten. Die Back wählt neben- und übereinander liegende Schlafstellen. Als Tische dienen die Kisten.

Während der Arbeitszeit wird nicht mit den Matrosen gesprochen. Rauchen ist verboten. Waffen sind dem Kapitän für die Dauer der Überfahrt in Verwahrung zu geben. In den ersten Tagen, bei Seekrankheit oder Sturm, braucht niemand den Mut zu verlieren. Alles geht vorüber. Am Abend kann nach Belieben bis zehn Uhr musiziert und getanzt werden.

Allen Anweisungen des Kapitäns ist unbedingt Folge zu leisten. Beschwerden über das Schiff und seine Besatzung gehen nur über mich. Unter dem Zwischendeck liegt der Kielraum. In ihm werden der Proviant, das Trinkwasser und das allgemeine Gepäck aufbewahrt. Niemand darf ohne Erlaubnis hinuntersteigen. Sollten sich Ratten zeigen, dann braucht kein Mensch zu erschrecken, die gibt es auf jedem Schiff. An das Knarren des Holzes müssen wir uns gewöhnen.

Die übereinanderliegenden Schlafgestelle sind jede Woche mindestens einmal zu reinigen. Ebenso der Gang zwischen den beiden Reihen der Kojen. Hausgerät wird an den geteerten Stricken aufgehängt, die das Zwischendeck entlang gezogen sind. Es darf nichts herumliegen. Die Kisten im Gang zwischen den Kojen müssen, damit sie bei bewegter See nicht durcheinanderfallen, mit Seilen zusammengebunden werden.

Solange es das Wetter zuläßt, bleibt während der Nacht der Eingang zum Zwischendeck geöffnet. Das ist der Lüftung wegen notwendig, da keine Fenster vorhanden sind.

Wertvolles Eigentum bringt jeder in seiner Koje unter. Diebstahl wird je nach Schwere des Falles mit Essenentzug, Anbinden an einen der drei Maste oder Auspeitschen bestraft. Die Gerichtsbarkeit ist allein Sache des Kapitäns.

Jeden zweiten Tag wird das Zwischendeck mit Essig besprengt, oder mit dem glimmenden Ende eines in Teer getauchten Taues ausgeräuchert. Die Nacht über brennen aus Gründen der Sicherheit drei Laternen. Es darf nach zehn Uhr abends niemand ohne Not seine Schlafstelle verlassen.

Die für jede Seereise unentbehrlichen Arzneimittel gebe ich aus. Wir verfügen über genügende Mengen von Rizinusöl, Essig, Bittersalz und Lausesalbe.

Bei schweren Krankheitsfällen ist der Kapitän zuständig.

Ich sehe, daß einige von Ihnen Federbetten mitgebracht haben. Die müssen im Lauf des Tages noch verkauft werden. Ich rate, auch sonst alles Entbehrliche zu Geld zu machen. Geld ist drüben mehr wert als Gepäck.

Mit dem Süßwasser ist sparsam umzugehen.

Das wäre fürs erste alles Wesentliche. Weitere Anweisungen folgen. Und nun Kameraden, an die Arbeit! Im Westen liegt das Land, das wir suchen. Seien wir unseres großen Auftrages würdig; nur durch Opfer kann das Bessere erkämpft werden!"

Am Abend des 17. September 1844 bestieg der Kapitän das Schiff. Er forderte Zink auf, seine Kajüte mit ihm zu teilen. Aber der lehnte ab: „Ich gehöre ins Zwischendeck, zu meinen Leuten", sagte er.

Mit der Ebbe am 18. September früh fuhr das Schiff die Weser hinab. Hauptmann von Wrede und Leutnant Wilcke[12], die beiden Soldaten des Stoßtrupps, lehnten an der Reling. Wilcke meinte: „Ich habe den Eindruck; daß wir eine ganze Anzahl tüchtiger Menschen an Bord haben. Zink ist auf dem Posten. Dann ist da noch Köchert, der Schulmeister aus Thüringen. Ein

Feuerkopf, verliebt, aber zuverlässig. Zwei Brüder Hilpert, ein Kappenmacher und ein Schneider; Schwab, der Bauer aus dem Schwarzwald; der Kaufmann Birkel aus Wiesbaden. Dr. Küster, der Arzt aus Frankfurt, macht auf mich nicht den guten Eindruck, den Zink von ihm hat. Dann ein paar tüchtige Frauen und allerlei halbwüchsiges Volk. Ich glaube, es ist wichtig, die Leute zu beobachten, damit wir, wenn es darauf ankommt, jeden mit entsprechenden Aufgaben betrauen können."

„Gut, gut", meinte der Hauptmann voll Besorgnis, „aber was wird unser Prinz inzwischen drüben angestellt haben?"

Sie wußten noch nichts von dem Betrug des Bourgeois d'Orvanne, auch der Erwerb des neuen Grants war ihnen unbekannt.

Fischer hatte soviel Vorsprung, daß er mit dem Prinzen zusammen die Vorbereitungen für den Empfang des ersten Schiffes treffen konnte.

Schon am 15. September langte er in Galveston an und erfuhr, daß des Prinzen Hauptgepäck noch bei dem deutschen Gastwirt, Schuster und Prediger liege. Er hielt sich deshalb nicht lange in Galveston auf, sondern fuhr weiter nach Houston. Und er hatte Glück. Dort traf er den Prinzen bei einer Festlichkeit in Gesellschaft des deutschen Pfarrers Ervendberg[13]. Man trank eben auf das Wohl von Neugermania.

Der Prinz war dabei sehr bedrückt; die Verhandlungen um Landerwerb mit allen möglichen Leuten hatten ihn noch keinen Schritt weitergebracht. Er trug sich schon mit dem Gedanken, für die ersten Einwanderer einzelne Farmen zu kaufen, dann heimzureisen und alle weiteren Transporte abzublasen. Das hielt auch Pfarrer Ervendberg für die einzig mögliche Lösung.

Da ließ sich Fischer bei ihm melden. „Durchlaucht gestatten, ich heiße Fischer, bin bremischer Konsul in Galveston, komme eben aus Deutschland und habe mit dem Mainzer Adelsverein einen Vertrag über den Kauf meines Grants am oberen Kolorado abgeschlossen. Ich bin beauftragt, als zweiter Kommissar des Vereins über alles Weitere mit Ihnen zu verhandeln. Hier meine Vollmachten." Er zog aus seiner Tasche ein Bündel Papiere und schob sie auf den Tisch. Der Prinz war so erschrocken, daß er vergaß, zuzugreifen. Er starrte den Fremden an. „Wie sagten Sie?"

Ervendberg war aufgestanden und trat hinzu. „Natürlich, Sie sind es, Herr Konsul!" Er wandte sich zum Prinzen. „Soweit die Persönlichkeit dieses Herrn in Frage kommt, stimmt es, was er sagt, Durchlaucht, Konsul Fischer ist mir bekannt."

Er gab dem Kaufmann die Hand. Jetzt erst griff der Prinz nach den Papieren und überflog sie hastig. „Da, lesen Sie, Herr Pfarrer! Wahrhaftig, den Mann schickt uns der Himmel! Seien Sie versichert, Herr Konsul, ich sah beinahe keinen Ausweg mehr. Nun aber an die Arbeit!"

Aller Druck der letzten Wochen fiel ihm von der Seele. „Denken Sie, Herr Konsul, Bourgeois d'Orvannes Grant hat der Franzose Castroville von der texanischen Regierung gekauft. Beinahe hätte ich den Mann beneidet, Nun aber tun mir die Leute leid, die er in der Steinwüste ansiedelt. Und uns ist geholfen. Sie sind mein Retter!"

Dem Pfarrer standen die Tränen in den Augen.

Fig. 8: Deutsche auf dem Weg nach New Braunfels

„Das ist ein sichtbares Zeichen des göttlichen Willens, der Ihr Werk segnen wird", sagte er mit bewegter Stimme.

Fischer erzählte nun den Gang der Ereignisse, soweit er darein verflochten war. Zuletzt sahen sie zusammen die neue, gemeinsame Aufgabe, als er sagte: „Am 18. September, also in drei Tagen, fährt das erste Schiff in Bremen ab. Es kann Ende des Jahres hier sein. Bis dahin müssen wir alles vorbereitet haben!"

Die Leibgarde, die unter mancherlei Krankheiten und unter

der Niedergeschlagenheit des Prinzen schwer zu leiden gehabt hatte, raffte sich wieder auf. Fischer reiste ab, um die dem Programm des Vereins entsprechenden Sachlieferungen zu tätigen. Er war mit genügend Wechseln versehen. Nach der Ankunft des Schiffes sollte er dem Prinzen seine Buchführung zur Prüfung vorlegen.

Solms erkannte als seine nächste Aufgabe die Notwendigkeit, einen Hafen aufzufinden, von dem der Fischer-Grant auf kürzestem Weg erreicht werden konnte. Wochenlang ritt er mit seinen Leuten die Küste entlang, durch Sümpfe und Flüsse und prüfte jede Bucht. Sie kamen nach Bolivar, überquerten den Brazos, berührten Kolumbia und Brazoria. Nach schwierigem Ritt trafen sie in Matagorda ein; oft waren die Pferde bis an den Bauch im Schlamm versunken. Bei Matagorda mündete der Colorado River, der mit seinem Oberlauf den Grant Fischers in weitem Bogen umzog, in eine weite, flache Bucht. Durch ihn schien dem Prinzen die Marschrichtung in das Siedlungsgebiet gegeben zu sein. Bei weiteren Erkundungsvorstößen die flache Küste entlang umritten sie die Lavaccabai und fanden endlich an ihrem Südostufer eine geeignete Stelle zum Anlegen von Schiffen. Das Land gehörte dem Amerikaner White. Er gab es billig her. Der Prinz nannte die stille Bucht „Karlshafen[14]". Von hier aus sollten die nächsten Jahre über alle Ankommenden in den Grant gebracht werden.

„Leute", sagte er, als sie sich die erste Nacht auf eigenem Grund schlafen legten, „hier beginnt ein neuer Abschnitt deutscher Auswanderungsgeschichte!"

Er liebte solch tönende Prägungen.

Für die Leibgarde begannen schwere Wochen. Botendienste in alle Himmelsrichtungen hielten die Männer dauernd unterwegs. Die Umgebung des neuen Hafens mußte genau erkundet werden; denn Lage und Beschaffenheit des Abmarschweges in die Kolonie waren von großer Bedeutung.

Es kostete viel Geld, die für die Einrichtung des Lagers notwendigen Hölzer zu beschaffen. An der Küste wuchs weder Baum noch Strauch. Weiß und sandig stieg sie sacht aus dem Meer. Auch Steine gab es nirgends. Der Prinz mietete von den

Farmern in der Nachbarschaft alle nur erreichbaren Fahrzeuge, die aus großen Entfernungen Balken, Bretter und Eisenwerk heranschaffen mußten. Solms sparte nicht; solange seine Barmittel reichten, gab er tüchtig aus. Und die Farmer wußten die Lage zu ihrem Vorteil glänzend auszunutzen. Sie forderten Preise für Material und Leistungen, die den landesüblichen Wert oft weit überschritten. Das Geld schmolz zusammen wie Schnee an der Sonne. Aber Solms zahlte, jede Stunde mußte ja ausgenutzt werden. Es war ihm eine Lust, zu schaffen, zu kommandieren und zu gründen.

Fischer schickte von Galveston das Hauptgepäck, auch die Kanone kam an. Kisten, Ballen und Rollen wurden einstweilen in eine Ecke des Hauptschuppens gelagert, der ein Stück landeinwärts in die Höhe wuchs.

Als der erste Raddampfer aus Galveston vor dem Passo Cavallo die Einfahrt in die Matagordabai suchte, legte sich ihm eine flache Sandbank quer in die Fahrt. Trügerisch zischte die Brandung darüber hin. Ihr Brausen war schon von weitem zu hören. Nur mit äußerster Kraft und echt amerikanischem Wagemut war es möglich, das leichte Schiff darüber hinwegzubringen. Auf einer hohen Welle schlitterte es hinüber in das tiefere, ruhige Fahrwasser. Der hohe Bretterschuppen wurde der Richtungspunkt für alle später ankommenden Schiffe.

Fischer kaufte indessen Mais und Speck auf, soviel er bekommen konnte. Meist hatte er keine Zeit, die Güte der Ware zu prüfen. „Los, fort", hieß es, „in die Lavaccabai nach Karlshafen!"

Galveston kam in Bewegung, und der Herr Konsul schluckte Provisionen.

Stellmacher und Schmiede erhielten Arbeit. Gegen dreißig Planwagen mußten mit voller Ausrüstung schnell zusammengebaut werden. Zugochsen, Schlachtvieh und Pökelfleisch wurden gehandelt. Fischer kam in kurzer Zeit in den Ruf einer gewichtigen Persönlichkeit, an der man verdienen konnte. Die ganze Stadt wußte, daß er früher trotz vieler dunkler Geschäfte auf keinen grünen Zweig gekommen war. Aber das war jetzt vorbei. Mister Henry Fisher kehrte ja mit vollen Taschen aus Deutschland zurück, öffnete sein verschlossenes Haus wieder, lüftete es und machte nun in ganz großen Geschäften.

Es wurde November. Die Luft blies kalt und rauh von Norden. Im Schuppen von Karlshafen wuchsen die Vorräte schon bald bis ans Dach in die Höhe. „Nun wird es wohl bald so weit sein", sagte der Prinz eines Morgens zu Ervendberg, als sie fröstelnd aus dem Zelt gekrochen waren und auf die weiß gischtende See hinaussahen. „Ich kann es kaum noch erwarten, bis da vorn am Horizont das Schiff mit unsern Leuten auftaucht."

Von Tag zu Tag wurde er ungeduldiger. Am 28. November fuhr er mit drei Mann der Leibgarde auf einem zurückgehenden Dampfer nach Galveston. „Ich will sie dort schon willkommen heißen. Sie müssen von dem Segler auf einen Küstendampfer mit geringem Tiefgang umgeladen werden. Auch mit Fischer bin ich nicht recht zufrieden und will mal nach dem Rechten sehen. Er hat bisher keiner seiner Sendungen eine Abrechnung beigegeben. Der Mann besitzt große Vollmachten. Aber schließlich, wer ist er denn, kennen wir ihn? Ich habe keine Ruhe mehr und glaube, es ist für später eine wichtige Aufgabe, unsern Landsleuten diese Sorte Amerikaner vom Hals zu halten."

Aber er kam zu spät. Sein Schiff geriet vor Galveston in einen der furchtbaren texanischen Stürme. Die See kochte, und erst am 2. Dezember war die Landung möglich. Galveston glich einer großen Pfütze.

„Durchlaucht haben eben Pech", sagte Fischer in seinem Büro zum Prinzen, und dabei blinzelte er verschlagen. „Das Schiff mit den Leuten aus Deutschland ist in der vorigen Nacht nach Karlshafen ausgelaufen."

Das stimmte. Der Sturm hatte den kleinen Küstendampfer nach der Abreise von Galveston in die offene See hinaus verschlagen. Deshalb war er auch von dem Schiff des Prinzen nicht bemerkt worden.

Als auf dem deutschen Segler der Ruf „Land!" wie eine Erlösung unter die von der langen Seereise ermatteten und verbrauchten Menschen fuhr, rissen sie sich zusammen. Viele zogen ihre Festtagskleider an. Etwas wie Fröhlichkeit wagte sich hervor. Köcherts Frau, Luise, nahm ihr bestes Kleid aus dem Koffer und schmückte sich in der engen Koje. Das tat sie mit ihrer letzten Kraft; denn die Fahrt hatte sie hart mitgenommen. Es war ihr fast zu schwer geworden, alles Menschliche mit allen zu teilen und ihr Eigenleben und jede Scham zerrieben zu sehen. Bleich und schmal war sie geworden. Nun sah sie mit den andern voll Sehnsucht hinüber zu dem Landstrich, hinter dem all ihre Wünsche in Erfüllung gehen sollten.

Hermann Köchert und die andern Vertrauensleute saßen vor dem Kartenhaus. Sie besprachen mit Zink alles, was nach der Ankunft in Galveston zu geschehen habe. Ein leiser Schimmer von Freudigkeit wagte sich hervor. Das Ziel war nahe! Hoffnung flog von einem zum andern. Aber im Grund fraß in jedem eine ermattende Enttäuschung. Ihr Weg in den Garten der Welt endete zunächst sehr nüchtern vor einer Bretterbudenstadt, die über einen Sandhaufen hingestreut lag. Manche hatten in den letzten Stunden vor der Ankunft in Galveston ihre heimlich versteckten Vorräte aufgegessen und ausgetrunken. Das hob die Stimmung etwas, und doch blieb alles verhalten und gedämpft.

Der Segler legte an. Niemand durfte an Land. Matrosen besorgten Weißbrot, soviel sie erreichen konnten. Mit Gier verschlangen die Auswanderer einige Früchte, die sie von Bord aus für teures Geld erhandelten.

Nun standen sie auf dem oberen Deck des kleinen Raddampfers zusammengepfercht. Das untere war von Gepäck verstopft. Über der Stadt lag ein stahlblauer, harter Himmel. Das letzte Stück der Reise begann.

Die Nacht fiel schnell über die See und verschlang das Licht. Niemand konnte sich vor Enge sehen. Ventile zischten, Ruß und Rauch wirbelten über die Reisendem. Es begann zu regnen. Sturm kam auf. Hunger regte sich. Keiner konnte an sein Gepäck.

Bis auf die Haut durchnäßt hielten sich die Deutschen aneinander fest. Die Schaufelräder quirlten oft leer in der Luft, wenn sich das Schiff auf die Seite legte. Lampen verlöschten. Keiner sah den andern. Irgendwo auf dem weiten Weltmeer trieb vergessen und winzig wie eine Feder ein hilfloses Schiffchen, vollgepackt mit frierenden und stöhnenden Menschen. Die Nacht hatte es zugedeckt und der Sturm spielte Fangball mit ihm.

Am Nachmittag des nächsten Tages kamen sie endlich vor die Einfahrt in die Matagordabai. Die Lotsenflagge wurde hochgezogen. Der Lotse wagte sich in seiner Nußschale vom Land herüber. Er klettert an Bord und drängt sich durch den reglosen Menschenblock ins Steuerhaus. Der Sturm wird stärker. Die

Brandung tobt. Haushohe Wellen wirft sie zurück. Verliert der Lotse den Weg? Das Schiff dreht hin und her und sucht die Fahrrinne. Nur ein paar Fuß unter dem Schiffsboden lauern Sandbänke. Wo ist die Einfahrt?

Mit gierigen Wassertatzen greift das Meer auf das Schiff, als wollte es die fast erstorbene Menschenladung packen und herunterreißen. Die Brandung wächst. Wasserwände verdecken die Sicht. Das Feuer unter den Kesseln wird verstärkt. Der Lotse schreit dem Kapitän etwas in die Ohren. Der wird bleich und nickt. Es knirscht und gibt einen Ruck, der wie ein Klageton aus Holz und Eisen stöhnt. Die Menschen stürzen übereinander. Das Schiff sitzt auf der Barke. Plötzlich stehen die Räder still. Ist das das Ende?

Seile und Stricke werden aus dem Bauch des Schiffes heraufgereicht. Erstarrte Hände greifen danach. Einer bindet sich am andern fest. Ganze Gruppen umgürten sich mit Tauen, die sie um Geländer und Aufbauten schlingen. Unter den Kesseln kocht die Hölle. Die Maschinisten hängen Gewichte an die Sicherheitsventile. Segel werden gesetzt. Das Schiff kracht unter den Schlägen der Brandung in allen Fugen. Planken biegen sich, Wasser dringt ins Innere. Geschrei und Gewinsel ist zwischen den Sturmstößen zu hören. Manche sind auf die Knie gesunken und beten.

Köchert hat sich mit seiner Frau ans Geländer gebunden. Lebt sie noch? Mit aufgerissenen Augen starrt sie an ihm vorüber. Ihr seidenes Kleid klebt wie eine schwarze Haut an ihr.

Die Matrosen machen die Rettungsboote fertig. Die Kessel sind überhitzt. Aus allen Ritzen zischt messerscharf der Dampf. Sturm, Meer und Schiff kämpfen ums Letzte miteinander. Plötzlich drehen sich die Räder wieder krachend, sprunghaft, unregelmäßig, vorwärts — rückwärts. Sie packen Grund, heben das Schiff. Wenn jetzt die Radwelle bräche!

Der Sturm wirft die Wasserwüste gegen das Schiff. Haushoch brechen die Wellen herein und begraben die Menschen unter sich. Aber das Schiff wird frei. Sie sind herunter von der Barke. Mit voller Kraft strebt es hinein in die ruhige Lavaccabai!

Köchert hat seine Frau fest in den Armen. Kraftlos lehnt sie an ihm; nur der Strick hält sie aufrecht. Ihr Kopf ist auf seine Schulter gesunken. Als er das Seil löst, fällt sie haltlos neben ihm zusammen. Er fängt sie auf. Sie hängt wie Blei in seinen Armen. Was ist das? Man drängt sich enger um die beiden. Köchert legt die Frau behutsam auf das Deck. Sie ist tot. Im Sturm hat er den leise verklingenden Schrei vorhin nicht gehört, der an seinem Ohr vorüberwehte, als die Räder zum Letzten ansetzten.

Die Fahrt wird ruhiger. Draußen, jenseits der Barke, tobt das Meer. Die Menschen werden wieder Menschen. Einer flüstert dem andern die Kunde vom Tod der jungen Frau zu und aus Vereinzelung und Angst wächst im Mitleiden aller die auf Leben und Tod verbundene Schicksalsgemeinschaft hervor. Luise Köchert wurde als erste in Karlshafen an Land gebracht, in ihrem seidenen Festtagskleid. Einsam saß der Mann neben ihr im Boot. Ervendberg stand im Talar aufrecht wie eine schwarze Säule auf dem weißen Sand. Er wunderte sich, daß vom Schiff herüber kaum ein Laut zu hören war und ein Boot auf das Land zuhielt, in dem er außer den beiden Ruderern nur einen Mann erkennen konnte. Knirschend lief das Boot auf den Sand. Der Mann darin blieb sitzen, zusammengesunken, den Kopf nach vorn geneigt. Ervendberg trat ins Wasser und ging ein paar Schritte hinaus. Nun sah er die Tote auf einer Decke liegen. Er faltete die Hände. Jetzt hätte er etwas anderes sagen müssen, als das, was er sich zuvor für die Begrüßung des Stoßtrupps zurechtgelegt hatte. Er schwieg, zog Hermann Köchert in die Höhe, küßte ihn auf die Stirn und sagte nur: „Bruder."

Es dauerte mehrere Tage, bis die Deutschen nach dieser furchtbaren Fahrt wieder zu sich selber kamen. Ervendberg mußte manchen Trost zusprechen.

Nun standen sie wieder auf der festen Erde, „auf deutscher Erde", sagte Zink zu ihnen. Das war fürs erste nur schwer zu begreifen. Sie sahen hinaus. Friedlich und glatt dehnte sich das Meer in die Ferne. Hatten sie den Sturm wirklich erlebt? Es war nicht leicht, die Fülle der Eindrücke zu ordnen und einzuebnen, die alles Denken noch überdeckten.

Aber das Grab, das erste, ein Stück hinter dem Lagerschuppen drüben, war Wirklichkeit. Ein flacher, weißer Sandhügel lag da, dessen trockenes Gefüge unter dem leisesten Lufthauch langsam auseinanderrieselte.

Ungeduld begann sich bald zu regen und flog tuschelnd und wispernd die Zeltreihen entlang. Wann würde man ausbrechen in die Kolonie? Die Ankunft des Prinzen aus Galveston mit einer Riesenmenge Material, mit Schlachtvieh, Früchten, Kartoffeln und Gemüse gab dann für einige Zeit reichlichen Gesprächsstofs. Seine Durchlaucht ließ sich bestaunen in der romantischen Uniform, zog sich in ihr Zelt zurück und war von dem sicheren, etwas zu sicheren Auftreten einiger der führenden Männer verstimmt.

„Die Leute können hier nicht tatenlos liegenbleiben", sagte Zink eines Tages zu ihm. „Wir müssen ein regelrechtes, festes Lager einrichten, das auch den später ankommenden Transporten sichere Unterkunft gewährt. Ich schlage vor: Köchert wird Verwalter der Vorräte. Wilcke baut das Lager aus, befestigt es und übernimmt das Kommando. Die Leibgarde erhöhen wir als Schutz des Unternehmens auf zwanzig Mann; alle übrigen waffenfähigen Männer bilden die Reserve. Den Streifendienst ins Vorland besorgt Herr von Wrede. Dr. Küster wird Lagerarzt. Der Oberbefehl bleibt in den Händen Eurer Durchlaucht."

Der Prinz machte bei diesen knappen Sätzen ein saures Gesicht. Drängte sich da eine Kraft neben ihm hoch, die klarer sah und fester zupackte als er selber das jemals gekonnt hätte?

Fig. 9: Das Farmhaus des Nicolaus Zink bei Comfort, in dem er 1887 starb

Zink forderte weiter: „Die Frauen haben nach einem aufzustellenden Plan reihum die Kocherei und was damit zusammenhängt zu besorgen. Köchert wird das verantwortlich überwachen. Es ist anzuordnen, daß alle Kleidungsstücke, die während der Überfahrt gelitten haben, sofort nachgesehen und ausgebessert werden. Das mag die Frau von Thomas Schwab leiten.

Wasser darf nicht mehr aus den Süßwassertümpeln geholt werden. Wir müssen sofort einen Brunnen graben. Ich übernehme das", drängte Nikolaus Zink[15].

Der Prinz fühlte sich von jedem der fordernden Sätze weiter in die Enge getrieben. Die Sicherheit des Mannes, der sich als Ingenieur keinen Träumen hingab, wirkte unbequem und lästig. Die Fülle der Forderungen ermüdete den hohen Herrn. Was war das alles für selbstverständlicher Kleinkram! Vernünftige Menschen mußten doch selber darauf kommen. Am liebsten wäre er sofort mit dem ganzen Trupp in die Kolonie aufgebrochen. Er an der Spitze, danach die Leibgarde und hinterdrein das Volk von Neugermania.

Zinks Nüchternheit trübte die frohe Unternehmungslust Seiner Durchlaucht bedenklich. Stand er nicht schon ein wenig außerhalb des sich selber formenden Geschehens? Zink, Wrede, Köster[16], Schwab, Wilcke, Köchert, und wie sie alle heißen mochten, steckten ihm die Köpfe zuviel zusammen.

Nach den Weisungen Zinks gingen die Auswanderer rüstig ans Werk. Brustwehren wurden errichtet, neun Kanonen steckten bald ihre runden Mäuler darüber hinweg. Innerhalb der äußeren Befestigung bauten sie um den Lagerschuppen noch einen verstärkten Wall aus Sand, Pfählen und Brettern. Die Männer wurden im Schieß- und Wachtdienst ausgebildet. Köchert überwand die Ohnmacht seines Schmerzes mit dem Willen zur Arbeit. Jede Willkür und alle Übergriffe beseitigte er. An drei Feldschmieden wurde von früh bis spät gearbeitet. Schmiede und Stellmacher bauten vierzehn zweirädrige Karten. In allem war Ordnung und Planmäßigkeit.

Aber auch mancherlei Gesindel trieb sich am Tag und in der Nacht auf Stundenweite um das Lager herum; Gescheiterte aus aller Welt wurden von dem Ruf des Unternehmens angezogen wie Mücken vom Licht. Hauptmann von Wrede führte den Streifendienst und hielt alle Unsicheren ab, sich Karlshafen zu nähern.

Weihnachten rückte allmählich heran. Köchert und Hauptmann von Wrede saßen im Zelt des Pfarrers.

„Einverstanden", sagte der Thüringer, „ich werde mit ein paar Frauen alles vorbereiten. Weihnachtlich ist einem ja freilich nicht zumute."

Nach einer Pause meinte Herr von Wrede: „Der Prinz hat Sorgen."

„Inwiefern?" fragte der Pfarrer.

„Er hoffte, daß mit dem ersten Schiff aus Deutschland Geld ankomme. Zink brachte aber nur soviel mit, als für die Sicherung des Transportes notwendig war. Was nun? Die Wechselwirtschaft geht weiter. Hoffentlich fangen unsere Leute nicht an, auf Ausbezahlung des Geldes zu drängen, das sie vor ihrer Abreise dem Verein anvertrauten. Sonst säßen wir gewaltig in der Tinte."

„Herr Zink", sagte zur selben Stunde der Prinz zu dem Ingenieur, „ich habe Sie zu mir gebeten, weil ich mit Ihnen über etwas sprechen muß, was mir schwere Sorgen macht."

Zink setzte sich auf einen Feldstuhl. Solms zog die Klappe vor dem Eingang des Zeltes zu und flüsterte: „Ich bin enttäuscht, daß man Ihnen in Mainz kein Geld mitgegeben hat. Was denken sich die Herren eigentlich? Es laufen in Galveston und Neuorleans schon eine große Anzahl Wechsel. Fischer wich mir aus, als ich bei meinem letzten Zusammensein mit ihm auf Abrechnung drang. Er tat, als sei er überbeschäftigt in der Sorge um das Unternehmen.

‚Nicht das ist das Wichtigste', meinte er, ‚daß wir die Handvoll Menschen ausrüsten und unterhalten, die jetzt in Karlshafen sind. Wir müssen an die Tausende denken, die danach kommen. Was Sie bis jetzt an Mitteln aufwandten, ist doch nur ein Anfang.' Und dabei drängte er noch auf die Auszahlung des Sechstels, das ihm vertragsmäßig als Provision zugesichert ist. Ich kann aber doch aus dem einzigen, was wir hier im Überfluß haben, aus Sand, kein Geld machen!" Er seufzte tief. „Wann werden wir von hier ausbrechen? Ich muß irgend etwas tun, was mir über diesen Druck hinweghilft. Reiten, jagen, vorwärtsdrängen! Die Krämerei bringt mich noch um! Vor allem, warum schickt Fischer die Wagen nicht, die ich längst bezahlt habe? In Deutschland wüßte ich, was ich zu tun hätte. Aber hier? Mir ist, als wäre ich gelähmt."

Sorgen, Sorgen. Die wenigsten davon machte sich der preußische Fähnrich Julius von Koll[17]. Er trieb Kühe und Ochsen auf die Weide, sang und pfiff den ganzen Tag und hatte für jeden ein frohes Wort. Den Hütejungen Julius hatten alle gern, und die Frauen mochten es leiden, wenn er ihnen schöne Worte sagte.

Eines Tages legte der Prinz dem Ingenieur einen Plan vor. „Sehen Sie", sagte er zu Zink, „ich habe hier in die Karte den Verlauf einer Eisenbahn eingezeichnet, wie ich sie mir denke. Bei ihrem Bau könnte ein großer Teil der Männer, die im kommenden Jahr zuwandern, beschäftigt werden. Als Schienen würden wir Eichenholz verwenden. Die Lokomotiven werden aus Deutschland eingeführt. Überlegen Sie einmal, Sie sind ja Ingenieur, wie das zu machen wäre. Ich stelle es mir großartig vor, wenn wir von Karlshafen aus in geradester Richtung das Vereinsgebiet erreichen könnten. Dann würden alle, die in drei, vier Jahren ankommen, hier einfach den Bahnsteig betreten und mit einer Fahrkarte versehen bis zur Endstation reisen. Großartig, was?"

Zink war es, als hätte er einen Schlag vor den Kopf bekommen. Starr sah er den Prinzen an und schüttelte den Kopf. So einem Mann hatte man ihn unterstellt? Dem war das Leben all der Hoffenden und Gläubigen ausgeliefert, die draußen im Lager schafften? Hier konnte nur Widerstand weiterhelfen, das wurde Zink sofort klar.

In der Nacht nach dieser Unterredung stand er lange mit Herrn von Wrede hinter dem Vorratsschuppen. „Ich sah das alles kommen", sagte der Hauptmann. „Warten wir einen günstigen Augenblick ab den Mann unschädlich zu machen. Die Verhältnisse reifen meiner Meinung nach so heran, daß dieser Zeitpunkt ganz von selber eintritt. In Kürze werden die nächsten Schiffe aus Deutschland eintreffen. Wir rücken vor, dem Grant entgegen und nehmen den Prinzen mit. Dann haben wir ihn unter uns. Ich würde vorschlagen, Köchert hier zu lassen. Der hat eine außerordentliche Geschicklichkeit bewiesen, Suff und Fraß in Ordnung zu halten. Der Schulmeister kann dann alle ankommenden Transporte in Empfang nehmen und verpflegen."

Sorgen schlichen im Lager umher. Viele von den Leuten fragten, warum es nicht weiterginge, wo die Wagen blieben, wo die Pferde und Zugochsen wären, die ihnen der Verein zugesichert hätte. „Wir haben doch unser Geld in Mainz eingezahlt", knurrten sie.

Der Weihnachtsabend kam. Herr von Wrede brachte von einem weiten Ritt mit einigen Leuten der Leibgarde zwei Eichbäumchen mit, ein größeres und ein kleineres. Köchert packte Lichter aus einer Kiste. Die Frauen hatten in den letzten beiden Tagen tüchtig gebacken. Der und jener holte aus seinen persönlichen Vorräten noch einige Süßigkeiten hervor und spendete sie. Der Abend war mild und das Meer ruhig, als sei es eingeschlafen. Die Sterne standen hell und klar in der weichen Bläue des Himmels. Alle Arbeit ruhte. Die Familien fanden sich zueinander. Es wurde nur leise gesprochen. Gewaschen, gekämmt und angetan mit den Sonntagskleidern warteten sie. Die Lagergassen waren reingefegt. Jetzt hätten irgendwoher Glocken läuten müssen. Im Pferch brüllte das Vieh; Julius von Koll hatte es heute früher eingetrieben.

Da glomm oben vor dem Schuppen ein Licht auf. Dann noch eins und noch eins, es wurden immer mehr. Alle Augen blickten hinauf. Die Flämmchen schwebten still in der milden Nacht. Dann sprangen noch einige aus dem Dunkel hervor, ein ganzes Stück abseits von den andern. Die brannten auf dem Eichbäumchen, das der Pfarrer auf den Grabhügel Luises gepflanzt hatte.

Die Menschen blieben still, ihre Augen sogen sich an den Lichtern fest. Auf vielen, vielen Wegen flogen die Gedanken in die Heimat. Weihnachten war mitten unter ihnen.

Aus der Gegend, in der die Lichter brannten, erhob sich eine Stimme und las das Weihnachtsevangelium. Jedes Wort fiel in offene Herzen. Und zuletzt sagte die Stimme noch einmal: „Friede auf Erden!"

In der Nacht reichte Ervendberg der Gemeinde das Abendmahl. Und erst danach wagten sich Weihnachtslieder hervor. Kuchen wurde ausgeteilt, es gab Kaffee und Milch. Die Heimat war zu ihnen gekommen. Im Zusammensein mit vielen, in einem stillen Winkel für sich allein oder in liebevoller Hingabe zu zweien feierten die deutschen Auswanderer das erste Weihnachtsfest in Texas.

„Durchlaucht müssen versuchen, mich zu verstehen! Der Verein hat ein Unternehmen begonnen, für dessen Beginn er nicht zweihunderttausend, sondern zwei Millionen Gulden gebraucht hätte. Wir müssen so schnell wie möglich hier ausbrechen. Die Leute werden ungeduldig. Sie haben es satt, immer und immer wieder Ihre gutgemeinten Reden anzuhören. Die Ruhe schadet mehr als Krankheit. In dem jungen Volk gärt der Saft, es paart sich. Wenn überhaupt noch Aussicht besteht, das Vereinsgebiet im Frühjahr zu erreichen, dann können wir nicht länger zögern; denn sonst ist die Zeit für die Saatbestellung vorüber."

„Herr von Wrede, Sie schlagen einen Ton an, der Ihnen nicht zukommt."

„Das ist notwendig, weil in einigen Tagen soviel neue Menschen aus Deutschland eintreffen, für die wir Platz schaffen müssen. Ihre Geldsorgen sind verständlich. Wenn Sie der Meinung sind, daß Fischer ein Gauner ist, dann werfen Sie ihn hinaus. Sollte er aufdringlich werden, dann sind wir ja auch noch da. Packen wir also den Stier bei den Hörnern. Opfer wird das Ganze außerdem genug kosten. Texas frißt Menschen. Das ist immer so gewesen."

„Also gut, Sie fahren mit dem Dampfer, der heute abgeht, nach Neuorleans, schaffen Kredit und kaufen Lebensmittel und Werkzeuge. Wir dürfen das Lager durch das, was Sie mitnehmen, nicht allzusehr entblößen. Dann sorgen Sie dafür, daß die Wagen endlich ankommen", entschloß sich Solms.

„Ich schieße Fischer über den Haufen, wenn das nicht klappt."

„Gut, weiter! Die in Galveston eintreffenden Auswanderer müssen dort bleiben, bis wir hier soweit sind. Fischer hat für Unterkunft und Verpflegung zu sorgen. Wilcke sucht bei den nächsten Farmern Fuhrwerk und Knechte aufzutreiben."

„Das wird schwer halten, denn die brauchen Vieh und Knechte jetzt zur Frühjahrsbestellung. Und dann, schaffen Sie Geld, Durchlaucht, Geld und noch einmal Geld!"

„Ich hoffe, daß die nächsten Schiffe genug mitbringen."

Wrede reiste ab.

In Galveston legten in diesen Tagen fünf Schiffe an und luden neue Auswanderer aus. Niemand war darauf vorbereitet. Vierhundertneununddreißig Deutsche stiegen an Land, dazu noch über hundert andere, die auf eigene Faust von daheim abgereist waren, weil ihnen alles nicht schnell genug ging. Einzelne dachten, sie kämen zu spät, das Land sei schon aufgeteilt. Andere hatten besondere Pläne; zu ihnen gehörten die Juden[18] Nußbicker, Reinfall und Kuhschmerz. Sie hofften auf günstigen Handel und hatten sich mit allerlei Waren versehen.

Herr von Wrede kam in ein wildes Gewimmel, das den Hafen füllte, als sein Dampfer in Galveston anlegte. Nach langem Suchen fand er Fischer in seinem Büro. Er hatte die Beine über zwei Stühle langgestreckt und las die Kurse der Börse von Neuorleans, die eben eingetroffen waren.

Der Hauptmann scheuchte ihn auf.

„Bin ich der Verein?" rief der Konsul, „bin ich Mädchen für alles? Wenn Geld da ist, schön, dann läßt sich sogar hier viel machen." Er zog seine leeren Hosentaschen heraus und hielt sie mit spitzen Fingern von sich weg. „Aber so steht es mit uns!"

Dabei lachte er höhnisch.

Der Quai von Galveston war ein buntes Lager von Menschen und Gepäck. Allerlei Volk irrlichterte umher, das dem Hauptmann nicht gefiel, als er musternd durch die Reihen ging. Arme, verschüchterte Menschen lagen zwischen andern, die sich mit Bergen von Gepäck umbaut hatten. Nichtsnutziges Weibervolk trieb sich umher, von dem niemand wußte, zu wem es überhaupt gehörte. Einige saßen da, städtisch aufgeputzt, etwas zerknittert zwar, aber das Hütchen keck auf dem Kopf und ein Sonnenschirmchen Unter dem Arm. Ein langer, hagerer Mann suchte das Ganze zusammenzuhalten.

Abseits vom Getriebe der Reisenden lagen Berge von Kisten und Ballen, Geräten und Säcken. Dabei standen Wachen. Das waren Vorräte, die der Verein aus der Heimat mitschickte.

„Viel sperriges Zeug", dachte der Hauptmann, „das haben sie nach ihren Listen zusammengekauft, weil sie meinen, daß wir's brauchen müßten. Wenn man das nur abbremsen könnte! Hier sind andere Pflüge, andere Äxte notwendig. Die Amerikaner haben bessere Sägen und Mühlen. Ein großer Teil von dem Krempel ist einfach wertlos. Kolonisation vom grünen Tisch aus. Man hätte die Bürohengste gleich mitschicken sollen!"

„Wir suchen Sie", rief Fischer, als er den Hauptmann hinter einem Turm von Kisten entdeckt hatte. Der lange, hagere Herr stand neben dem Konsul „Leutnant von Klaren[19]", stellte Fischer vor.

Der Hauptmann verbeugte sich leicht. „Von Wrede, aus Karlshafen. Mann, was haben Sie da für einen Jahrmarkt von Menschen mitgebracht? Einen ganzen Teil von dem Kroppzeug sollten die Schiffe gleich wieder mit heimnehmen. Gefällt mir nicht!"

„Seit einer Woche liege ich hier mit meinen Leuten, als erster Transport nach dem ‚Johann Detthart'. In kurzen Zwischenräumen liefen die übrigen Schiffe ein. Und mit jedem wurde die Sache bunter."

„Haben Sie Geld mitgebracht?"

„Jawohl, den Anweisungen entsprechend lieferte ich es an Herrn Fischer ab."

„Trinkgeld", sagte der mit einer höhnischen Handbewegung. „Noch nicht mal der Tropfen auf den heißen Stein. Ich kaufte, da es nicht weiter reichte, allen greifbaren Schiffsproviant in der Stadt auf. Die Leute können doch nicht verhungern."

„Das hat die Stimmung recht verdorben", fiel ihm Klaren ins Wort. „Die Leute haben eine ganz miserable Überfahrt gehabt und sehnen sich nach frischer Kost. Jetzt geht der Schiffsfraß weiter."

„Wer ist die hohe, blonde Frau da drüben, sehen Sie dort, sie lehnt an einer Wand von Kisten?"

„Das ist eine Gräfin Reitzenstein. Ihr Mann starb auf der Überfahrt an den Blattern[20]. Aus Thüringen kamen beide. Sie ist noch betäubt von ihrem Schmerz; man muß sie gehen lassen."

„Sie haben also doch Geld bekommen, Herr Konsul?" fragte Wrede dann eindringlich.

„Natürlich, wurde ja schon „erwähnt.""

„Ich muß sofort einen größeren Betrag haben."

„Unmöglich, mein Herr." Fischer schien zu Stein erstarrt. „Ich durfte doch endlich auch einmal daran denken, einen Teil meiner Ansprüche zu befriedigen."

„Herr, Sie haben zu leben und werden sich schadlos zu halten wissen!" brauste Wrede auf. „Ich muß Geld haben, verstehen Sie, unter allen Umständen!"

Der Konsul grinste überlegen. Dem Hauptmann fing das Blut zu sieden an. Er packte den Krämer mit der Linken am zugeknöpften Rock, hob ihn ein wenig hoch und legte die Rechte auf den Revolver.

„Ich kenne Texas und weiß, wie man mit Euch Gesindel umzugehen hat. Sollten wir uns mal unter vier Augen treffen, dann tun Sie gut, sich auf allerhand gefaßt zu machen!"

Fischer rückte den verzerrten Rock wieder zurecht.

„Leutnant von Klaren, Sie begleiten mich in das Büro dieses Herrn und werden dort in meiner Gegenwart das Geld für eine bessere Verpflegung unserer Leute in Empfang nehmen."

In Neuorleans konnte der Hauptmann Kredit und Waren schaffen. Fischer ließ fünfzehn Ochsenwagen verladen. Er machte sich über den Gang des Unternehmens seine eigenen Gedanken: Die Kreditnahme des Vereins ist bis zum Äußersten auszuweiten, die Verwendung der ankommenden Barmittel muß möglichst verschleiert werden. Sachlieferungen sind zu verzögern. Ein glänzender Zusammenbruch, bei dem für den Kenner der Lage trotzdem allerlei herausgeholt werden kann, wird die Folge sein.

Drei Tage darauf kam Herr von Wrede zurück. Die Auswanderer lagen noch immer im Hafen. Wer Geld hatte, kroch in der Reihe der schäbigen Wirtschaften unter, die in den Hafengassen auf Beute lauerten. Wer keins hatte, mußte im Freien hungern und frieren. Scharfe Windstöße, durchsetzt von bösen Regenschauern, stießen den Armen den letzten Widerstand aus den Knochen. Schwarzes Spitzbubenvolk plünderte gerissen das unter Decken und Planen verstaute Gepäck. Allerlei Menschenfänger trieben sich umher und suchten Wankelmütige zu überreden, sich vom Verein zu trennen.

„Bester Herr", flüsterte einer dem Bauern Christian Kauz aus Volkstedt in die Ohren, „was können Sie von diesem Bankrottbetrieb noch hoffen? Zahlen Sie hundert Dollar, ich besorge eine Farm, wie sie Ihnen der Verein niemals geben kann. Wo liegt der Grant? Niemand weiß es genau. Noch keiner war dort. Das Land gehört den Comanches[21]. Die werden sich wehren. Bedenken Sie, mein Herr, die Comanches sind einer der letzten wilden Indianerstämme! Das ganze Gebiet muß eigentlich erst erobert werden. Sind Sie mit Frau und Kindern hierhergekommen, um sich skalpieren zu lassen? Sie tun mir leid!" Dabei machte der Kerl erst eine Bewegung mit dem Zeigefinger quer über die Kehle und fuhr sich dann um seinen strohgelben Haarschopf herum.

Jedes Wort brannte in dem Bauern. Die Frau stöhnte und drückte ihre beiden kleinen Kinder fest an sich. Waren sie nicht schon in der Hölle? Der Fremde wußte immer blutigere Greuelgeschichten zu erzählen, bis er sein Ziel erreichte.

Auf diese Weise verschwanden ganze Familien mit ihrem letzten Geld und aller Habe. Niemand erfuhr wieder etwas von ihnen.

Einzelne, die nichts weiter verlieren konnten als ein verpfuschtes Leben, zogen auf eigene Faust los. Sie wagten alles und verloren meistens. Die Löhne in Texas waren hoch, und Arbeitskräfte wurden gesucht. Bauernfamilien hatten oft Knecht und Magd aus der Heimat mitgebracht. Durchtriebene Agenten machten klar, daß Verträge, die sie mit ihrer Herrschaft in Deutschland abgeschlossen hatten, in Texas nicht gehalten zu werden brauchten. In der Nacht stahlen sich die unerfahrenen Burschen und Mädchen fort, gelockt vom Geld und betäubt von der Hoffnung, recht bald aus der Dienstbarkeit erlöst, auf eigener Scholle wirtschaften zu können.

Halbseidenes Frauensvolk, Sorgenkinder, die die Gemeinden auf den Schub gebracht hatten, landeten in den Hurenkneipen am Hafen. Gewohnheitsdiebe machten sich auf und davon, weil sie ahnten, daß ihnen in Texas die gebratenen Tauben auch nicht ins Maul fliegen würden und nur Arbeit, harte Arbeit auf sie wartete. „Hein", sagte einer zu seinem Kumpan und wies mit der Hand über das Lager hin, „Mensch, sei jescheit, wir bleiben da! Nur immer ans Ende von die Jesellschaft marschieren und nicht vorn, wo se den Kopp hinhalten müssen. Wenn's wat zu erben jibt, hat die Nachhut die besten Aussichten. Wat mag wohl in all die Kisten und Kästen injepackt sind? Mir jribbelts schon in de Finger."

Aber die übergroße Mehrzahl hielt aus. Ihr Vertrauen zu dem Verein konnte nicht erschüttert werden. Ehrenwerte Bauern, Handwerker und Geschäftsleute, die sie waren, glaubten sie fest an die Sicherheit ihrer Verträge.

„Was weg ist, ist weg, und wir haben nichts daran verloren", sagte der Hauptmann zu dem Leutnant, ehe er nach Karlshafen zurückfuhr. „Je mehr wir von den unsicheren Kantonisten hier schon los sind, desto weniger werden sie uns später zur Last fallen."

Er ließ seine Augen über das Lager streichen. „He, hallo, ihr da drüben, kommt mal her." Er winkte den beiden Berlinern zu.

„Hein, uns hat er jewunken. Wat winschen der Herr Jeneral?"

„Wie seid ihr hierhergekommen?"

„Ja, sehen Sie, Herr Jeneral, det war so: In Preußen wan wa iebazühlig. Da stimmt et mit unsere Nummer nich mehr. Fahrn se nach Texas, hamse uns jebeten. Da könn se noch wat wern, hamse jesagt. So sin wa denn ehm jefahren."

„Beruf?" fragte Wrede.

„Jelegenheetsarbeter", antwortete Hein, „aber jewehnlich ohne ihr."

„Na, daran fehlt's jetzt nicht. Sie machen sich sofort fertig und fahren mit mir nach Karlshafen. Unser Hütejunge wird sich freuen, wenn er so tüchtige Leute zur Hilfe bekommt."

„Wat haste jesagt, Hein, Nachhut? Dussel, nu sind wa janz vorn dran", knurrte der andere. „Aha vielleicht wirds nu eha wat mit fon kleenet Heischen int Iriene un en paar Blumentöppe vor de Fenster!" Sie klemmten ihr Päckchen unter den Arm und folgten Herrn von Wrede.

„Heute in vier Tagen lassen Sie den ersten Transport von hier abgehen. Fischer ist unterrichtet und haftet mit Kopf und Kragen dafür, daß alles gut geht."

Herr von Klaren schlug die Hacken zusammen und verbeugte sich leicht. Der Hauptmann suchte die Gräfin aus Thüringen und fand sie hinter einem Berg von Kisten. Sie saß auf einem Koffer und stützte den Kopf in die Hände. „Erlauben Sie mir, gnädige Frau, daß ich Ihnen ohne viele Umstände einen Vorschlag mache!"

Sie fuhr aus ihrer Versunkenheit auf und sah ihn mit großen Augen an. „Ich fahre in einer halben Stunde nach Karlshafen und möchte Sie bitten, mitzureisen. In drei Tagen bricht die Spitze auf in den Grant. Wenn Sie wollen, können Sie als eine der ersten die Kolonie mit uns erreichen. Sie müssen hier heraus und vergessen, was hinter Ihnen liegt."

„Danke", sagte sie dumpf. „Ich komme mit."

Das Lager in Karlshafen schwirrte durcheinander wie ein Bienenschwarm im Flug. Endlich wurde aufgebrochen. Sie konnten den Sandhaufen verlassen. Wie Schatten verschwanden die Widerstände, die sich in den Wochen der Untätigkeit angehäuft hatten. Zugochsen kamen, später die Wagen aus Galveston. Fuhrleute aufzutreiben war nicht möglich gewesen. Zink suchte unter den Bauern die zuverlässigsten aus und übergab ihnen die Gespanne.

Köchert hatte in eingehenden Besprechungen mit dem Prinzen, Wrede und Zink die Vorräte und Geräte aus dem Schuppen freigegeben, die aufgepackt werden sollten. Wilcke musterte in mehreren Appellen Waffen, Pferde und Ausrüstung der Leibgarde. Jeder Geschirrführer bekam ein Gewehr und einen Gürtel mit Patronen. Die Frauen teilte Zink in Fahrgruppen ein. Sie sollten unterwegs abwechselnd immer ein Stück laufen, dann wieder fahren. Die Krankenpflege wurde geordnet, und die Kocherei erhielten einige Frauen übertragen. Ohne Widerspruch nahm jeder den Posten an, den er zugewiesen bekam. Jetzt hatte das Leben doch wieder Sinn.

Ein klirrender Nordwind[22] fegte noch über das Lager hin, ehe aufgebrochen werden konnte. Menschen und Tiere zitterten vor Kälte. Als er vorüber war, stellte Zink den Wagenzug zusammen. Die schweren Joche lagen breit auf den Stirnen der Ochsen, die Pferde tänzelten vor Ungeduld. An den Wagen standen die Männer und Frauen, wie Zink sie eingeteilt hatte.

Thomas Schwab mit seiner Familie lenkte den ersten. Die Leibwache war bestimmt als Seitendeckung, Vor- und Nachhut. Die Spitze wurde geführt vom Prinzen, dem Hauptmann und der Gräfin. Zink ritt mit der Nachhut.

Die Herde trieb Johann Julius von Koll hinter den Wagen her. Als Gehilfen waren ihm die beiden Berliner zugeteilt; mit langen Peitschen hielten sie die Tiere zusammen.

„Na, wat sagste nu, Hein, hamse uns doch in de Nachhut jestoppt. Det is Sache!" meinte der eine und ließ den langen Riemen seiner Peitsche über die Kühe hinsausen. „Hett'n wia zwee uns in Balin ooch nich jedacht, det wa noch mal with en leibhaftjen Baron zusammen Vieh treiben würden."

Vier gewaltige Bluthunde, wie sie die Farmer im Süden zum Einfangen entwichener Negersklaven gebrauchten, umsprangen den langen Zug. Ehe er in Bewegung kam, sprach Pfarrer Ervendberg noch zuversichtliche Worte.

Wilcke und Köchert nahmen von allen Abschied. Sie blieben zurück. Es war ein großes Opfer, das die beiden für das Ganze brachten. Dann begann der Aufbruch.

Der Prinz stand in den Steigbügeln, wandte sich nach rückwärts, zeigte mit der Hand nach Westen und rief: „Auf, nach Neugermania!"

Die Wagen mahlten im Sand. Frohes Stimmengewirr flog dem Zug voraus. Die Hunde kläfften. Die Spitze mußte immer wieder halten, um die Fühlung mit den Geschirren nicht zu verlieren. Lange standen Köchert und Wilcke auf der Brustwehr vor dem Schuppen und winkten, bis die Ferne den Zug verschluckte. Und noch ehe der Tag zu Ende ging, flog ein Lied die Wagenreihe entlang. Ein Mann der Leibgarde hatte es gedichtet und auch die Melodie dazu gefunden:

„Frei um der freien Deutschen Land
Schlingt sich des Kolorado Flut.
An seinem grünen Uferrand
Hält feierlich der Urwald Hut.

Des Südens Sonne grüßen Zedern,
So alt, wie die am Libanon;
Und Vögel, zart wie Flaumenfedern
Umflattern zwitschernd Schaft und Kron'.

Aus Waldesnacht ragt stolz der Gipfel
Der duftenden Magnolia.
Im Abendwinde rauscht der Wipfel
Den Gruß für Neugermania."

Wie ein vielgliedriger Wurm schob sich der Wagenzug langsam ins Land hinein. Die Spitze erkundete den Weg und eilte nicht selten stundenweit voraus. Hauptmann von Wrede führte mit dem Spürsinn des erfahrenen Pioniers. Oft sahen sie ihn in der Ferne Ausschau halten, hochaufgerichtet auf seinem Pferd sitzend, die Flinte quer über den Sattel gelegt.

Es war eine außerordentlich schwierige Aufgabe, einen geschlossenen Zug durch das Schwemmland der Küstenregion zu führen. Der Boden war trügerisch, nirgends gab es eingefahrene, befestigte Wege. Flüsse und Bäche liefen in Sümpfe und Moräste auseinander oder schlichen träge dem Meer zu. Gelbes dürres Gras bildete breite Nester. Mühsam kroch der Zug zwischen abgeernteten Maisfeldern, Zuckerrohrplantagen und Baumwollpflanzungen hin. Da und dort hob sich ein Baum über das flache Land in den Himmel.

Einsame Farmen mit leicht aufbrausenden Menschen lagen verstreut in der Weite, Hundegeheul zeigte ihre Nähe an. Neger sah man arbeiten. Die Wagen versanken oft bis an die Achsen, und es kostete den Wagemut von Männern, die aufs Ganze gingen, das versinkende Vieh immer aufs neue dem heimtückischen Boden zu entreißen.

Häufig mußten die Wagen abgeladen und nachher wieder bepackt werden, wenn es galt, gefährliche Stellen zu überwinden. Der Zug wurde schmutzig und erdfarben. Bei jedem Aufenthalt putzten und schrubbten die Frauen, die Handwerker besserten aus, und müde Männer warfen sich hin, um für kurze Zeit wieder Kräfte zu sammeln.

Dazu kam die Schwierigkeit des Lenkens. Die texanischen Ochsen waren sperrig und eigensinnig. Niemand hatte Erfahrung im Umgang mit ihnen. Oft mußten soviel Männer vor ein Geschirr gespannt werden, daß die Ochsen mitgezogen wurden. Plötzlich brachen sie rechts und links aus der Reihe, Deichseln splitterten, Frauen kreischten, die Wagen fuhren polternd aufeinander. Aber es ging vorwärts, trotz allem. Das Ziel lockte.

Rudel von Hirschen jagten vorüber. Wilde Enten und Gänse segelten in Scharen auf den Wasserflächen. Es gab Fische in Hülle und Fülle. Ganz leise regte sich schon der Frühling. Zwischen scharfen Winden aus Norden strich ein weiches, lockendes Wehen über die Erde. Das machte Mut und gab Zuversicht. Die Beute der Jäger schmorte an den Bratspießen und bruzzelte in Kesseln; dazu wurden für jede Mahlzeit Maisfladen gebacken. An die hatten sich die Auswanderer nach manchem Widerwillen zuletzt doch gewöhnt.

Julius von Koll und die beiden Berliner hatten sich gut aufeinander eingearbeitet. Ihre Späße flogen belebend den Zug entlang und zauberten in manchem verzweifelten Augenblick helles Lachen auf wutverzerrte Gesichter.

„Die Burschen sind besser zu gebrauchen, als ich zuerst gedacht habe", sagte der Hauptmann zu Zink im nächsten Nachtlager. „Mancher, der in der Stadt im Gedränge ums tägliche Brot den Berg hinunterrutscht, kann zu einem Kerl werden, wenn man ihn beizeiten in die richtige Umgebung bringt."

Der Prinz saß als Dritter in der Runde. Nach einer Weile sagte er: „Haben Sie gesehen, wie sich das Volk aus Viktoria ins Lager drängte und mit unsern Leuten anzubändeln suchte? Ich sah einen, der mit einem ganzen Arm voll Schnapsflaschen kam, um Geschäfte zu machen. Sofort ließ ich die Lagergassen schließen und die Nacht über die Wachen verstärken. Diese Texaner gefallen mir nicht. Krämer- und Spitzbubenpack, immer darauf aus, den Unerfahrenen hereinzulegen."

„Das ist in der ganzen Welt so", lachte Zink, „nur wird es mehr oder weniger geschickt verdeckt und mit unterschiedlich ehrenvollen Vokabeln bezeichnet."

„Ich komme deshalb immer wieder auf meinen schon so oft ausgesprochenen Plan zurück", fuhr der Prinz fort, „der geschlossene deutsche Nationalstaat, den wir in Texas errichten wollen, muß planmäßig davor bewahrt werden, zu nahe mit allem Einheimischen in Berührung zu kommen oder sich gar mit ihm zu vermischen. Die Stationen also, die von der Küste her in Tagereisen bis in die Kolonie angelegt werden, dürfen nicht in die Nähe von Siedlungen gebracht werden. Jeder Platz wird lagermäßig ausgebaut und befestigt. Die Straßen und Eisenbahnen, die die Stationen später untereinander verbinden sollen, sind ein Stück des großen Weges zwischen Neugermania und Deutschland. Mit jedem Tag kommen wir der Verwirklichung dieser Dinge näher und werden uns bald zu entscheiden haben, an welchen Stellen die Stationen liegen sollen; denn ich muß das notwendige Land kaufen."

Zink und von Wrede kannten des Prinzen Pläne zur Genüge und sahen sich jetzt verständnisvoll an. Seit Wochen kämpften sie vergeblich gegen die hochfliegenden Träume Seiner Durchlaucht an und mußten oft recht deutliche Worte sagen, um ihn wieder mit den Beinen auf die Erde zu stellen. Sobald er aber Widerstand spürte, stieg er hoch und konnte beleidigend werden; eitel hatte er sich in seine Gedanken verliebt. Die beiden anderen fühlten, daß sie handeln mußten.

„Ich möchte meinen Standpunkt endgültig und abschließend festlegen und bitte Sie um Gehör", begann der Hauptmann. Er wollte die Entscheidung erzwingen, einerlei, was daraus entstand. Der Prinz sah gespannt auf. „Bitte", sagte er kurz.

„Es geht jetzt darum, uns ganz nüchtern klar zu machen, was wir erreichen können und nicht mit Gedachtem und Geplantem die Wirklichkeit zum Nachteil unserer Leute zu vergewaltigen. Wir sind mit rund hundertfünfzig Menschen auf dem Marsch. Der Grant liegt irgendwo in der Ferne, ich schätze die Reise auf mindestens fünfzig Tage. Erst wenige davon sind vorüber. Wer kühl abschätzt, was ein Mensch zu leisten vermag, kann sich vorstellen, was die Trift nach Westen von uns fordert. Der Weg in die Kolonie ist für den Stoßtrupp die härteste Probe, wir können uns freuen, wenn wir alle lebendig ans Ziel bringen. Je mehr wir den Weg in die Nähe von Städten und Siedlungen legen, desto leichter wird es sein, Unvorhergesehenem und Unberechenbarem begegnen zu können.

Ich werde also nicht der nur vom Kompaß bestimmten und in einer ungenauen Karte eingetragenen geraden Linie folgen, sondern ich will jeden Vorteil des Geländes, jeden vorhandenen Ort, alle befahrenen Pfade und Wasserläufe ausnutzen. Ich mache mir weniger Gedanken über das, was sein dürfte und einmal werden soll, sondern ich sehe, was ist. Was nützen Stationen auf einem Weg nach vorn, den wir noch gar nicht kennen, nicht kennen können. Erst vom Ziel aus ist Lage und Größe der Stationen zu bestimmen.

Ich lasse mich einzig von meinen Erfahrungen leiten und werde keinen Schritt weiter mitmachen, wenn Durchlaucht Ihre Pläne nicht fallen lassen und sich der Wirklichkeit unterordnen. Für alles andere sind mir unsere Leute zu schade. Sollten es Durchlaucht zum Äußersten kommen lassen, dann hilft nur Notwehr, das heißt, ich werde die Leute selber entscheiden lassen, welcher Führung sie vertrauen wollen."

Der Prinz fuhr von seinem Klappstuhl auf, trat einen Schritt auf den Hauptmann zu und maß ihn von oben bis unten. Seine Hand lag auf dem Griff der massigen Coltpistole.

„Durchlaucht haben nicht nötig, sich zu ereifern", fiel Zink ein. „Es wird nichts geschehen, wenn Sie sich fügen. Niemand wird merken, daß Sie unsere Ansichten bestimmen lassen."

„Unsere Ansichten!" fauchte der Prinz. „Also auch Sie, Herr Zink?"

„Gewiß, Durchlaucht."

„Sie lassen mich also im Stich, hier mitten in der Einöde? Wenn ich mich nicht unersetzlich fühlen müßte, würde ich mich jetzt mit Ihnen schießen, meine Herren!"

Herr von Wrede lachte laut und herzlich. „Aus Ihren Worten entnehme ich, daß Sie, Herr Generalkommissar, das Ende solch einer blöden Schießerei klar sehen. Sie könnten nur zu recht haben! Wir sind aber in Texas und wollen europäisches Salonrittertum nicht hier herüberpflanzen."

Der Prinz war bleich geworden. „Das letzte Wort darüber ist noch nicht gesprochen, meine Herren!" Er wandte sich hastig um und schlüpfte in sein Zelt. Lange konnte er nicht einschlafen. Zwischen Ärger und Unsicherheit schwankte seine Unruhe hin und her. Der Ärger verflog, aber Unsicherheit blieb.

Im Halbschlaf hörte er Fischers Namen. Niemand wußte bis jetzt, daß der Konsul über dreizehntausenddreihundertsechzig Dollar noch nicht abgerechnet hatte. Sie waren ihm in bar oder Wechseln aus den Verein übergeben worden. Allen Aufforderungen, Rechenschaft abzulegen, wich er aus. Kannte er des Prinzen Art, sich an sachlicher Härte am Ende vorbeizudrücken in das Gewoge seiner Träume?

Solms spürte die Härte des Hauptmanns und die nüchterne

Geradlinigkeit Zinks beinahe körperlich. In Deutschland hätte er solche Leute nicht in seiner Nähe geduldet. Hier war er ihnen ausgeliefert. Noch nie empfand er das so schmerzlich wie jetzt; Wenn er seine Leibgarde hätte nehmen können, um an ihrer Spitze über das Land zu stürmen! Er sah die Säbel blitzen in der blanken Sonne und hörte Schüsse krachen. Hirsche und Büffel fielen, Truthähne flogen klatschend auf den Boden.

Aber da waren immer diese beiden Männer. Ernst, berechnend, nüchtern. Spielten sie ihm die Führung aus der Hand? Reichten seine Befugnisse aus, sich praktisch unter allen Umständen durchzusetzen? Notwehr sagte der Hauptmann? Das Volk fragen? Niemals. Die hatten zu marschieren. Das Ganze ging doch um ihr Wohl, und daß er hier unter tausend Gefahren sich einsetzte und Leib und Leben wagte, geschah doch um der Leute willen. Sie mußten ihm deshalb dankbar sein und hatten ihres Vorteils wegen zu gehorchen und durchzuhalten. Punktum.

Am andern Morgen ging die Reise mit Verspätung weiter. In der Nacht hatten sich einige der grasenden Ochsen vom Lager entfernt. Fast zwei Stunden dauerte es, ehe der eine wieder eingefangen werden konnte; der andere war im Schlamm versunken und schon verendet, als die Männer ihn fanden. An seine Stelle kam eine starke Kuh ins Joch vor die erste der beiden Kanonen, die in der Mitte des Zuges schwerfällig mitrumpelten.

Langsam hob sich das Land und wurde fester, die Wasserläufe führten klares Wasser. Unter dem vorjährigen dürren Gras schimmerte schon der grüne Neuwuchs hervor. „Das rollende Land" tat sich vor den Deutschen auf! So nannten es die Indianer. In einförmiger Regelmäßigkeit lag eine Bodenwelle hinter der andern, wie ein im Sturm erstarrtes Meer. Hinauf und hinunter ging es, tagelang, eintönig, ermüdend. Voll Sehnsucht suchten aller Augen den Horizont ab. Was mochte dahinter liegen? Aber der schob sich mitleidlos und unerreichbar vor ihnen her. Hin und wieder wurde die wellige Einöde von einer Gruppe Bäume oder Sträucher unterbrochen. An den Flüssen wuchs das Gehölz zu größeren Beständen zusammen.

In den Nächten heulten die Wölfe. Dann und wann donnerte eine Büffelherde vorüber. In der Ferne sollten Indianer vorbeigeritten sein. Die Einsamkeit machte ängstlich und schuf allerlei

Gesichte. Es gab Ruhrkranke. Andere schleppten sich mit wundgelaufenen Füßen mühselig weiter.

Der Prinz ritt stets weit voraus und schoß, was ihm vor die Flinte kam. Ihm machte die Reise wenig Beschwerden. Zink war von früh bis spät auf den Beinen und mühte sich, den Zug zusammenzuhalten. Jeden Tag gab es unfreiwillige Aufenthalte durch Achsen- und Radbruch. Die Handwerker hatten alle Hände voll zu tun. Aber es ging vorwärts, und einmal mußte man am Ziel sein. An diesen Gedanken klammerten sich alle.

Eines Abends lagerten sie in einer flachen Mulde, durch die ein dünnes Wasser rieselte. Der Hauptmann war ein Stück nach Westen weitergeritten. Sah er irgendeine Spur? Fiel ihm sonst etwas auf? Er hielt öfter an und sog die Luft in langen Zügen ein. Sie roch brandig, und der Geruch wurde immer stärker. Da riß er sein Pferd herum und jagte zurück ins Lager.

„Hallo! Alle herhören! Vor uns brennt die Prärie! Die Wagenburg wird an einer Stelle geöffnet! Treibt alles Vieh hinein! Danach die Lücke wieder schließen und die Fuhrwerke fest aneinanderseilen! Eimer heraus! Das machen die Frauen. Die Wagenplanen und alle Holzteile müssen sofort mit Wasser übergossen werden! Die Männer nehmen die Spaten und ziehen einen flachen Graben um das Lager! Die Grasnarbe wird abgehoben und mit der Erdseite nach oben davorgeworfen! Wenn wir noch Zeit haben, muß auch das Vorgelände unter Wasser gesetzt werden. Das Vieh im Innern der Wagenreihe ist so eng zusammenzudrängen, daß es sich möglichst wenig regen kann!"

Er stieg vom Pferd und übergab es einem Mann der Leibgarde.

„Wo ist der Prinz?"

„Noch nicht von der Jagd zurück", rief eine Stimme.

Das Lager kam in fieberhafte Bewegung. Es war schwer, das an die Freiheit gewohnte Vieh in die Wagenburg zu treiben; Julius von Koll und die beiden Berliner mußten ihre ganze Kunst aufwenden. Die Frauen bildeten eine Kette von dem Wasserlauf zu den Wagen und reichten sich Eimer um Eimer. Holzwerk und Planen begannen bald zu triefen.

Der Brandgeruch in der Luft wurde schärfer. Die Männer schaufelten, was sie konnten. Der Prinz war noch immer nicht zurück, er folgte wohl einem Rudel Hirsche. Zink ließ an der Stelle, die dem anrückenden Steppenbrand entgegengesetzt lag, eine tiefe Grube ausheben; darin versenkten sie die Blechkisten mit Pulver und Patronen. Als zugeschüttet war, goß er noch einige Eimer Wasser über die lockere Erde. Wie Maschinen arbeiteten die Männer, niemand spürte Hunger und Müdigkeit.

„Das Beschütten der Wagen wird so lange wie möglich fortgesetzt", ordnete der Hauptmann an, „eine Anzahl Eimer stellt ihr gefüllt vor den Ring! Ich gebe das Zeichen, wenn die Frauen in die Wagen klettern sollen. Sie haben aufzupassen, daß jeder Funke ausgelöscht wird, der unter die Planen fliegt. Die Männer nehmen alle verfügbaren Stöcke, Stangen und Schaufeln und stellen sich rings um das Lager auf. Gießt einen Eimer Wasser über euch hinweg und behaltet die nassen Hüte auf! Feuchte Decken und Tücher umhängen!" Knapp und ruhig gab er seine Befehle.

Es wurde Nacht, und in der Ferne sah man einen feurigen Streifen glühen. Zungen leckten daraus hervor und schlugen in die blaue Finsternis. Beizender Qualm flog vorüber.

„Frau von Reitzenstein ist mit dem Prinzen fortgeritten", hieß es auf einmal. „Sie nahm ihr Gewehr und reichlich Patronen mit."

Einen Sprühregen von Funken führte die fauchende Luft vor dem Feuer her, lange schon, ehe es da war. Der Hauptmann goß sich zwei Eimer Wasser über den Kopf. Seine Ruhe ging auf die andern über. Trotz aller Angst wurden seine Anweisungen beherrscht ausgeführt. Nichts geriet durcheinander. Ein weites Stück dem Feuer entgegen war das Gelände noch unter Wasser gesetzt worden; es lag wie eine Schranke vor dem Lager.

Nun konnte man den Brand schon hören.

„Die Frauen auf die Wagen!" rief der Hauptmann.

Das Feuer rückte gurgelnd und heulend mit ungeheurer Geschwindigkeit heran. Glutheißen Atem spie es aus. Noch liefen einzelne Männer ans Wasser, trugen es eimerweise heran und schütteten es über die vordersten Wagen. Aber dann mußten auch die Männer sich unter die Wagen ducken.

Es trampelte und jagte in Todesangst draußen vorüber. Geruch von gebratenem Fleisch war deutlich spürbar. Was das Feuer packte, war verloren. Röchelnd hetzte das Wild aus dem rollenden Land vor dem Brand her. Vögel fielen zu Boden, denen die Glut die Flügel versengt hatte. Die Erde stöhnte.

Das Vieh im Ring wurde unruhig. Immer greller fraß sich der Schein in die Dunkelheit. Taghell wurde die Nacht. Alle Umrisse von Dingen und Menschen traten hart ins Licht. Wie unter einer glühenden Glocke drängte sich alles Lebendige zusammen.

Irgendwoher riefen zwei angstvolle Stimmen. Ein Mann und eine Frau kletterten in den Ring und wurden von zupackenden Händen hineingezogen; ihre Pferde drückten sich angstvoll an die Wagen und bäumten sich steil auf.

Der Brand machte einen Augenblick halt an dem Wasserlauf, dann sprang er hinüber und fraß das kurze Stück bis zum Graben. Weiter konnte er nicht. Eilig lief er um das Lager herum in die endlose Weite.

Bis in die Knochen spürte jeder den sengenden Biß der Naturgewalt. Die Tiere in der Wagenburg türmten sich übereinander. Es donnerte und krachte gegen die Wagen.

Im Todesschreck trampelten Ochsen und Pferde alles unter sich nieder, Holz brach, Menschen kreischten. Rußige Arme schwangen schwere Eimer und ließen das Wasser zischend auf die brennende Habe niederstürzen. Gequetscht, versengt und von Angst ausgehöhlt, hatten sich viele der Auswanderer ins Gestänge verkrochen, wo sie wenigstens vor den rasenden Tieren sicher waren.

Und dann folgte eine tiefe, lastende Stille, in der nur die Herzen wild schlugen und keuchend der Atem ging. Ein paar Minuten wurden zur angstvollen Ewigkeit. Das Feuer prasselte schon jenseits des Lagers weiter.

Die Stauung der Tiere lockerte sich allmählich, die Menschen begannen leise zu sprechen und sich abzutasten. Nach dem grellen Flammenschein, in den sie für einige Minuten hineingegossen waren, stand die Nacht nun um so schwärzer um sie.

Laternen wurden angesteckt, matt drang ihr Licht in die Finsternis. Wachskerzen wanderten hin und her. Nach dem Schrecken regten sich die Schmerzen. Brandwunden warfen Blasen auf, Knochenbrüche und Quetschungen ließen Menschen und Tiere aufstöhnen. Rauchverstopfte Lungen husteten sich frei. Dr. Köster konnte es kaum schaffen.

Erst der Morgen zeigte klar, was der Brand angerichtet hatte.

Unter einem Wagen lag starr ausgestreckt die Gräfin aus Thüringen. Sie war tot. „Schlangenbiß in den Ballen der rechten Hand", stellte Dr. Köster nach sorgfältiger Untersuchung fest.

„Wir sprangen in aller Eile von den Pferden. Ich half ihr zwischen zwei Wagen hindurch in den Ring hinein und kletterte hinterher. Dann war sie verschwunden", sagte der Prinz matt. „Auf der Flucht vor dem Feuer mag sich eine Giftschlange unter dem Wagen verkrochen haben."

Gesichter und Arme der Männer waren verrußt, Bärte und Haare versengt. Schwarzrandige Löcher saßen wie Pestbeulen in den Wagen und Plänen. In dem Aufruhr der Tiere war viel Wertvolles zertrampelt worden. „Ein Glück, daß wir die Wagen aneinanderbanden. Es ist nicht auszudenken, wie es um uns stünde, wenn die Tiere ausgebrochen wären", meinte der Hauptmann.

Das Vieh lag verschüchtert im Ring der Wagen, aus großen Augen glotzte noch die Angst. Die Pferde wurden ins Freie gelassen. Mit zitternden Nüstern witterten sie den Brandgeruch, der noch über der versengten Erde stand.

Nur langsam fanden sich die Menschen zurück in die Gewohnheit der täglichen Arbeit. Kranke und Verletzte legten sie unter schnell aufgeschlagene Zelte. Es gab für die Handwerker viel auszubessern.

Das Vieh mußte sich für einige Tage mit magerer Kost begnügen; denn nur an den Ufern der Wasserrinne liefen wie grüne Striche zwei schmale Grasstreifen in die Ferne.

„Heut ham wa's leicht mit de Kuhfladen", sagte Willem, der Berliner, zu seinem Freund. „Diesmal hamse se uns alle uff en Haufen jelegt, un wir brauchen nich lange zu suchen."

Sie machten sich mit Julius von Koll ans Sammeln, denn das war oft tagelang das einzige Brennmaterial unter den Kochkesseln.

Schlächter Rahn mußte zwei Ochsen und eine Kuh notschlachten, sie hatten in den Radspeichen die Beine gebrochen.

„Durchlaucht, nun ist es wohl endgültig aus mit der geraden Linie, mit Eisenbahnen, Stationen und Straßen von Karlshafen nach Kastell, und weiter nach Leiningen und wie die Orte alle heißen sollen, die Sie nach Ihren Zirkelberechnungen in die Karte zeichneten und benannten! Jetzt hat uns die Wirklichkeit rücksichtslos am Kragen. Wahrhaftig, es konnte noch schlimmer kommen!" Der Hauptmann sah am Prinzen vorüber.

Der musterte den alten Offizier scharf und mißtrauisch. Sollten ihn diese Worte beschämen? Zum Aufbrausen in alter Weise fehlte ihm die Kraft, der Brand hatte etwas in seinem Innern zerfressen.

„Zwei Tage liegen wir nun schon in der nacktgebrannten Einöde."

Der Prinz schwieg und strich über seinen zerknitterten Rock. Der große Hut saß ihm schlapp auf dem Kopf das Feuer hatte ihn an der Vorderkante angefressen.

Nikolaus Zink trat auf ihn zu. „Wir können nicht einen Tag länger bleiben, wenn die Tiere gerettet werden sollen. An ihnen hängt unser Leben. Die Maisvorräte schrumpfen zusammen, weil wir viel davon als Viehfutter verwenden müssen. Kranke und Verletzte brauchten zwar noch ein paar Tage Ruhe, und unsern Pfarrer hat die Ruhr schrecklich gepackt, er ist ganz von Kräften. Trotz allem lasse ich morgen früh ausbrechen. Unter allen Umständen! Wir müssen Gegenden suchen, die das Feuer verschont hat. Von Viehfutter hängt jetzt alles ab."

Der Hauptmann zog den Kompaß: „Wenn wir halb rechts abbiegen, kommen wir sicher an die Guadalupe. Vielleicht erreichen wir schon vorher einen der Wasserläufe, die in den großen Fluß münden, und können dann ihm entlangmarschieren. Das Feuer wird, wenn es bis dahinüberreichte, die feuchten Talgründe verschont haben, und wir finden Futter. Den Fluß aufwärts liegt Seguin. Dort können die Vorräte ergänzt und mehrere Joch Ochsen gekauft werden. Nur ein Grab lassen wir zurück. Das ist noch Glück, wir sind glimpflich davongekommen."

Nach Zinks Anweisungen wurde die Fahrlast neu verladen. Es mußte Platz geschaffen werden für die Verletzten und Kranken. Nach dem Kochen rupften die Frauen jeden nur erreichbaren Grashalm den Wasserlauf entlang ab; eine winzige Grünfutterreserve häufte sich so auf einem der zweirädrigen Karren.

Nun zogen sie weiter. Welle auf Welle kroch der Wagenzug vorwärts. Die Hufe der Tiere warfen Asche und Ruß auf. Das beizte die Lungen und verschmierte die Gesichter. Hin und wieder hatte sich das Feuer um eine feuchte Stelle herumgefressen. Da stand dann ein grüner Fleck wie eine Insel in dem endlosen Braun. Man ließ die Tiere weiden; aber sie wurden nicht satt und magerten zusehends ab.

„Als hätten se Faßreifen jefrefsen, so sehnse aus mit ihren Windbäuchen. Leid kann einem so was tun, ist aber nicht zu ändern", sagten die Viehtreiber. Die Kraft der Ochsen ließ nach, oft blieb der Zug mit einemmal stehen, als wäre alles eingeschlafen.

Am dritten Tag nach dem Präriebrand ließ der Hauptmann spät nachmittags halten und die Wagen zusammenschieben. Was war los?

Der Himmel hing hart und kalt in seltsamem Licht über der Erde. Verärgert sah der Prinz sich um nach der Ursache des Aufenthaltes.

„Zelte eng nebeneinander aufschlagen! Wagenplanen festzurren! Vieh anpflöcken! Die Kranken bleiben auf den Wagen!" Ein Befehl jagte den andern. Bauern- und Handwerkerfäuste griffen zu. Im Rundschlag sausten die Hämmer auf die Pfahlköpfe.

Kaum noch war die Wagenburg errichtet, da brach der Himmel plötzlich auf. Ein Orkan fegte über das Land, eiskalte Bäche stürzten hernieder und überschwemmten das Lager: es verschwand fast unter klatschenden Wasserstürzen. Der Sturm riß die Zeltplanen los, daß sie wie Fahnen knallten. Die vom Brand versengten Wagendecken zerfetzten, die Wassermassen strömten ins Wageninnere.

Der Bauer Christian Schilling aus Kleingölitz und der Klarinettist Weinreich aus Rudolstadt hockten zusammengekauert unter einem Wagen. „Verdämmt nochmal", knurrte der Bauer, „unsereiner ist doch sicher manches gewohnt, und ich habe schon etliche Wolkenbrüche daheim bei der Feldarbeit aufs Fell gekriegt; aber so was! Donnerkiel, daß es so etwas überhaupt gibt! Und dazu so eisig kalt. Bis auf die Knochen geht das!"

„Nachbar, ich bin es bald satt. So hab' ich mir das nicht vorgestellt. ‚Er steht an den grünen Ufern von Texas und wartet auf euch', hieß es daheim. Hätte ich das gewußt! Zwanzig Silbergroschen gab es zuletzt, wenn ich einen Abend in der Hofkapelle aushalf. Es ist gut, daß mich meine Kollegen jetzt nicht sehen können. Wie haben sie mich beneidet, als ich abfuhr. —Ja, ja, an den grünen Ufern von Texas steht er und wartet."

Der Musikant brummte grimmig vor sich hin. Seine Stimme war schwach und heiser. „Ob ich wohl jemals wieder blasen kann?" Die dürren, aufgerissenen Finger zogen die Decke, die er krampfhaft um sich geschlagen hatte, noch fester zusammen.

Über ihnen im Wagen stöhnten die Kranken.

„Wer das übersteht, der ist hartgesotten und ausgekocht in Feuer und Wasser", sagte der Hauptmann zu Zink. „Wenn es einmal soweit ist, daß unsere Leute solch einem Wetter aus der Tür ihres Blockhauses zusehen können, dann haben wir gewonnen. Aber bis dahin fehlt noch viel. Jeder von ihnen muß erst einen Umbruch seiner ganzen Natur durchmachen. Wer danach noch Kraft hat, ist über den Berg. Mit der Ruhr fängt es an. Und ich fürchte, wir werden noch manchen begraben müssen, ehe wir am Ziel sind."

In die Maissäcke sickerte das Wasser, vor seinem Andrang war nichts sicher. Zucker löste sich auf, Salz schwemmte mit dem Regen fort. Die Frauen zitterten in ihren nassen Kleidern. Das Unwetter vernichtete erbarmungslos die letzten Spuren sorgsamer Pflege, die sie den Verhältnissen bis zuletzt noch abzukämpfen versucht hatten. Erst das Feuer und nun das Wasser! Vor diesem Zerstörungswillen konnte keine der kleinen Eitelkeiten mehr bestehen, die den Frauen trotz aller Härte der Lage immer noch wichtig gewesen waren. Und das nahm mancher ein gut Stück ihres Selbstvertrauens.

Erst nach Stunden ließ das Wetter nach. Im Zusehen versickerte das Wasser in der ausgedörrten Erde. Zink und der Hauptmann gingen von Wagen zu Wagen, um den entstandenen Schaden zu prüfen. Die Sonne kam heraus, und bald glich das ganze Lager einem großen Wäschetrockenplatz. Kisten und Kasten wurden ausgeräumt und der Inhalt in die Sonne gebreitet. Und in ihrer auflockernden Wärme regte sich der Wille zum Leben aufs neue.

Der Klarinettist Weinreich fand nach langem Suchen das Futteral mit seinem Instrument. Heimlich verkroch er sich unter einem Wagen und hob den Deckel auf. Ein paar glitzernde Wassertropfen standen auf dem blauen Sammet. Behutsam hob er es heraus und setzte es an seine aufgesprungenen Lippen.

Ein Ton stieg hervor, erst heiser und spitz. Alle horchten. Was war das? Musik? Gab es noch so etwas?

Weinreich versank in sich selber. Seine Finger sprangen über die Klappen, das große Solo aus dem „Freischütz". Tränen standen ihm in den Augen, man war doch noch ein Mensch.

Fremd flogen die Töne über die Prärie. Für ein paar Augenblicke blieben alle Hände stehen und jedes Gespräch ruhte, Weinreich blies weiter. Zaghaft fielen ein paar Stimmen ein:

> „Ich ging durch einen grasgrünen Wald,
> da hört' ich die Vögelein singen:
> sie sangen so jung,
> sie sangen so alt,
> die kleinen Vögelein in dem Wald,
> die hört' ich so gerne wohl singen."

Die Sonne ging unter. Die Deutschen sangen noch immer und sie vergaßen alle Qual, weil die Heimat bei ihnen war. Die Kochfeuer glühten unter den Kesseln. Die Kranken fühlten wieder Hoffnung. Solange die Kraft zum Singen ausreichte, mochte kommen, was wollte.

Ein paar Burschen griffen nach den Mädchen. Weinreich dudelte einen Dreher. Röcke flatterten, und ein heller Jauchzer stieg in die Dämmerung.

„Das ist gut", meinte der Hauptmann, „solange sie das noch fertigbringen, haben wir gewonnen."

Der Prinz schüttelte den Kopf. „Ich finde so etwas ziemlich deplaziert, man sollte es untersagen. Der Ernst der Lage fordert doch wirklich ein anderes Verhalten."

„Unter keinen Umständen, Durchlaucht! Wer das Volk kennt, muß sich freuen, daß es aus der Not der letzten Tage einen Ausweg findet."

Der Prinz schüttelte den Kopf. „Mir unverständlich." Mit langen Schritten stieg er um die Wagenburg.

Er hörte die beiden Berliner miteinander sprechen.

„Willem, was is schon so en Prinz. Der hat ja keene Ahnung! Klettert den janzen Tach 'rum wie aus der Schießbude. Wenn wa den Ollen nich hätten, und wenn Zink nich wär — keen'n Jroschen setz ik auf Durchlaucht. „Der is doch noch nich mal der Proppen off de Pulle."

„Laß jut sin, Hein. Wenn det so weiter jeht, drück ick mir bei die erste, beste Jeleg'nheet. Aba heimwärts den Feldweg, der is kürzer."

Solms ging weiter. Er hatte da etwas gehört, das er in den letzten Tagen oft spürte: Er blieb fremd unter diesen Menschen. Die fanden und fügten sich immer fester zusammen, aber er stand abseits. Jeder Tag formte die Gesetzmäßigkeiten des Zusammenlebens aller entschiedener und klarer. Aber ihn zog nichts hinein in den Kreis der Kräfte, die die Schicksalsgemeinschaft zusammenschweißte.

In der Nacht noch hatte er mit dem Hauptmann, Zink, Köfter und Schwab eine entscheidende Auseinandersetzung Es wurde manches gesagt, was die Herzen seit Tagen voll Verantwortung drückte.

„Die stärkste Kraftprobe wird der Marsch von hier nach Seguin werden", sagte Herr von Wrede ernst. „Ich hoffe bestimmt, daß wir bald auf Grünfutter stoßen. Wird es anders, dann können uns nur ganz einschneidende Maßnahmen retten."

Zink schlug vor: „In Seguin müssen wir Menschen und Tieren solange Ruhe gönnen, bis sie sich für den Weitermarsch genügend gekräftigt haben. Die Ergänzung der Zugtiere, der Vorräte, die Ausbesserungen an den Wagen, all das wird uns einige Zeit aufhalten."

„Auch die Kranken müssen Ruhe haben", meinte Dr. Köster bedenklich. „Der Zustand von einigen ist ernst. Es entwickeln sich fieberartige Erscheinungen, die ich noch nicht verstehe."

„Wir werden also wieder tüchtig in den Geldbeutel greifen müssen, meine Herren", sagte der Prinz. „Geben Sie sich aber keinen falschen Hoffnungen hin, unsere Barmittel sind erschöpft. Wie weit wir Kredit erhalten, kann ich nicht sagen. Hoffen wir das Beste!"

Die Wachskerze in der Laterne flackerte unruhig hin und her und zauberte ein immer wechselndes Spiel von Schatten auf die Gesichter der Männer. Man brachte den Prinzen zu einer offenen Darlegung der Geldlage, die war hoffnungslos. Jeder erkannte das Ausgeliefert sein an Fischer.

„Genau so ein Lump wie Bourgeois d'Orvanne", faßte der Hauptmann den Bericht des Prinzen zusammen, „nur nicht so grobdrähtig und brutal. Er saugt seinen Opfern das Blut langsamer aus."

„Von der ersten geeigneten Stelle aus ist vor allem dem Verein in Mainz die tatsächliche Lage der Dinge zu berichten", schlug Zink vor. „Man wird in Deutschland weiter Menschen verladen, in Karlshafen sammelt sich das Volk. Die Verwirrung wächst. Wenn ich nur versuche, mir vorzustellen, was daraus entstehen kann, sträuben sich mir die Haare." Er machte eine Pause.

„Ich wage das Wort, gleich was daraus wird: Durchlaucht, ich habe nicht den Eindruck, als seien Sie den Dingen so gewachsen, wie es die Schwere und Verantwortung unserer Aufgaben fordern. Meiner Meinung nach kann der Vorstoß in den Grant jetzt nur noch soweit vorgetragen werden, wie es unsere Kräfte zulassen. Ich schätze die Reisedauer in die Kolonie noch auf vierzig bis fünfzig Tage."

Dem Prinzen trat es heiß in die Augen. Nüchtern und nackt hatte der Ingenieur etwas ausgesprochen, was seit dem Brand in ihm selber bohrte und wühlte. Und niemand sprach dagegen. So sah also das Urteil aus, das die Männer seines Vertrauens über ihn fällten. Er griff aber nicht mehr nach der Pistole und unterließ es auch, Zink zu fordern.

Draußen über dem Lager stand der Mond. Die Deutschen schliefen erschöpft. Aber die Erde war wach. Wachstum rührte sich heimlich und lebendig, schneller als in der Heimat.

Die Männer im Zelt faßten eine Anzahl wichtiger Entschlüsse. Fünf Mann der Leibgarde wurden geweckt und mußten für die Stunde des Sonnenaufganges ihre Pferde bereithalten, dazu noch die des Prinzen und des Herrn von Wrede. Zwischen Nacht und Tag verließ ein Reitertrupp das Lager und ritt nach Nordwesten.

Zink ließ an diesem Morgen sehr bald zum Aufstehen blasen. Thomas Schwab gab bekannt, Herr von Wrede und der Prinz seien zur Erledigung wichtiger Geschäfte nach Seguin vorausgeritten und würden von da San Antonia de Bexar aufsuchen.

Noch in der Morgenkühle wurde aufgebrochen. Zink führte und ritt mit einigen Leuten der Leibgarde an der Spitze. Herr von Koll mit den beiden Berlinern und die Herde befanden sich in der Nachhut. Es wurde immer schwerer, die hungrigen Tiere vorwärts zu bringen. Die Marschleistungen des Zuges schrumpften von Stunde zu Stunde zusammen.

Die Erde brach auf. Der Regen wirkte Wunder. Schon nach ein paar Tagen überzog sich das kahle Braun mit einem grünen Schleier. Aber noch war das Gras nicht lang genug, um den Hunger des Viehs zu stillen. Zink ließ die Maisrationen kürzen, damit die Tiere besser gefüttert werden konnten. Die Menschen ertrugen es stumm. Wortkarg aber ungebrochen drängte der Zug vorwärts. War die Welt ohne Ende?

Zink war weit vorausgeritten und hatte ein Stück Papier in der Hand, das sich Karte nannte. Flüsse ohne Namen, Punkte, die Städte sein sollten; im Westen etwas, das aussah wie ein Nest von Tausendfüßlern. Damit mochte man Gebirge meinen. Und zwischen allem viel weiße Fläche, terra incognita. „Büffelherden", war an einer Stelle zu lesen. An einer andern hieß es: „Große Waldungen, Indianer, Salzwüste."

Endlich, am 12. März 1845, sahen sie zur Rechten ein breites Wasser glänzen. Es war die Guadalupe. Den Deutschen leuchteten die Augen. „Futter!!" riefen sie, „Futter, Futter!!" Nun würde es wieder Milch und Butter geben. Nun hörte die Qual der Tiere auf.

Noch am Abend fuhren sie in Seguin ein. Die Stadt bestand aus sechs Holzhäusern. Und Bäume standen dabei, richtige Bäume, Zypressen, Eichen und Pfirsiche. Büsche gab es und Felder. Es war wie ein Wunder. Nun sah man doch wieder einmal Schatten, andere als nur die von Tieren, Wagen und Menschen, die in der Sonne vorwärtskrochen.

Im Tale der Guadalupe löste der Frühsommer schon den Frühling ab. Zink ließ ausspannen. Die Deutschen sielen erschöpft ins Gras und streichelten die Halme. Der Prinz war mit Herrn von Wrede schon eine Woche vorher durch Seguin geritten. Er konnte Kredit schaffen. Die drei Krämer des Ortes, die zugleich Wirte waren, hatten Zeit gehabt, alles vorzubereiten. Sie warteten auf ein gutes Geschäft und hofften, den Deutschen manchen Ladenhüter aufhängen zu können.

In eiligem Ritt flogen der Prinz, Wrede und die fünf Leibgardisten über die Prärie, den alten Spanierweg entlang, der hinunter zum Rio Grande nach Mexiko führte. Zwischen den beiden Männern war alles klar geworden.

„In den Berechnungen des Vereins ist die Indianergefahr nie wichtig genug eingeschätzt worden", sagte der Hauptmann abends am Feuer. „Nach allem, was ich mir bisher von der Kolonie vorstellen kann, scheint das Land noch im Besitz der Comanches zu sein. Sie sind einer der wenigen Stämme, die sich vom Schnaps freigehalten haben. Ebenso vermieden sie bewußt jede allzubreite Berührung mit den Weißen und duldeten auch keine christlichen Missionare auf ihrem Gebiet. Sie verzichteten auf die Segnungen der europäischen Zivilisation und blieben deshalb gesund und stark. Wenn es auch unser Ziel sein wird, friedlich mit ihnen ins reine zu kommen, so müssen wir doch darauf gefaßt sein, daß sie in uns unbequeme Eindringlinge sehen. Es kann schwierige und nach Indianerart blutige Kämpfe geben. Unsere Leute sind weder ihrer Anzahl nach, noch in ihrer körperlichen Verfassung fähig, sich aussichtsvoll zu verteidigen oder gar die Rothäute anzugreifen.

Sodann müssen die Zustände, wie sie der Verein hat einreißen lassen, endgültig beseitigt werden. Sie gehen nach Deutschland zurück und regeln alles auf Grund der Erfahrungen, die Sie hier machten. Wenn den Herren in Mainz kein Praktiker zur Seite steht, können sie bei all ihren guten Absichten das größte Unheil anrichten. Hoffentlich ist es noch nicht zu spät."

„In meinem letzten Bericht von Seguin aus schrieb ich dies alles nach Mainz. In die Führung nach Texas müssen neben tüchtigen Soldaten vor allem auch erfahrene Kaufleute. Ich gab zu, daß die Anforderungen, wie sie den texanischen Wirklichkeiten entspringen, meine Fähigkeiten übersteigen. Der Verein muß sofort einen neuen Generalkommissar ernennen. Ich stimme Ihrem Vorschlag zu, vor dem Einmarsch in unser Gebiet einen Hauptsammelplatz zu gründen. In ihm sollen die Ankommenden für das letzte Stück der Reise Atem schöpfen.

Hoffentlich lassen sich die Dinge in Deutschland der jetzigen Lage entsprechend umgestalten. Ich sehe sonst den Tag kommen, an dem der Verein vor einem wirtschaftlichen und moralischen Zusammenbruch steht, den er vor der Geschichte nicht rechtfertigen kann. Das ist die bittere Erkenntnis, die mir das

Unternehmen brachte. Aber erst hier, Herr Hauptmann, leider erst hier."

Am 10. März trafen sie in San Antonia de Bexar[23] ein und erfuhren schon bald die Möglichkeit, Land kaufen zu können. Die Herren Gaza und Veramendi boten ihnen ein größeres Gebiet am Comalebach an. Es lag am waldreichen Fuß des Berglandes, in das die Prärie allmählich überging. San Antonio war eine alte spanische Gründung, einstmals die Hauptstadt von Texas, als es noch zu Mexiko gehörte. Und Veramendi[24] war der letzte Gouverneur gewesen.

Schon am 11. März brachen Käufer und Verkäufer auf, das Land zu besichtigen. Je weiter sie die Guadalupe aufwärts ritten, desto näher rückten die Hügel an den Fluß heran. Eichenwälder füllten den Talgrund, dazwischen lagen Wiesen auf fruchtbarer, schwarzer Erde.

Dann bogen sie in das Tal des Comalebaches ein. Die Berge wurden höher, kahle Gipfel stiegen über den Eichenwäldern auf. Wild lief in Rudeln vorüber. Das Wasser war kühl und kristallklar. Und Fische gab es darin, so viele, daß die Deutschen aus dem Staunen nicht herauskamen. Das rechte Ufer des Baches schob sich eben und flach in die Prärie hinaus, das linke stieg steil in die Höhe. Die Erde verhieß Fruchtbarkeit. Das Gebirge lag wie eine schützende Mauer davor.

Der Kauf wurde am 15. März in San Antonio de Bexar unterzeichnet. „Wenn auch nicht alles, so ist doch etwas erreicht", sagte der Prinz erleichtert, als er seinen Namen unter das Schriftstück setzte. „Ich bin beruhigt. Hier können unsere Leute erst einmal zu sich selber kommen. Das Gebiet ist groß genug, einer mittleren Stadt alle Entwicklungsmöglichkeiten zu bieten. Sie wird das Ausfallstor in die Kolonie. Herr Hauptmann, dieser 15. März 1845 sollte den Deutschen in Texas ein Gedenktag werden."

Die Herren Gaza und Veramendi bewirteten ihre deutschen Gäste und stießen mit ihnen auf das Wohl der zukünftigen Siedlung an. „Das Ziel liegt noch weit draußen", sagte der Hauptmann, „aber Durchlaucht können das Verdienst in Anspruch nehmen, bis hierher mitgeholfen zu haben. Erlauben Sie mir, der ersten deutschen Stadt in Texas Ihren Namen zu geben." Er hob sein Glas. „Sie soll ‚Neubraunfels' heißen."

Der Prinz dankte beglückt. Sie stießen an und tranken auf das Wohl der neuen Gemeinde. Zwei Mann der Leibgarde waren in Eilritten schon am 12. März wieder nach Seguin aufgebrochen. Die Boten des Prinzen wußten Wunderdinge zu erzählen von dem Land am Comalebach. Die Kranken krochen von den Wagen, niemand wollte sich schwach zeigen. Das Ziel war ihnen entgegengerückt.

Schon am 17. März stießen Zink und seine Vorhut mit dem Prinzen zusammen. Mit der untergehenden Sonne am 21. März 1845, dem Karfreitag, traf der Zug in dem von den beiden Spaniern gekauften Land ein. Thomas Schwabs Wagen war der erste, der durch die Guadalupe fuhr, der Mündung des Comalebaches gegenüber, an der die neue Stadt entstehen sollte.

Herr von Klaren ließ Schiff auf Schiff in Galveston abgehen. Es wurde schon heiß und deshalb mußte alles getan werden, die Auswanderer so schnell wie möglich aus der ungesunden Stadt fortzubringen. Jedes nur erreichbare Boot mietete er. Immer, wenn eins über die Sandbarre vor der Einfahrt in die Matagordabai hinwegsetzte, gab es Angst und Todesnot. Die Amerikaner, die die Schiffe führten, schlossen Wetten untereinander ab, ob sie wohl hinüberkommen würden.

Klaren drückte die Preise. Nur wenn man schnell fuhr, war noch etwas zu verdienen. Immer neue Schiffe kamen in Galveston an; aus Bremen, aus Hamburg, aus Rotterdam. Das Gepäck türmte sich zu Bergen. Die Stadt machte glänzende Geschäfte.

Fischer zahlte mit Wechseln auf den Verein. Die Schuldenlast stieg. Bargeldüberweisungen hielt er zurück. Auf ihrem Weg von einer Hand in die andere verloren die Wechsel an Wert und wurden ein Barometer für den Stand des Vertrauens, das der Verein bei den amerikanischen Geschäftsleuten besaß. Es kletterte und fiel, aber das Sinken überwog mit der Zeit.

Die Schiffsbesitzer holten die ältesten Kähne hervor, an denen nichts zu verlieren war, wenn sie untergingen. Für gute Bezahlung fanden sich immer eine Kreatur von Kapitän und ein paar verwegene Burschen, die es wagten, mit ihnen loszufahren. Später lehnten die Schiffsversicherungen für Fahrzeuge nach

Karlshafen jedes Risiko ab. Menschen und Güter, die man ihnen anvertraute, waren Freigut.

Im Lauf des Jahres 1845 bis in den Herbst 1846 wurde es immer schlimmer, die Freibeuter bekamen Übung. Sie fuhren so in Galveston ab, daß der Weg über die gefährlichen Untiefen der Matagordabai während der Nacht gesucht werden mußte. Zerschellte eins von den Schiffen, dann ließ man die Menschen einfach ertrinken. Ihr Geschrei mußte verstummen, wenn ihnen die Kraft ausgegangen war, sich über Wasser zu halten. Die Besatzung wußte sich jedesmal in Sicherheit zu bringen, da sie die Rettungsboote für sich beiseitebrachte. Die Amerikaner begannen mit allerlei Verbrechervolk Hand in Hand zu arbeiten, das sich an der Küste zusammenzog. Nach amerikanischem Seerecht wurden alle aus dem Meer gezogene Fracht und alles Strandgut Eigentum derer, die es bargen, wenn von den gescheiterten Besitzern niemand mehr rechtmäßig Anspruch darauf erheben konnte. Und daß das nicht geschah, dafür sorgten diese Seeleute.

Der Park der ausgemusterten Schiffe in Galveston wurde immer kleiner, Neuorleans mußte aushelfen. Ausgediente Küstenschoner wurden zurechtkalfatert und wieder in Betrieb genommen.

Der Zustrom an Auswanderern aus Europa blieb gleichmäßig stark. Außer den vom Verein Betreuten kamen unzählige, die ohne den Verein ihr Glück machen wollten. Viele, die es in Galveston vor Ungeduld nicht mehr aushielten, zogen allein los. Männer taten sich zusammen und ließen ihre Familien zurück, um irgendwo in der lockenden Ferne einen Platz auszumachen, an dem sie sich niederlassen konnten. Wenn sie ihn gefunden hätten, würden sie zurückkommen und die Wartenden abholen. Wochenlang, monatelang hofften dann Frauen und Kinder auf die Rückkehr des Vaters. Aber er blieb aus, die Prärie hatte ihn verschlungen. Nur ganz wenige fanden, was sie suchten.

Wer sich dem Verein anvertraut hatte, mußte solange in Galveston liegen bleiben, bis die Reihe der Überfahrt an ihn kam. Und wenn er dann in Karlshafen oder Indianola, wie die Amerikaner die Landestelle nannten, aus dem Boot kletterte, um das letzte Stück zum Land hin durch das seichte Wasser zu waten, dann sah er immer nur Sand. Und auf dem Sand wimmelte es von Menschen.

„Was soll das werden?" fragte sich Hermann Köchert oft. Er hatte mit einigen Männern die Kochrationen für den kommenden Tag abgewogen. Wilcke trat zu ihm in den Lagerschuppen. Ihn trieb die Sorge her.

Beinahe tausend Menschen liegen jetzt auf dem Sand. „Wo ist der Prinz? Ist der Vortrupp schon im Vereinsgebiet? Was wird aus uns?" Diese Fragen stellten sich die beiden oft, wenn sie allein waren. Sie wurden zernagt von der Ungeduld und den Klagen der Leute im Lager. Zuletzt konnte auch der Langmütigste nicht mehr schweigen: „Wo liegt Neugermania? Wann brechen wir auf? Wo bleiben die Wagen und die Ochsen, die uns weiterbringen sollen?"

Wilcke griff zu und schob mit Köchert einige Maissäcke zurecht. „Es muß etwas geschehen", sagte er dumpf. „Der Strand füllt sich mit Unrat und Trümmern. Mißtrauisch grenzen sich die Familien gegeneinander ab. Ihre Enttäuschung, alle unklare Wut macht sie empfindlich und reizbar. Faulheit reibt sie auf. Klatsch und Gehässigkeit laufen die Lagergassen entlang. Wir müssen für Beschäftigung sorgen. Ich will morgen einen Arbeitstrupp zusammenstellen, der soll Erdhütten bauen. Die jungen, ledigen Männer fasse ich zusammen in einer Schutztruppe. Sie werden exerziert, straff und stramm, damit sie wissen, daß sie eine Aufgabe haben. Wenn ich könnte, würde ich einige von den halbseidenen Dämchen, die sie uns herübergeschickt haben, in Säcke stecken und ersäufen wie Katzen.

Die Kinder müssen in Spielkreisen zusammengefaßt werden, und auch für die Frauen will ich Arbeit suchen. Die meisten Flatschen, verdrecken und schaffen Unfrieden. Klaren muß aus Galveston herüber kommen und uns hier helfen!" Er seufzte.

„Wilcke, wenn ich jetzt hinüberschreien könnte: macht Schluß!! Eure gute Absicht wird Verbrechen! Schickt Geld und anständige Leute! An vieles haben sie daheim gedacht. Daß aber der Mensch und alles Menschliche hier aus den Fugen gehen kann, das ist den Schreibstubengeistern nicht eingefallen. Schaffen Sie eine zuverlässige Wachtruppe! Wieviel Gewehre haben Sie? Ist Munition genug vorhanden?"

„Hundertsechzig Leute kann ich voll bewaffnen", antwortete Wilcke, „,dazu auf jeden Mann zweihundert Patronen."

„Der Appell an den gesunden Menschenverstand, an Einsicht und guten Willen verspricht in unserer Lage wenig Erfolg. Der Vorratsschuppen ist stärker als bisher zu bewachen. Vielleicht muß ich die Tagesrationen bald kürzen. Hungrigen kann man nur mit Mißtrauen begegnen. Fischer wollte Schlachtvieh schicken, zweihundert Faß stinkendes Pökelfleisch sind daraus geworden."

Hermann Köchert setzte sich auf eine Kanone und sah ins Lager hinunter.

„Am besten von allen gefallen mir die Badenser in ihrem Gebetszirkel. Sie sind von daheim fort, um religiöser Unduldsamkeit zu entgehen. Mit einer wahren Wollust im Erdulden tragen sie alles, weil sie in dieser Qual den Willen des Himmels erkennen und danach geläutert ein neues Leben beginnen wollen. Man muß sie vor dem Spott verdorbener Städter in Schutz nehmen."

Mit jedem Tag seit dem Abmarsch des Prinzen wuchs die Verantwortung und Schwere der Aufgabe, die Köchert zu tragen hatte. Seine eigenen Wünsche und Ziele zerronnen unter der Wucht der Pflichten, die ihm die Führung des Lagers auferlegte.

Anders war das bei Wilcke. Er spürte trotz alledem immer wieder den Willen zum Abenteuer in sich. Manche schlaflose Nachtstunde warf es ihn unruhig zwischen Pflicht und Sehnsucht hin und her. Eine Liebe hatte den jungen Offizier daheim aus der Bahn geworfen. Mit all den andern war er in Texas gelandet. In wortkarger Freundschaft fand er sich mit Köchert zusammen; jeder Tag band die zwei fester aneinander.

Köchert empfand den Preußen wie eine Ergänzung zu seinem unbedingten Wesen. Nach dem Tod Luisens war er noch härter geworden. „Wer in unserer Lage von Menschenliebe reden will, darf sich durch nichts erschüttern lassen." Er legte Wilcke den Arm auf die Schulter. „Das Wohl aller ist unsere höchste Aufgabe. Jeder Störenfried muß unschädlich gemacht werden. Auch Narren können gefährlich werden. Wenn heute der hessische Schulmeister da unten, der mit den langen Haaren und rollenden Augen, von christlicher Gemeinschaft redete, die alles ertragen müsse, dann irrt sich der Mann. Die ist jetzt nur Ziel. Der

Weg geht durchs Fegefeuer. Ein Gurt Patronen ist in unserer Lage mehr wert als ein Schwall schöner Worte."

Sie sahen aufs Meer hinaus. Wilcke zeigte über die Brustwehr hinweg: „Da unten, links nach dem Wasser zu, liegt in einem Kreis von Leuten der Bürgermeister von Anklam, Klappenbach heißt er. Er bildet sich viel ein auf seine Freundschaft mit Ervendberg, den er von der Universität her kennt. Seine bürgermeisterliche Vergangenheit schaut ihm noch aus allen Knopflöchern. Er griff mich heute an wegen unserer straffen Lagerordnung und redete dicke Töne über den Aufbau einer Gemeinde mit demokratischer Verfassung. Der Mann ist, wie es scheint, vom Ehrgeiz angesteckt und möchte hier etwas werden. Wir müssen Obacht geben. Eine schöne Tochter hat er, das muß man ihm lassen."

Sie sahen hinüber. Das Mädchen stand gerade aufgereckt vor dem Wasser. Der Wind zog ihr Kleid nach hinten, ihre hohe, straffe Gestalt war deutlich zu erkennen.

Die beiden schwiegen. Nach einer Weile sagte Wilcke: „Da ist vorgestern ein Kaufmann mitgekommen. Wessel heißt er. Ich habe mit dem Mann gesprochen. Er gefiel mir: der könnte Ihnen, wenn Sie ihn zur Mitarbeit heranziehen würden, sicher recht nützlich werden. Er versteht sich auf Waren und Menschen."

Am Grabe Luisens vorüber gingen die zwei ins Lager und suchten den Kaufmann Wessel.

In zermürbender Eintönigkeit vergingen die Tage. Sie wurden heißer und heißer. Das Krankenzelt füllte sich, Kinder starben. Eine brüchige Decke von Furcht und Ohnmacht lag über dem Lager und täuschte Ordnung vor. In der Tiefe aber wühlte Unzufriedenheit. Hunger fraß in den Menschen. Viele konnten den von Würmern zernagten Schiffszwieback und das übersalzene, grünliche Pökelfleisch nicht mehr sehen. Die Begüterten hatten das Letzte aus eigenen Vorräten aufgegessen. Aufwiegler und Abenteurer fanden in heimlichen Zusammenkünften willige Zuhörer.

Köchert spürte, daß allerlei vorging. Auch Wilcke war auf der Hut. Die Lagerwache bekam mit jedem Tag festeres Gefüge und soldatische Form. Eines Abends wurde zu einer Zusammenkunft vor dem Lagerschuppen geblasen. Köchert stand auf der

Brustwehr. Aus den Zelten, Hütten und Gassen strömten die Menschen zusammen.

„Landsleute!" begann Köchert. „Ich brauche nichts zu sagen über unsere Lage. Jeder erlebt sie am eigenen Leib. Unvernünftige Scharfmacher und Aufwiegler verspritzen ihr Gift. Das ist verantwortungslos. Wir müssen sie unschädlich machen.

Im Augenblick liegen die Dinge so: Es kommen immer noch Schiffe aus Deutschland an. Der Verein ist verpflichtet, die Leute nach Texas zu bringen, deren Überfahrt er bis zum Sommer dieses Jahres zugesichert hat. Die für uns so notwendigen Geldsendungen verzögern sich aus Gründen, die mir nicht bekannt sind. Der Lage entsprechend ist die Kost. Herr Wessel ist mit einigen Geschirren unterwegs, um frisches Fleisch, Mehl und andere Lebensmittel in der Umgegend aufzutreiben. Es sollen in nächster Zeit unter Herrn Wilckes Führung Jagdzüge unternommen werden.

Inwieweit im Geschäftsgebaren des Herrn Fischer in Galveston Verfehlungen vorliegen, wird von der Vereinsleitung untersucht werden. Das ist Aufgabe des Prinzen als Generalkommissar. Meiner Schätzung nach muß die Vorhut die Kolonie erreicht haben. Jeden Tag kann eine Botschaft eintreffen, die uns hier abruft.

Also Geduld! Nur Unverstand kann glauben, hier flögen gebratene Tauben in der Luft herum. Wir sind nicht auf einem Ausflug nach Schlaraffenland. So schwer es vielen wurde, das Vaterland zu verlassen, genau so schwer und vielleicht noch schwerer wird es werden, sich ein neues zu schaffen.

Die Leute der Vorhut, die über alle Bedenken hinweg den Weg ins Unbekannte wagten, erwarten von uns, daß wir nicht kleingläubig werden. Sollte jemand unter uns sein, der das, was hier in Karlshafen im Drang der Verhältnisse getan wurde, besser gemacht hätte, der trete vor. Er ist verpflichtet, uns zu helfen. Wir werden aus einem gerechten Urteil über unsere Schuld die Folgen zu ziehen wissen."

Hermann Köchert ließ seine Augen über die Menge schweifen. Niemand regte sich. Mancher Kopf sank betreten. In einigen aber verhärtete und versteifte sich der Widerstand.

Köchert hob den Arm und zeigte nach Osten. „In den nächsten Tagen trifft aus Galveston eine Ladung Ochsen ein. Es ist außerordentlich schwer, jetzt Zugtiere aufzutreiben, da die Farmer mitten in der Feldarbeit sind. Wagen werden ankommen und Schlachtvieh. Allerdings kann der Fuhrpark nicht sofort auf den Umfang gebracht werden, der es jedem möglich macht, mit dem nächsten Zug in das Vereinsgebiet aufzubrechen.

Erst ein geregelter Pendelverkehr zwischen der Kolonie und Karlshafen wird unsere Enge auflockern. Die Zurückbleibenden mögen nicht verzagen. Alle Übereilung und jedes Einzelunternehmen sind sinnlos. Es ist leichter, Forderungen zu stellen, als Opfer zu bringen. Die amerikanische Öffentlichkeit beobachtet unser Unternehmen; vergessen wir nicht, daß wir Deutsche sind!"

Einzeln und in Gruppen gingen sie danach an ihre Liegeplätze zurück. Die Nacht wurde mild, weich fächelte der Wind über das Lager. Aus Krampf und Verhärtung löste sich viel Menschliches. Es fanden sich manche zueinander, die der Tag trennte. Leben war stärker als Not!

Wilcke suchte sein Mädchen, die Tochter des Bürgermeisters. Köchert hockte auf einem Sack Bohnen im Lagerschuppen und rechnete; eine Kerze goß ihr gelbes Licht über den ernsten Mann.

Es war am 27.März 1845. Die Wache am Lagerausgang nach Westen blieb stehen, hielt die Hand als Schirm über die Augen und sah in die Ferne, landeinwärts.

„Zwei Reiter? Nein, einer. Ein lediges Pferd läuft neben ihm her!" Wie lebende Schattenfiguren bewegten sich Mensch und Pferde vor der Sonne.

Der Posten meldete. Wilcke sprang auf die Brustwehr. „Wahrhaftig, ein Mann mit zwei Pferden. Er hält, dreht sich um und schießt!"

Erst eine ziemliche Weile darauf war ein leiser, filziger Knall zu hören. Der Reiter jagte weiter, er wurde immer größer. Sein Schlapphut hing am Sturmriemen auf dem Rücken. Sand stiebte hoch, die Pferde flogen in rasendem Lauf über die Ebene. Schnell zogen die Wachmänner das Gatter zurück. Der Reiter sprengte herein, riß die Zügel mit einem Ruck nach hinten, daß die Pferde standen und ließ sich in den Sand fallen.

„Die Hunde!" keuchte er. Seine Augen waren weit offen. Einige Minuten blieb er liegen, dann richtete er sich auf. „Erst Indianer, dann diese Teufel von Buschkleppern. Meinen Kameraden Schach haben sie abgeschossen. Ich mußte ihn liegen lassen, wenn ich die Briefe durchbringen wollte."

Er atmete schwer. Langsam stand er auf und nahm aus der Satteltasche seines Pferdes ein Bündel festverschnürter Papiere. „Das soll ich an Herrn Köchert abgeben."

Wilcke schickte einen Mann fort, um Köchert zu suchen. Bewegung kam ins Lager. Die Leute ließen Kochfeuer und Abendessen im Stich und liefen zur Brustwehr hinauf. Bald war der Reiter von vielen umringt, Fragen prasselten auf ihn herein.

Endlich kam Hermann Köchert. Man machte ihm eine Gasse frei. Der Reiter meldete: „Balthasar Waldbär aus Lengsfeld in der Rhön und Wilhelm Schach aus Leutnitz in Thüringen. Am 15. März abgeritten von San Antonio. Sollten Briefe an Herrn Köchert überbringen. An diesem Tag Kauf des Geländes von Neubraunfels. In der Gegend von Seguin Indianer. Hinter Viktoria Buschklepper. Schach wurde abgeschossen. Ich kam durch. Sie waren mir auf den Fersen bis nahe ans Lager heran. Wittern Beute. Sind erpicht auf Pferde, Gewehre, Patronen und Geld."

Alle hingen am Mund des Boten. Köchert hatte unterdessen die umständliche Verschnürung von dem Briefpaket gelöst und sah auf. „Neubraunfels sagten Sie? Was ist das?" fragte er erstaunt.

„Die neue Stadt zwischen Comalebach und Guadalupe. So taufte sie Herr von Wrede."

Nun erzählte der Leibgardist Balthasar Waldbär von dem Zug des Stoßtrupps nach Westen, dann von dem Ritt des Prinzen mit Herrn von Wrede und den beiden Mexikanern an den Comalebach. Die Auswanderer hockten stumm im Sand und fingen jedes Wort auf.

„Wir kamen zwar noch nicht in die Kolonie, aber sie soll nicht mehr weit sein. Der Stoßtrupp wird in Neubraunfels erst einmal halt machen, weil Menschen und Tiere sich ausruhen müssen. Ich habe das Land der neuen Stadt selber gesehen. Es ist gutes Bauernland, und Wasser ist auch genug da. Ich und mein Kamerad, wir sind am Tag des Kaufes von San Antonio losgeritten. Wenn der Stoßtrupp angekommen ist, soll Herr Zink sofort den Stadtplan ausmessen und die Landlose abstecken. Jede Familie erhält fürs erste zehn Acker im Stadtgebiet, Ledige die Hälfte."

Jetzt konnten die Zuhörer nicht mehr schweigen. Wie ein Schnellfeuer platzten die Fragen auf Waldbär herein. Zuletzt wußte jeder: Der Stoßtrupp war am Ende seiner Kraft. Vor dem Einmarsch nach Neugermania wurde als Ausfallstor zunächst eine Stadt gegründet. Hier sollten sich später alle sammeln, die von Karlshafen aus in den Grant vorstießen. Neubraunfels würde wie eine Festung vor dem neuen Staat liegen und jeden auf Herz und Nieren prüfen, der hineinwollte.

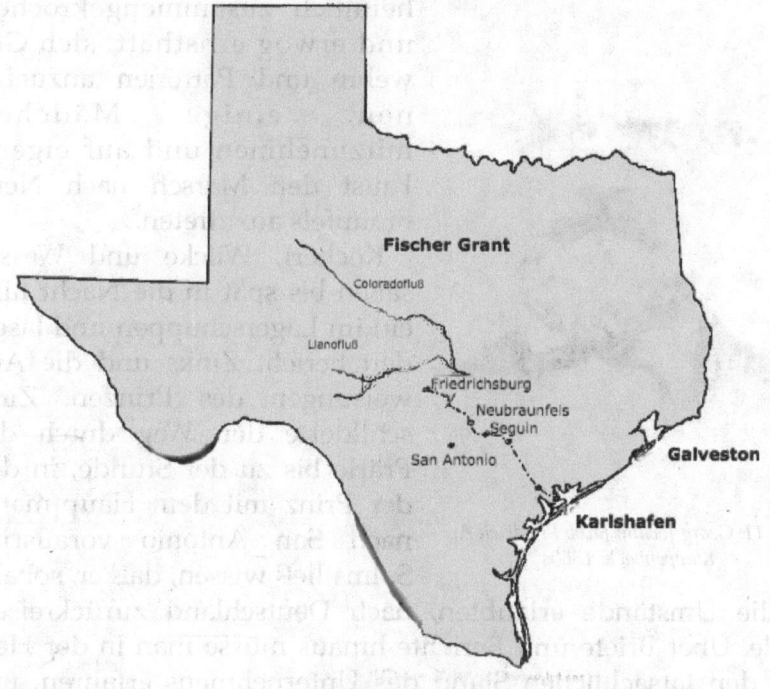

Fig. 10: Reiseroute

Erst als der Hornist das Zeichen zur Nachtruhe dreimal geblasen hatte, stand die erregte Masse auf und suchte ihre Liegeplätze.

Die meisten fanden in dieser Nacht keinen Schlaf, ihre Gedanken kamen nicht zur Ruhe. Land wurde ausgeteilt? War genug gekauft worden? Gab es besseren und schlechteren Boden? Nach welchen Gesichtspunkten wurden die Lose vergeben? Würde der Verein nun auch sofort die Häuser bauen lassen, wie er es versprochen hatte? Die Leute des Stoßtrupps hatten dann die Auswahl. Müßte man nicht sofort ausbrechen, um sich Land, Haus und Hof zu sichern?

Solche Fragen wühlten die Menschen auf, Mißtrauen und Besitzgier brannten in den Herzen. Man kroch zusammen, flüsterte und erwog, was zu tun sei. „Kann sich die Führung nicht auch mal irren? Hab' ich das Schicksal meiner Familie schließlich nicht allein zu verantworten? Muß ich nehmen, was mir zugeteilt wird? Kann ich noch etwas dazukaufen, wenn ich die Taler aus dem Westenfutter trenne?"

Fig. 11: Georg Jochim Jacob Friedrich A. Klappenbach, 1860s

Ein Trupp junger Männer war heimlich zusammengekrochen und erwog ernsthaft, sich Gewehre und Patronen anzueignen, einige Mädchen mitzunehmen und auf eigene Faust den Marsch nach Neubraunfels anzutreten.

Köchert, Wilcke und Wessel saßen bis spät in die Nacht hinein im Lagerschuppen und lasen den Bericht Zinks und die Anweisungen des Prinzen. Zink schilderte den Weg durch die Prärie bis zu der Stunde, in der der Prinz mit dem Hauptmann nach San Antonio vorausritt. Solms ließ wissen, daß er, sobald es die Umstände erlaubten, nach Deutschland zurückreisen wolle. Über Briefe und Berichte hinaus müsse man in der Heimat den tatsächlichen Stand des Unternehmens erfahren, um andere Maßnahmen als bisher zu treffen. „Der Marsch des Vortrupps und alles, was damit zusammenhängt, hat mich erkennen lassen, daß ich den Aufgaben eines Generalkommissariates doch nicht in der Weise gewachsen bin, wie es die Schwere der Verantwortung fordert. Herr von Wrede und Herr Zink haben alles getan, was ich eigentlich hätte leisten sollen."

„Das mag ihm nicht leicht gefallen sein", meinte Köchert und las weiter: „Das Wichtigste ist der nächste Transport nach Neubraunfels. Stellen Sie so schnell wie möglich zweihundert Leute zusammen. Sie sind mit Wagen, Vieh, und Ausrüstung genau so zu versehen, wie der Stoßtrupp. Die Führung übernimmt Herr von Klaren. Sollte er noch in Galveston sein, dann ist er sofort zu benachrichtigen. Die beiden Leibgardisten Schach und Waldbär werden ihn unterstützen, da sie den Weg ja kennen. Herr Wilcke bleibt zunächst in Karlshafen zu Ihrer Verfügung. Der zweite Zug wird zusammengesetzt aus sicheren und unsicheren Elementen. Jeder Waffenträger ist auf seine Zuverlässigkeit zu prüfen. Kranke dürfen nicht mitgenommen werden.

Neubraunfels bleibt das Ausfallstor in die Kolonie. Die immer dichter werdenden Indianersprachen lassen mancherlei Gefahren vermuten. Wir sind so weit vorgerückt, wie unsere Kräfte es gestatteten. In der ersten Nacht nach der Ankunft starben zwei Leute aus der Hohen Rhön an Erschöpfung. Die Ruhr hatte sie hingerafft.

Schärfen Sie Herrn von Klaren ein, er möge die Marschpausen in den heißesten Tagesstunden so lange wie notwendig ausdehnen und danach bis in die Abendstunden marschieren lassen. Die Fiebergefahr steigt mit der zunehmenden Hitze. Es muß streng darauf geachtet werden, daß niemand die Reise ohne Kopfbedeckung antritt. Für die Frauen sind helle Kopftücher das beste.

Köchert sah auf und fragte: „Ist das noch unser Prinz? Überlegen Sie sich, was aus allen geworden wäre, wenn er den Hauptmann nicht neben sich gehabt hätte!"

Die Kerze flackerte. Wessel hob den Kopf. „Ich bin bereit und stelle mich, wenn Sie mich entbehren können, für die Verwaltung in Neubraunfels zur Verfügung. Mir ist, als hörte ich es summen und tuscheln vom Lager herauf. Alles Menschliche wird sich erst einmal aufbäumen und um seine Rechte kämpfen. Jeder von denen da draußen ist sich selber der Nächste und keiner mag zurücktreten. Ich würde vorschlagen, die Badenser als Kern der Reisegesellschaft auszuwählen. Sie haben zuverlässige Frauen und gutgezogene Töchter. Ferner die beiden Hilperts aus dem Schwarzwald, den Schneider und den Kappenmacher; weiter kenne ich einen Mann, Gustav Schleicher heißt er, der weiß, was er will."

So gingen sie bis spät nach Mitternacht in Gedanken die Lagergassen durch und hielten Musterung.

Einmal sagte Köchert: „Der Bürgermeister Klappenbach aus

Anklam[25] mag auch mit abgehen. In Neubraunfels wird er besser als hier beweisen können, wer er ist."

Wilcke erschrak. „Warum den? Lassen Sie ihn hier. Ich meine, man könnte—"

Köchert sah ihn verständnislos an. „Erst Sie machten mich vor einiger Zeit auf den Mann aufmerksam. Ich dachte, daß wir uns gerade von seinen Redereien freimachen sollten."

„Ja—aber—ich meinte doch nicht eigentlich—" Wilcke schwieg. Hier saß er mit Männern zusammen in einer Stunde, in der das Persönliche sich unterzuordnen hatte. Ehe sie auseinandergingen, machte er noch einen Versuch.

„Könnte ich vielleicht an Stelle des Herrn von Klaren—" Auch diesen Satz sprach er nicht zu Ende. Vor Köcherts Härte erstarb alles Kleine und Allzumenschliche.

In der Morgendämmerung erst traten sie aus dem Schuppen. Wilcke suchte sein Zelt auf. Zerschlagen fiel er auf seinen Mantel und stöhnte. Würde Barbara die Trennung ertragen?

Köchert dachte, ehe er einschlief, über die letzten Worte Wilckes nach. Wurde der Mann unsicher? Was ging in ihm vor? Er verstand ihn nicht.

In der Frühe des 26. März war das Lager schon vor dem Weckruf in heller Bewegung. Die Lagergassen flog es auf und ab: Stimmte, was Waldbär erzählt hatte? Der Prinz ließ in der neuen Stadt an die Leute des Stoßtrupps schon Land verteilen; und sie saßen noch an der Lavaccabai?

Warum schwieg die Lagerführung? Mißtrauische sahen bereits vollendet, was noch kaum in den allerersten Anfängen steckte. Die Begriffe „Stadt" und „Braunfels" klangen vielen schon so vertraut, als spräche man von einem alten Gemeinwesen.

Endlich ertönte von der Brustwehr herab das Signal zum Sammeln. Von einer mächtigen Spannung getrieben, lief jeder so schnell er konnte hinauf auf den freien Platz vor dem Lagerhaus. Es herrschte Grabesstille, als Köchert auf die Brustwehr kletterte und Bericht erstattete.

„Die Stadt, die gebaut werden soll, ist die letzte Station vor der Kolonie. Da die ersten, schwersten Arbeiten nur von gesunden und kräftigen Leuten geleistet werden können, sollen zunächst zweihundert ausgesucht und so schnell wie möglich zum Abmarsch fertiggemacht werden."

Fiebernd lauschte jeder den Worten.

„Es ist in der vergangenen Nacht nach eingehender Prüfung eine Liste aufgestellt worden, die ich jetzt verlesen werde. Sie enthält die Namen derer, die für den zweiten Zug ausgewählt wurden. Nur in besonderen Ausnahmefällen kann etwas daran geändert werden. Die Bezeichneten haben sich innerhalb der laufenden Woche für den Abmarsch vorzubereiten."

Manche hätten schreien mögen vor Ungeduld. Waren sie dabei? Es war, als wartete ihrer ein Urteil über Leben und Tod, so hingen sie am Mund Köcherts. Scharf und klar folgte die Verlesung der Namen, einer nach dem andern. Die sich genannt hörten, erwachten erst nach einiger Zeit aus ihrer Beklemmung, die andern harrten weiter in lähmender Angst. Jetzt schien sich jeder einzelne nur auf sich gestellt und hielt sich entweder für bevorzugt oder für benachteiligt.

Zweihundert Namen waren viel. Aber die Liste ging doch zu Ende, und Köchert schwieg. Mit einemmal brach ein Sturm los. Männer sprangen aus der Menge vor und drängten an die Brustwehr. Flüche drangen brutal zu Köchert hinauf. Frauen kreischten und heulten. „Betrug! Schiebung! Lump! Verbrecher!!" tönte es drohend über den Platz. Zeltpflöcke, Pfähle und Messer wurden von geballten Fäusten über die Köpfe gehoben. Die Wut steckte an. Die Auserwählten zogen sich zurück und suchten ihre Lagerstellen auf. Die empörte Menge aber drängte sich immer enger vor der Brustwehr zusammen. „Holt ihn herunter!" schrien wutschnaubende Stimmen von hinten. „Wer gab ihm ein Recht, uns vorzuschreiben, ob wir nach Braunfels gehen sollen oder nicht? — He, du Nutznießer auf unsere Kosten, sind wir nicht alle gleich?"

Köchert blieb ruhig auf der Brustwehr stehen und ließ seine Augen über die Empörer gleiten. Er hatte keine Waffe bei sich. Wilcke ließ die Wache vortreten und die Gewehre laden. Allmählich wurde den einzelnen klar, daß die Liste Familien auseinanderriß, hier einen Vater wegnahm, dort einen Sohn, Bruder oder Bräutigam, eine Tochter, Braut oder Magd.

Köcherts feste Stimme suchte sich wieder Gehör zu verschaffen. Er mußte einige Male beginnen. „Wer jetzt noch nicht begreift, daß sein Wohl auf Gedeih und Verderb mit dem Ganzen verbunden ist, und wer nur sich und nicht das Ganze sieht, der ist unwürdig in unsern Reihen zu stehen!"

Seine Worte gingen unter.

„Nur die Einordnung in den Plan der Führung bietet Gewähr für das Gelingen unseres Werkes. Vor ihr ist der einzelne nur soviel wert, als er sich ins Ganze einfügt. Ich halte niemanden. Entscheide jeder für sich. Aber erwarte er dann auch keine Hilfe vom Verein, wenn er sich eigenmächtig herauslöst. Anspruch auf Schutz, Unterhalt und Führung haben nur die, denen der Gesamtwille über dem Einzelvorteil steht."

Es dauerte Stunden, ehe das Lager wieder zur Ruhe kam. Starrheit, Dickköpfigkeit und Eigensinn lösten sich in Ohnmacht und Stumpfheit auf.

Die Vorbereitungen für den Abmarsch überdeckten bald die Verärgerung der Zurückbleibenden. Nur ein paar Unruheherde schwelten weiter. Unter der Leitung der Brüder Hilpert schneiderten Frauen aus schweren leinenen Bettüchern Anzüge für die Männer. Die Wäschevorräte wurden geprüft. Es war erstaunlich, was manche Bäuerin trotz aller Beschwerden mitgebracht hatte.

Herr von Klaren kam am Ende der Woche aus Galveston. „Ich hoffe, daß die letzten zweihundert Leute, die noch in Galveston liegen, in ein paar Tagen hier eintreffen. Dann wird für einige Zeit Ruhe eintreten; denn während der heißen Monate wäre es Mord, wenn der Verein immer noch Schiffe herüberschickte. Ich weiß nicht, was sie in Deutschland machen. Die Dinge scheinen ihnen über den Kopf zu wachsen. Sie bringen uns da Kostgänger, von denen ich durchaus nicht erbaut bin."

Köchert nahm von einem Faß voll Sauerkraut die Liste mit den Namen, gab sie dem Leutnant und fügte noch eine Anzahl Erläuterungen hinzu, als er sie mit ihm durchsah.

„Waldbär kennt den Weg. Ich habe alles mit ihm besprochen. Vorräte schonen, das Vieh pflegen und auf die Zugochsen achten, damit sie sich beim Weiden die Nacht über nicht zu weit von der Wagenburg entfernen! Sie sind der kostbarste Besitz, den ich Ihnen mitgebe. Es scheint mir zweifelhaft, ob ich für den nächsten Transport überhaupt noch einige auftreiben kann.

Fischers Stunden in der Geschäftsführung sind gezählt. Ich warte nur noch die Rückkehr des Prinzen ab. Dann wird der Kerl ausgebootet. Das mag das leichteste sein. Gibt es aber einen Nachfolger für ihn in dem Nest von Straßenräubern und Piraten?"

„Ich habe Ihnen erzählt", antwortete Klaren, „in welch verbrecherischer Weise der Mann seinen Vorteil suchte. In der letzten Woche starben im Durchschnitt drei bis vier Leute täglich an Ruhr und Skorbut. Die Hitze nimmt zu. Galveston wird leer. Nur die Verdiener bleiben zurück. Ich lernte einen deutschen Kaufmann kennen, Kläner heißt er. Trotz des fragwürdigen Wertes unserer Wechsel nahm er sie an. Ihm allein verdanke ich einen Teil der Ausrüstung und Verpflegung. Auch die Schiffe hat er besorgt und wird die Überfahrt der letzten leiten. Er will uns weiterhelfen. Ohne ihn hätte ich nicht einen einzigen Wagen mitbringen können."

Klaren erhielt das Pferd des erschossenen Leibgardisten Schach. Die bewaffnete Begleitung stellte er aus erprobten Leuten zusammen.

„Sie werden es deshalb schwerer haben als Zink, weil Ihre Ausrüstung lange nicht so vollständig und gut ist wie die des Stoßtrupps. Ich ließ Ihnen einige Fässer Essig mehr ausladen, damit das Trinkwasser reichlich gemischt werden kann. Hier die Marschanweisungen des Herrn von Wrede, vom Prinzen unterschrieben", sagte Köchert. „Dazu noch Geld und" — fest drückte er Klarens Hand — „soviel Glück auf den Weg, wie Sie nötig haben!"

In der Frühe sollte aufgebrochen werden. Das Lager schien noch zu schlafen, aber die Unruhe hielt die meisten wach. Eng umschlungen lag manches Paar beieinander, das sich im Morgengrauen trennen mußte.

„Nein, ich habe es ihm nicht sagen können, Liebste; es ging einfach nicht. Über solche Dinge kann man nicht mit ihm reden. Er nötigt einem eine andere Sprache auf. Es ist, als wären ganze Bezirke des Menschlichen bei ihm ausgelöscht."

Barbara Klappenbach schluchzte leise, als Wilcke das zu ihr sagte. „Dann gehe ich zu ihm, sofort, auch wenn er schläft", begehrte sie auf.

„Wenn er schläft, sagst du?" Wilcke strich dem Mädchen mit

der Hand behutsam über das schüttere Haar. „Ja, schläft er überhaupt? Ich weiß es nicht. Er lebt nur in der Sorge für uns alle. Weine nicht. Wenn alles so weit ist, komme auch ich nach Neubraunfels."

Sie schmiegte sich noch fester an ihn. „Ludwig, geh' mit, oder laß mich bleiben. Du, du, hörst du? Weil dieser Köchert gesagt hat, ich müßte mit meinem Vater fort, da wagt keiner etwas dagegen zu tun. Wer ist dieser Mann, dem auch du dich unterwirfst? Bist du ihm mehr verpflichtet als mir? Ludwig, hörst du? Soll ich hingehen und ihn umbringen? Das Lager würde aufatmen!"

Sie keuchte unter Tränen. Wilcke schwieg. Er spürte ihren Atem. Sie ließ den Kopf an seine Brust sinken.

„Ich halte nichts Gutes vom Ausgang des Ganzen, ich weiß nicht warum. Ludwig, wenn das unsere letzte Nacht wäre!"

Ihr Körper bebte. „Und du sagst, daß du mich liebst, und schweigst?"

Ihr heißer Mund flüsterte ihm diese Worte ins Ohr. Der Mann hielt das erschöpfte Mädchen in den Armen und dachte voll Bangigkeit an den Morgen, der sie ihm nahm. Mit aller Kraft hatte er ihrem Flehen widerstanden.

Der Morgen kam. Ein frischer Wind wehte vom Meer her und trieb alles Schwüle und Übernächtige weg. Die Joche senkten sich auf die Stirnen der Ochsen; in neue, weiße Stränge wurden sie gespannt. Die Fuhrleute probierten die Peitschen mit den langen Lederriemen. Blökend trabten die zehn Kühe zur Nachhut hinunter als man sie gegen alle Gewohnheit so früh aus dem Pferch heraustrieb. Die Hunde wurden losgelassen.

Freude, Wehmut, Entsagung und Schmerz lagen in den Herzen der Auswanderer. Gegen sechs Uhr früh gab die Trompete das Zeichen zum Aufbruch. Der Zug kam in Bewegung. Hermann Köchert stand am Lagerausgang und ließ die lange Reihe der Menschen, Wagen und Tiere an sich vorüberziehen. Jedem gab er die Hand, für jeden hatte er ein gutes Wort zum Abschied. Angehörige und Freunde begleiteten die Abziehenden noch über Stunden hin.

„Sieh zu, daß du einen Bauplatz am Markt bekommst", band eine Frau ihrem Mann auf die Seele. „Dann hat unsere Bäckerei die beste Lage. Achte auf das Geld, das ich dir unter die Weste genäht habe."

„Einen Bären schieße ich dir; darauf kannst du dich verlassen. Das Fell gibt einen guten Winterpelz." Das versicherte ein Mann der Wache der Bauerndirn, die ihn begleitete. Ein junges Paar schritt in wortloser Versunkenheit stundenlang nebeneinander her, fest umschlungen, mit Blicken voll Hoffnung und Verheißung.

Dann kam der Augenblick der Trennung. Einzeln und in Trupps liefen die Zurückbleibenden müde und still wieder ins Lager, suchten ihre Liegestellen auf und ließen die Gedanken den Fortgezogenen nacheilen.

Schon am andern Morgen fehlten einige junge Männer der Wache. Sie hatten ihre Gewehre und einen größeren Vorrat an Patronen mitgenommen. Erst ein peinliches Verhör, das Köchert mit vier jungen Mädchen anstellte, zeigte, daß die Flucht seit einigen Tagen vorbereitet worden war. Die Mädchen hatten ihren Liebhabern geholfen, ihnen den Rest ihrer Barschaft anvertraut und sollten dann Nachricht erhalten, wenn die Durchgänger eine Siedlerstelle gefunden hätten.

Köchert hatte es schwer, Leidenschaft und Erbitterung zu dämpfen und gewundene Erklärungen abzugeben, die ihn manchmal sehr bedrückten. „Es geht jetzt nicht mehr darum, sich über das zu streiten, was sein sollte. Wir müssen mit dem fertig werden, was ist. Und wer aus eigene Faust ins Verderben rennt, kann nicht auf Hilfe rechnen. Ich will Ihnen wünschen, daß die Burschen durchkommen."

Am dritten Tag nach dem Auszug waren über Nacht zwei Familien verschwunden; ihre Spuren verloren sich in den Maisfeldern der nächsten Farmen. Sie konnten nicht mehr zurückgeholt werden. Köchert mußte noch manchen aus seinen Listen streichen, der nach eigenem Entschluß den Weg aus dem Lager suchte. Manche, die blieben, waren nur zu feige, alles auf eine Karte zu setzen. Sie schürten aber um so stärker die heimlichen Widerstände gegen das, was sie ertragen mußten.

Vier Tage nach dem Abmarsch des zweiten Zuges waren vergangen, als Köchert am Morgen einen Zettel vor seinem Zelt fand. "Ich mußte fort, aus Gründen, die nur ganz allein mich angehen. Entweder bin ich in einer Woche zurück — oder —„

Was war das? Er las den Zettel wiederholt. Wilcke hatte sich davongemacht, der Leutnant Ludwig Wilcke, der Soldat Wilcke! Köchert überlies es kalt. Auf ihn hätte er Häuser gebaut. Wem konnte man noch vertrauen?

Das Lager war nicht wieder zur Ruhe gekommen. Alles stand auf des Messers Schneide. Die Leute schrien nach besserem Essen, verlangten einen Arzt und verfluchten den Verein.

Am Schuppen war in der Nacht das Vereinsprogramm angeschlagen worden. „Schwindel!" stand mit Kreide daruntergeschrieben.

Die Flucht Wilckes, des Führers der Wache, durfte nicht bekannt werden. „Ich muß also lügen", flüsterte Köchert verzweifelt. Er ließ die Wache unter Gewehr treten und sagte fest und hart: „Das Kommando bis zur Rückkehr des Leutnants Wilcke übernehme ich. Er ist im Lauf der letzten Nacht mit wichtigen Befehlen dem zweiten Zug nachgeschickt worden und kann in einer Woche zurück sein. Mahr, Sie sind der älteste Man der Wache, Sie vertreten mich! Ich muß mich auf Sie verlassen können." Er legte dem Mann die Hand auf die Schulter und sah ihn scharf an. Eine heiße Welle brach plötzlich aus Köcherts Herzen und trieb ihm einen feuchten Schleier vor die Augen. „Die Wacheinteilung bleibt, wie sie Herr Wilcke angeordnet hat." Die Mannschaft sah ihn gespannt an. „Es wird keinem vergessen werden, der mir hilft, das Lager über die gegenwärtige Not hinwegzubringen." Köchert ließ wegtreten.

„Da stimmt was nicht", sagten die Männer, als sie in ihre Hütte zurückgekrochen waren. Bald erfuhr auch das Lager, daß Wilcke nicht mehr da war. Tausend Gründe wurden gesucht und gefunden, seine Abwesenheit zu erklären.

Von Galveston kamen in den nächsten Tagen zwei Schiffe und brachten die letzten Deutschen. Sie waren auf drei ausgediente Küstenschoner gepackt worden. Einer zerschellte auf der Barke.

Auf dem untergegangenen Schiff hatten sich außer einer größeren Geldsendung vom Verein auch die Listen mit den Namen der Reisenden befunden. So konnte nun nicht mehr genau nachgeprüft werden, wer fehlte und wie die Toten hießen.

Stumpf kletterten die Leute an Land und ließen mit sich geschehen, was man von ihnen verlangte. Die Zahl der Kranken, die ausgeladen wurde, war größer, als auf jedem Schiff bisher. Das Krankenzelt wurde bald zu eng.

Köchert erschrak, als er erfuhr, daß sich kein Arzt unter den Neuangekommenen befand. Der Kaufmann Kläner schickte aus eigenem Entschluß eine Ladung Mais mit. Fischer war am Tag der Abfahrt angeblich verreist, es hieß, er handele Zugochsen ein in Neuorleans. Ein Brief von ihm an Köchert ging mit dem dritten Schoner unter.

Die Hitze stieg. Alle suchten Schatten und Kühle. Da die Zelte nicht mehr ausreichten, mußten Erdhütten gebaut werden. Der Holzvorrat schmolz zusammen. Die Wärme lähmte den guten Willen der Leute. Es wurde über Diebereien geklagt. Ordnung und Sauberkeit ließen nach. Die Menschen verbummelten und verdreckten. Einzelne Familien führten einen erbitterten Kampf um Reinheit und Gesundheit, weil sie sich nicht aufgeben wollten. Köchert mußte harte Strafen androhen, um sich durchzusetzen.

Täglich waren einige Geschirre unterwegs, um aus dem Hinterland frische Nahrungsmittel heranzuschaffen. Das Geschäft des Einkaufens übertrug Köchert einem Mann aus Darmstadt. „Herr Altstädter, sehen Sie zu, daß Sie vor allem Frischgemüse bekommen; denn die Zahl der Skorbutkranken hat bedenklich zugenommen. Ich verlasse mich auf Sie. Texas darf uns nicht unterkriegen."

Altstädter fuhr von Farm zu Farm. Die Barmittel wurden täglich knapper. Von den Leuten, die ihn begleiteten, waren schon einige verschwunden, sie hatten sich als Knechte verdingt oder wagemutig den Weg ins Unbekannte gesucht.

„Mister Altstädter", sagte eines Tages ein Farmer zu ihm, „behalten Sie Ihre Wechsel. Ich habe schon so viele, daß ich damit ein Zimmer tapezieren kann. Hier haben Sie zwei Sack Mais, ich schenke sie Ihnen. Die Leute tun mir leid."

Köchert saß während der Mittagsglut einsam in der Dämmerung des Lagerschuppens. Die Tür stand auf. Am Morgen war ihm gemeldet worden, daß zwei ledige Frauensleute verschwunden seien. Aus den Papieren wußte er einiges über ihre Vergangenheit und war froh, daß sie sich aus dem Staub gemacht hatten. Sie gehörten zu den Unsicheren, die der Staat auf den Schub brachte, und konnten sich nicht in die Lagerordnung einfügen.

Es wird wohl so werden, daß zuletzt nur die Tüchtigen bleiben; über alles andere hält die Fremde ein furchtbares Gericht, dachte er und wunderte sich dabei, wie ruhig ihn dieser Gedanke ließ. „Wäre es vielleicht doch besser gewesen, Klappenbachs Vorschläge anzunehmen, die Lagerordnung demokratisch auszubauen und alle mit Verantwortung zu belasten?"

Draußen regte sich kein Lüftchen. Nicht einmal Kinderstimmen waren zu hören. „Unsinn!" Er sah über das Lager hinweg. „Wie wenige gibt es noch, auf die ich mich verlassen kann; die meisten sind Masse, Brei geworden. Jeder sucht nur für sich und die Seinen nach einem Ausweg aus dem Leid. Jeder sieht einzig seine Not, und das treibt sie auseinander. Einig sind sich alle nur in der Verurteilung des Vereins."

Eine Frau stürzte durch das Gatter der Brustwehr zu ihm herein. Ihre faltigen Röcke flogen. „Herr Köchert, kommen Sie schnell ins Krankenzelt, mein Mann stirbt!" Trocken und heiser klang ihre Stimme. Das bleiche Gesicht unter den straff gescheitelten Haaren war vor Entsetzen starr und hölzern.

Köchert stand auf. „Wer ist Ihr Mann?"

„Der Leineweber Balthasar Teichmüller."

Mit schweren Schritten trat er hinaus in die glühende Sonne und ging hinter der Frau ins Krankenzelt.

„Niemand kann helfen! Was ist das für eine Krankheit?" fragte sie und weinte.

Ein Trupp Leute aus der Rhön war mit den letzten Schiffen angekommen, Arme, die der Verein auf seine Kosten ansiedeln wollte. Von ihnen mußten einige sofort ins Krankenzelt gelegt und abgesondert werden. Am schlimmsten stand es um den Weber Teichmüller. Schon in Galveston hatte er über Kopfschmerzen und Frost geklagt; Darauf begann ihn Fieber zu schütteln. Seine Haut wurde weiß, der Puls begann zu rasen. So ließ er sich auf das Schiff führen. Die Schwäche nahm zu, er mußte sich legen. In einem leinenen Betttuch trugen sie ihn in Karlshafen an Land. Ratlos kniete die Frau neben ihm im Maisstroh.

Ängstlich gingen alle an seinem Lager vorüber, denn niemand kannte die Krankheit. Sein Zustand verschlimmerte sich zusehends. Die Zunge verquoll und überzog sich borkig. Trüb und gelb lagen die Augen in den Höhlen. Die Frau rief dem Mann in ihrer Angst alle lieben Worte in die Ohren, die sie wußte. Aber er lag gleichgültig und abwesend auf dem Stroh. Sein Gesicht sank zusammen zu einer starren Maske; wie Holz sah es aus. Er aß nicht und trank nicht. Lebte er noch?

Köchert schlug den Vorhang am Eingang des Zeltes zurück und ging zwischen den beiden Reihen der Kranken entlang. Männer und Frauen lagen nebeneinander, wie sie hereingebracht worden waren. Angehörige, die sie pflegten, traten beiseite. Stickig und schwer stand die Luft in dem langen Raum.

Teichmüller lag in einer Ecke. Einen breiten Streifen hatte die Angst um ihn herum freigemacht; jeder ahnte, daß mit dem Leineweber aus der Rhön etwas Unbekanntes, Schreckliches unter sie geraten war. Köchert kniete nieder, schlug das Hemd des Kranken auseinander und sah die braungelbe, lederfarbene Haut. Der Fiebernde blieb gleichgültig. Sein Puls ging hauchzart.

„Ist das der ‚gelbe Jakob'?" fuhr es Köchert durch den Kopf. Ein bißchen früh noch; gewöhnlich klettert er erst Ende Mai, anfangs Juni aus den Sümpfen. Aber vielleicht hat er in dem ausgemergelten Mann schon vor der Zeit ein Opfer für seine Gier gefunden."

Er überlegte. „Frau Teichmüller, ich lasse sofort ein kleineres Zelt freimachen; in ihm wird ihr Mann abgesondert. Wir können nichts weiter tun als abwarten. Gott wird helfen." Er stand auf und gab ihr die Hand. „Hoffentlich übersteht er die Krisis. Wenn meine Vermutung über die Art der Krankheit richtig ist, und das stimmt, was ich heute darüber in einem Buch las, dann muß es sich diese Nacht entscheiden."

Außerhalb des Lagers wurde ein Zelt aufgestellt und ein Graben darumgezogen. Köchert ließ bekanntgeben, daß niemand den Graben überschreiten und das Zelt betreten dürfe. Wer diese Anordnung nicht befolge, werde sofort mit dem Kranken zusammengesperrt. Mit seiner Frau könne niemand verkehren. Sie habe ihren Mann zu pflegen und alle Wünsche an den Wachtposten zu richten, der vor dem Steg über den Graben aufgestellt werde. Lebensmittel für die Frau müßten bei der Wache niedergelegt werden.

Für kurze Zeit lähmte die Kunde von der unbekannten Krankheit das Leben im Lager. Ängstlich rückten die Familien auseinander. Eine fürchtete die andere. Unten am Wasser sahen sie das einsame Zelt, vor dem der Posten hin und her schritt, sein Gewehr glänzte in der Sonne.

Voll schwerer Sorge ging Köchert am Abend noch einmal hinunter und sah nach dem Kranken. Er betastete ihn. Die Haut war feucht und kalt, das Gesicht fiel immer mehr ein, die Knochen traten hervor, als wären sie mit einem Messer kantig und scharf herausgeschnitten. Vor dem Zelt ließ er ein Faß voll Wasser aufstellen, das stark mit Essig gesättigt war. Die Unruhe trieb ihn am Meer entlang. Wehe, wenn das der Anfang einer allgemeinen Seuche wurde!

Helle, lachende Stimmen zogen ihn an. Ein Stück entfernt ließen Kinder Papierschiffchen schwimmen und jauchzten, wenn die leichten Wellen das weiße Spielzeug mit sanftem Schwung immer wieder auf den Sand warfen. Hermann Köchert bückte sich und hals, die kleinen Fahrzeuge wieder ins Wasser hinauszustoßen; sie kehrten zurück, bis sie sich vollgesogen hatten und zerfielen. Da nahm er die Kinder an der Hand und brachte sie zu ihren Eltern.

In der Nacht noch legte sich Teichmüllers Frau neben ihren Mann, sie spürte, wie die Krankheit auch in ihr hochkroch. Sie schmiegte sich an ihn; seine Lippen wimmerten leise.

Es war schon weit nach Mitternacht, als Köchert noch einmal die Wachen abging.

„Es ist ganz ruhig drin", sagte der Posten vor dem Zelt. „Von der Frau habe ich lange nichts gehört."

Der Mond hing wie eine Scheibe aus Mehl am Himmel. Köchert lauschte. Schwaches Stöhnen, wie von einem Kind, war deutlich wahrzunehmen. „Frau Teichmüller, hören Sie?" Köchert rief es einigemal. Aber niemand antwortete. Er schritt über den Graben und schlug den Vorhang zurück. Der Mond schien hell in das Zelt. Schwarzer Auswurf war aus dem Mund des Mannes gedrungen. Die Frau warf sich im Fieber hin und her. Köchert beugte sich nieder und zog die Wolldecke über den Toten.

„Ich hole einige Leute und lasse Kalk zurechtmachen, damit wir den Mann vor Tagesanbruch noch eingraben können", sagte er zu dem Posten und tauchte seine Hände in das Essigwasser. So war also der „gelbe Jakob" mit den letzten Schiffen aus Galveston als blinder Passagier herübergekommen!

Als Köchert hinauf an die Brustwehr kam, war dort alles lebendig. Ein Pferd stampfte und schnaubte, die Wachmänner liefen durcheinander. Eine Stimme rief Köcherts Namen.

„Ist das Wilcke?" Köchert schob das Gatter zurück. Wilckes Pferd wurde an ihm vorübergeführt, der Sand stäubte im Mondlicht wie Schnee.

Wilcke trat vor ihn, mit zerzaustem Haar, ohne Hut. An der Hand führte er Barbara Klappenbach, die Tochter des Bürgermeisters von Anklam.

„Also das war es!" sagte Köchert enttäuscht. „Wilcke, zum andernmal ausgebrochen um einer Frau willen! Ich glaubte, ich könnte mich auf Sie verlassen, jetzt, wo ich jeden besonnenen Menschen brauche. Sie waren Offizier!" Vor den Wachleuten wollte er nicht weiterreden.

Das Mädchen trat zwischen die beiden Männer. „Herr Köchert", sagte sie bestimmt und sah ihm fest in die Augen, „wenn wir schuldig sind, dann machen Sie mit uns, was Sie für richtig halten. Ich kam zurück, weil ich ahnte, man könne mich jetzt hier nötiger brauchen als bei dem Zug, den Herr von Klaren nach Neubraunfels führt. Ludwig Wilcke hat mich nicht zur Rückkehr aufgefordert, sondern ich habe von ihm verlangt, daß er mich mit zurücknehme. Daß wir uns lieben, geht nur uns beide an. Nun will ich gutmachen, was er im Dienst sich zuschulden kommen ließ."

Köchert reichte beiden die Hände und ging mit ihnen in den Schuppen. Lange sprachen sie dort miteinander. Als Barbara Klappenbach im Morgengrauen wieder heraustrat, lief sie mit festen Schritten hinunter in das Krankenzelt und begann, die Frau des Leinewebers zu pflegen.

Die Peitschen klatschten auf die Rücken der Zugtiere. Als wüßten sie, daß die Reise nun zu Ende sei, so stemmten sie sich in die Stränge, um die letzte Steigung zu nehmen.

Thomas Schwab führte das erste Gespann an den Kopfriemen. Anfeuernde Zurufe flogen den Wagenzug entlang, es klirrte und rasselte, die Tiere feuchten, Männer und Frauen griffen in die Speichen.

Der Prinz war mit dem Hauptmann vorausgeritten; durch einen Bestand von schlanken Lebenseichen, Zedern und Ulmen klommen die Pferde höher und höher. Wie riesengroße Tatzen schoben sich die ausgewaschenen Hänge der nächsten Berge den Reitern entgegen. Der Wald war unter ihnen zurückgeblieben; grau und gelb schichtete sich der Kalkstein übereinander, immer dürftiger bewachsen. Vorsichtig setzten die Pferde ihre Hufe auf den brüchigen Fels. Vor den Reitern breitete sich, vom letzten Licht der Sonne warm übergossen, eine Hochfläche nach Westen hin in die Unendlichkeit. Sie sahen ostwärts, den Weg zurück, den sie gekommen waren. An einigen Stellen der Hänge waren sie auf Spuren von Indianerlagern gestoßen. Links drüben verlor sich die Guadalupe zwischen weich ausgebuchteten Hängen und schroffen Felsen, unter ihnen brach der Comalebach aus dem Wald.

„Hauptmann Wrede, wir sind am Ziel", rief der Prinz und klatschte feinem Pferd den Hals. Herr von Wrede hielt die Hand über die Augen: „Auf dem linken Ufer des Baches Wald, Felsen, Schluchten, Kuppen, auf dem rechten fruchtbarer Prärieboden – nicht schlecht! Hier wird sich etwas machen lassen. Wie wunderbar ist diese Aussicht!"

Aus der Ferne hörten sie, vom Wind verweht, schwach das Geräusch des nahenden Zuges. „Wir müssen zurück, Durchlaucht, damit die Wagen nicht über den Platz hinausfahren, den wir für die Niederlassung aussuchten."

Sie führten die Pferde vorsichtig den Hang wieder hinunter,

ritten an den Quellen des Comalebaches vorbei und warteten im Wald auf die Ankunft des Zuges.

„Ist es nicht ein herrliches Bewußtsein, am Ziel zu sein, Herr von Wrede? Hier wird Neubraunfels, die deutsche Stadt in Texas, erstehen." Mit leuchtenden Augen sah der Prinz nach Osten.

„Am vorläufigen Ziel, Durchlaucht! Der Grant liegt irgendwo hinter uns. Wenn er nicht mehr wert ist als die Kalkhochfläche, die sich nach Sonnenuntergang erstreckt, dann gnade uns Gott. Ich bin mißtrauisch gegen alles, was mit den Machenschaften des Herrn Fischer zusammenhängt. Den letzten beißen die Hunde. Wolle Gott, daß wir das nicht sind."

Von unten her rückte der Zug in den Wald, ein Gespann nach dem andern drang in die grüngoldene Dämmerung unter den Wipfeln.

Zink ließ halten. „Wir sind da!" flog es von Mund zu Mund. Holz wurde zusammengetragen, und bald glühten die Feuer unter den Kesseln, es prasselte und sprühte. Schnell sank die Nacht herein. Die Feuer konnten nur die nächste Umgebung erhellen. Wie eine Mauer stand um ihren engen Kreis die Dunkelheit und legte fremd und lastend ein Netz von Geheimnissen über die ermatteten Menschen.

„Die beiden Toten, die wir heute hatten, ließ ich außerhalb des Lagers unter Decken legen", meldete Zink dem Prinzen. „Vor Anbruch des Tages wollen wir sie still begraben. Sie sind an Entkräftung gestorben; die Ruhr nahm ihnen jeden Widerstand."

In den hohen Schirmwipfeln der Eichen rauschte die Nachtluft, Kühle kroch aus den Gründen. Grell beleuchtet hockten die Leute um die Feuer und sprachen leise miteinander. In den Kesseln schmorte und kochte reichliche Jagdbeute. Aber niemand hatte recht Lust zum Essen.

„Wir sind da—in Neubraunfels", sagten sie immer wieder und sahen sich um. Nur die wenigsten konnten begreifen, daß es morgen nicht wieder weitergehen würde. Hier sollten sie bleiben und Häuser bauen, Felder anlegen, ackern, säen und ernten. Hier würden Familien gegründet werden und Kinder eines Tages umherspringen; hier würde man einst sterben und begraben werden.

Allmählich sank der Feuerschein zusammen, die Nacht deckte alle zu. Bald waren nur noch die Schritte der verstärkten Wache zu hören. Ab und zu knackte und raschelte es in der Ferne, die Stille steigerte jedes Geräusch. Das Vieh hatte sich äsend verzogen. Unruhig lagen die Menschen in einem leichten, brüchigen Schlummer. Daß sie nun am Ziel sein sollten nach soviel Qual und furchtbarem Erleben, hielt von manchem den Schlaf fern.

„Mensch, Willem, du Dussel, kannst du det bejreifen, dat wa in unsere Vereinsstadt sind?" Hein Klarvutke puffte seinen Freund. Und Willem Piesicke stöhnte: „Nee, nee, nee! Scheene Stadt, nischt wie Beeme. Wat hamse uns versprochen? Jedem een jemietlichet Heim. Haste wat jesehn? Ick nich; Beeme, Beeme, nischt wie Beeme. Am Ende soll'n wa die Stadt ibahaupt erscht bau'n? Nee, ick bejreif et nich; un so wat nennt sich Neubraunfels!"

Im Zelte Zinks saßen die Vertrauensleute noch beieinander. Zum letztenmal sprachen sie den Arbeitsplan durch für die Gründung der Siedlung, den sie in vielen Unterredungen während des Marsches aufgestellt hatten.

„Ich fasse also zusammen", sagte Zink, „rücksichtslos muß darauf geachtet werden, Durcheinander und Unordnung bei allen angeordneten Arbeiten zu vermeiden. Jeder bleibt grundsätzlich bei seinem Beruf und packt im Anfang nur solange bei andern Arbeiten zu, bis er seinem gelernten Geschäft wieder nachgehen kann. Wir müssen die Leute zu der Einsicht bringen, daß sie trotz mancher Sonderwünsche sich solange dem Ganzen unterzuordnen haben, bis die ersten Hauptarbeiten gemeinsam ausgeführt worden sind. Ehe wir die Landlose verteilen, muß die Stadt in ihrer ganzen Anlage vermessen worden sein; wir müssen im Stadtgebiet die Bäume roden und an Sammelplätze schleppen; die Organisation des Gemeinwesens, wie es hier entstehen soll, muß so durchgegliedert sein, daß jeder zuletzt mit einer gewissen Selbstverständlichkeit da landet, wo er hingehört.

Das wird in manchen Fällen Schwierigkeiten machen; denn auf dem Marsch sind unsere Leute keine Engel geworden. Daß wir hier halt gemacht haben, steht wie so vieles andere gegen die Versprechungen des Vereins. Auseinandersetzungen darüber sind nutzlos. Unsere Aufgaben erwachsen aus dem Stück Erde, das wir besiedeln wollen. Wenn Eigensinn und Dickköpfigkeit einzelner zu stark werden, dann muß hart durchgegriffen werden.

Als Ausdruck unseres festen Willens nach innen und außen, bauen wir zuerst ein burgartiges Fort auf jener Höhe, das die Führung bezieht und in dem das Vereinseigentum sicher untergebracht wird.

An die Bestellung der Felder in diesem Frühjahr ist nicht mehr zu denken. Daraus ergibt sich, daß der Verein die Leute auf seine Kosten zu ernähren hat.

Der Prinz übernimmt bis zu seiner Abreise das Jagdkommando und schafft Frischfleisch. Herr von Wrede richtet einen Streifendienst ein. Wir befinden uns in den Jagdgründen der Comanches. Das darf keinen Augenblick vergessen werden; denn je mehr wir uns ausdehnen, desto mehr engen wir den Nahrungsraum der Rothäute ein. Ich glaube nicht, daß sie das hinnehmen werden, ohne Widerstand zu leisten.

Wir sind hier herausgetreten aus den gewohnten Bindungen und der überkommenen Ordnung. Aber was wissen wir von texanischem Recht? Wir müssen also unser Recht finden und formen. Unser Deutschtum, wie es sich aus allen Gauen des Vaterlandes zusammengefunden hat, soll uns dabei als kostbarster Besitz den Weg weisen. In allem müssen wir von vorn anfangen. Jetzt sind harte Fäuste, Äxte und Flinten mehr wert als schöne und kluge Sätze." Er gab jedem von den Männern fest die Hand und sah ihnen in die Augen. „Also Glückauf!" sagte ein Bergmann aus dem Westerwald, als sie das Zelt verließen.

Ganz früh schon war das Lager am andern Morgen auf den Beinen, die große Neugier trieb alle auf. Wo waren sie nun eigentlich? Zink teilte dann die Arbeitsgruppen ein, ließ das Vereinseigentum abladen, zusammenlegen und ordnen. Ein paar Langfinger mußten an Bäume gebunden werden.

Wessel und Birkel, die beiden Kaufleute, besorgten die Bestandsaufnahme der Werkzeuge, Geräte und Vorräte. Unter Splittern und Krachen fiel der erste Baum. Ein paar erfahrene Männer aus dem Vogelsberg führten die Holzfäller an. Dumpf krachten die Wipfel beim Aufschlag. Die Lichtung wuchs von einem Mittelpunkt aus nach allen Seiten. Frauen hackten die Wipfel und Äste auseinander und brachen Brennholz, Ochsen schleiften die glatten Stämme auf wachsende Stapel. Ein länglichrunder Platz entstand, auf dem vereinzelt einige der schönsten Bäume stehenblieben.

Gegen zehn Uhr, wenn die Hitze glashart über den Köpfen stand, wurde bis in den Nachmittag hinein Pause gemacht. Einige, die ihre Hüte abgesetzt hatten, brachen zusammen, vom Sonnenstich getroffen.

Es ging gut vorwärts, und am Abend wurden wieder Lieder aus der Heimat gesungen. Mit jeder Stunde wurden die Menschen heimischer auf dem Boden, der ihren Schweiß trank.

Der Prinz fand reichlich Wild. Mit drei Leuten ritt er täglich auf die Jagd. Hirsche und Truthähne bildeten die Hauptkost. Die Felle wurden sorgfältig gestreckt und getrocknet, man zog sie als Dächer über eilig errichtete Hütten oder spannte sie zwischen Pfähle als Betten über den Waldboden.

Matt noch von der auszehrenden Ruhr saß Pfarrer Ervendberg auf einem Baumstumpf und sah dem geschäftigen Treiben zu. Ihm war die Seelsorge für die Gemeinde und die Pflege der Gräber anvertraut; denn die Toten blieben nun nicht mehr irgendwo am Weg zurück. Mit zitternden Fingern hatte er begonnen, ein Kirchenbuch anzulegen. Zink betraute ihn noch mit der Verwaltung der Sämereien, und später setzte er ihn als Schlichter ein. Vieles konnte er da in seiner stillen Art ausgleichen und mildern.

Ein Trupp junger Leute unter Zinks Führung, versehen mit Meßketten, Latten und Pfählen machte sich eifrig an die Aufnahme des Geländes. Es mußte schnell gearbeitet werden, denn hinter allem stand der Druck der Leute, die nun endlich eigenen Boden unter den Füßen haben wollten.

Auf der beherrschenden Höhe über dem Lager wurde in den letzten Apriltagen der Grundstein zur „Sophienburg" gelegt. So sollte das befestigte Verwaltungsgebäude genannt werden. Die Feier machte dem Prinzen mancherlei Kopfzerbrechen.

„Was wollen wir für eine Flagge aufziehen?" fragte er Herrn von Wrede."

Der sagte bitter: „Ja, Durchlaucht, wenn ich an Neugermania

denke, wie es in Ihren Plänen liegt, dann müßte man eine deutsche Fahne haben."

„Eine deutsche Flagge? Herr Hauptmann, wenn es die gäbe! Was machen wir? Eigentlich müßte man für jede Gruppe unserer Leute die Farben ihres Heimatlandes aufziehen."

„Und damit in Texas dasselbe zeigen wie daheim: Eine Betonung unserer deutschen Zerrissenheit. Durchlaucht, das entspräche doch nicht Ihren Absichten. Unser Schicksal hier ist deutsches Schicksal. So sieht man es in Texas. Mit jedem Tag fällt etwas ab von dem, was die Leute trennt. Bald werden sie nicht mehr Hessen, Thüringer, Preußen, Sachsen, Badenser und Württemberger sein, sondern nur noch Deutsche. Und wir haben kein gemeinsames Symbol. Durchlaucht erkennen wieder, die texanische Wirklichkeit stellt uns Fragen, an die daheim niemand dachte."

Zink fand eine Lösung. „Es ist aber nur ein Ausweg", meinte er, als er mit dem Hauptmann darüber sprach. Aus dem Nachlaß der Gräfin, die in jener Brandnacht am Biß einer Kupfernatter gestorben war, nahm er ein schweres, gelbseidenes Umschlagtuch, und Thomas Schwabs Frau opferte ihr Schwarzseidenes. Abseits vom Gewimmel der Arbeit nähten vier Frauen eine große schwarz-gelbe Flagge zusammen.

Zink lachte, als sie ihm am Abend vor der Feier gebracht wurde. „Traurig! Wir ziehen die österreichischen Farben[26] auf, die so viel Unheil über uns gebracht haben; das Kaisertum der Habsburger war stets Deutschlands Unglück. Das wird den meisten nicht klar werden, aber es ist so."

Der Hauptmann schüttelte den Kopf und fragte Zink: „Und wie ist es mit einem gemeinsamen deutschen Lied, das alle kennen und das der Ausdruck unserer Einigkeit sein müßte?"

„Nichts haben wir, nichts", antwortete Zink nachdenklich. „Ich will dem Prinzen vorschlagen, das Texaslied singen zu lassen, das in den ersten Tagen nach dem Abmarsch aus Karlshafen entstand."

So kam es, daß am Tag der Grundsteinlegung für die „Sophienburg" die österreichische Flagge hochgezogen wurde. Es war ein feierlicher Augenblick, als der erste Kanonenschuß krachte und der Wind die Fahne entfaltete. Weinreich, der Musikant aus Rudolstadt, blies das Texaslied auf seiner Klarinette, und der Prinz fand erhabene Worte, die Wichtigkeit der Stunde zu preisen.

Aus Wust und Wirrwarr schälte sich nach und nach Zinks Stadtplan immer klarer heraus. Die „Sophienburg" lag beherrschend über der Stadt; strahlenförmig strebten alle Straßen zu ihr hin. Ein weiträumiger Markt sollte das Leben des jungen Gemeinwesens wie ein Herz tragen und bewegen. Die Straßen entlang lagen locker und großzügig die Stadtlose, die nach ihrer Aufmessung vergeben werden sollten.

Je weiter die Arbeit voranrückte, desto größer wurde die Spannung unter den Leuten. Mancher baute in Gedanken das Haus seiner Sehnsucht an einen Lieblingsplatz, von dem er hoffte, daß er ihn bekäme. Mißtrauen trieb die Leute auseinander, weil viele die gleichen Wünsche hatten und nun emsig Gründe suchten, die Ansprüche der Konkurrenten abzuweisen. Der Pfarrer hatte manche Verdächtigung und üble Nachrede zu entwirren. Die Messer saßen locker, und die Frauen brachten ihre Männer mit Hohn und Hetze oft in Siedehitze.

Im Lauf der Wochen gingen allerlei Gerüchte um. Da wollte einer hinter dem Zelt des Prinzen gestanden und gehört haben, wie Solms zu Zink sagte: „Wir haben während der Jagd zwar noch keinen Indianer zu sehen bekommen. Aber je mehr man mit den Eigenheiten des Landes vertraut wird, desto deutlicher ist ihre Allgegenwart zu spüren. Wir werden sicher ohne Aufhören beobachtet. Eigenartige Vogelrufe hören wir oft und halten dann betroffen an. Ich muß viel gute Worte aufwenden, um meine Leute für Ritte in größere Entfernungen zu gewinnen. Sie sehen und hören überall Indianer und haben schon manche Kugel hinter ihren Einbildungen hergejagt. Ich selber glaube, daß hier nichts geschieht, was die Wilden nicht wissen und bin besorgt vor dem Augenblick, an dem sie etwas unternehmen. — Die Wildbestände in der Nähe der Siedlung sind abgeschossen, die Tiere haben sich verzogen. Die Fleischversorgung wird schwieriger. Ich glaube, daß die Rothäute unsere Kräfte zunächst nur abschätzen, um dann ihre Maßnahmen danach einzurichten. Es wäre zu wünschen, der zweite Transport träfe ein und wir bekämen Verstärkung."

Zink habe darauf gesagt: „Daß wir uns einmal mit den Rothäuten auseinandersetzen müssen, ist klar. Doch wenn genügend bewaffnete Männer hier sind, wird sich ein Blutbad vermeiden lassen. Ich will übermorgen ein paar Reiter in der Richtung auf Seguin in Marsch setzen. Sie sollen versuchen, Herrn von Klaren zu finden und ihn veranlassen, sich zu beeilen. Aber noch etwas anderes drückt mich schwer: Unsere Vorräte gehen zu Ende. Ein Teil mußte verderben, weil er nicht zeitig genug unter Dach kam. Sobald Klaren hier ist, muß ein Kommando von Aufkäufern unter des Hauptmanns Führung Mais und Weizen aufzutreiben versuchen. Ich hoffe, daß Klaren Geld mitbringt."

In vielfacher Abwandlung liefen diese Sätze um; jeder übertrieb, Angst bohrte in manchem Herzen.

Besorgnis trieb den Prinzen und seine Jäger nach Osten, dem zweiten Zug entgegen. Eines Tages endlich stießen sie auf die Vorhut. Sie sahen zwei Reiter auf einer Bodenwelle halten. Der Prinz ritt ihnen mit seinen vier Leuten entgegen. Aber man ließ ihn nicht herankommen, die beiden schossen ihre Flinten ab und machten eilig kehrt. Solms ritt ihnen nach, bis er aus einem Wellental den Zug anrücken sah. Der hielt plötzlich, die Wagen schoben sich aufeinander, Schüsse trachten. Der Prinz und seine Leute riefen so laut sie konnten: „Was ist los? Warum sind die Leute so aufgeregt?"

Aber erst als er sein Gewehr einem seiner Leute gab und allein mit hochgehobenen Händen rufend und winkend auf den Zug zuhielt, legte sich das Gewehrfeuer drüben, und ein Reiter kam ihm entgegen.

Sie stellten sich vor.

„Beinahe hätten wir uns gegenseitig umgebracht", meinte der Prinz, als er Herrn von Klaren die Hand schüttelte.

In gedrängten Sätzen gab Klaren Bericht. „Wir sind nur noch ein Rest von denen, die auszogen. In Viktoria, in Gonzales und Seguin, überall verschwand ein Teil der Leute. Einige nahmen Gewehre mit. Je weniger wir wurden, desto näher wagten sich die Buschklepper an uns heran. Oft gab es Schießereien, in denen wir erhebliche Verluste hatten. Als wir in einer Gewitternacht unter den Zelten auf einen der vernichtenden Regenstürze warteten, brachen die Ochsen aus. Wir mußten über eine Woche suchen, ehe so viele wieder gefangen waren, daß wir weiterziehen konnten. Einige Gespanne blieben verschwunden. Wir mußten die überzähligen Wagen verbrennen und mit ihnen alle Last, für die kein Platz mehr war."

„Wo sind die beiden Meldereiter, die ich nach Karlshafen schickte?" forschte Solms.

„Schach wurde auf dem Weg zu uns erschossen, und Waldbär liegt mit einem Schuß im Oberschenkel auf einem der Wagen. Sein Pferd ist tot. Er hat sich hervorragend gehalten. Achtzehn von unsern Kranken sind gestorben; einige schweben noch zwischen Leben und Tod."

„Wie haben sich die Leute gehalten?" fragte Solms.

„Ausgezeichnet, wirklich ausgezeichnet, selbst während der verzweifelten Tage, als wir ohne Zugtiere in der Prärie saßen. Alle aber sind verbittert über das Versagen des Vereins. Verzeihen Durchlaucht, aber es ist doch so: Man hat den Leuten in Mainz einen Plan in die Hand gedrückt, der vorzüglich ausgearbeitet schien, und jeder legt sich dort ruhig schlafen, weil doch nun nichts mehr schief gehen kann. Je mehr uns hier aber die texanische Wirklichkeit in die Enge treibt, desto deutlicher wird der Widerspruch zwischen dem, was der Verein versprach und dem, was er hielt oder halten konnte."

„Bringen Sie Geld mit?" „Nein. Wir brauchten alles, um bis hierher zu kommen. Es gab viel unvorhergesehene Ausgaben in den Niederlassungen, die wir berührten. Köchert hat getan, was er konnte. Jede Schuld und alles Versagen fällt auf den Verein zurück. Ich möchte das mit aller Bestimmtheit betonen. Wir erlebten Furchtbares, und es wird einige Zeit dauern, bis die Leute in Neubraunfels zur Arbeit zu gebrauchen sind. Sehen Sie selber, Durchlaucht! Wir schauen aus wie eine Räuberbande. Am zuverlässigsten in jeder Lage blieben die Bauern, Männer wie Frauen, sie waren körperlich die widerstandsfähigsten. Was wäre geworden, wenn ich sie nicht gehabt hätte!"

Im Gespräch waren sie an den Wagen angelangt. Ein helles Glänzen flog den Menschen in die Augen, als der Prinz ihnen sagte, sie würden noch vor Sonnenuntergang am Ziel sein.

„Sogar einen leibhaftigen Bürgermeister bringe ich Ihnen mit", sagte Klaren, „Herrn Klappenbach aus Anklam. Der Mann hat uns mit seinen Ideen von demokratischer Führung die Schädel entsetzlich vernebelt und, freilich in bester Absicht, manche schwierige Lage noch schwieriger gemacht. Er bekam die Ruhr, die brachte ihn zum Schweigen. Jetzt ist er über den Berg."

Sie besuchten einige der Kranken. Waldbär freute sich mächtig, als er des Prinzen Stimme hörte. „Unkraut verdirbt nicht", sagte er, „und ein alter Wilddieb aus der Rhön, wie ich einer war, kann etwas vertragen. Ich glaube, von den Kerlen, die uns an den Schlitten wollten, hat mancher die Puste verloren, als er meine Kugeln in die Rippen bekam. Und wenn ich zwischendurch mal einen guten Nordhäuser hinter den Hemdkragen hätte gießen können, dann wären die Banditen gar nicht so nahe herangekommen. Zielwasser hat mir gefehlt, Herr Prinz. Da sieht man klarer, hört heller und geht ruhiger in Anschlag!"

Müd und mürbe sahen die Menschen aus, viel zu weit hingen ihnen die Kleider am Leib. Bis in den späten Nachmittag wurde Rast gehalten, ehe das letzte Stück des Weges zurückgelegt wurde.

Der Prinz ritt voraus und meldete die Ankunft des Zuges in Neubraunfels. Die Sonne hing wie eine glühende Scheibe über den Bergen im Westen, als die Wagenschlange die Furt in der Guadalupe durchquerte. Im Lager ließ man alles stehen und liegen und lief dem Zug entgegen. Da rollte zu den Gründern der Stadt ein Stück Heimat heran, auf das sie lange mit Sorgen gewartet hatten.

Landsleute, Bekannte und Verwandte fanden sich. Scheu sahen sie unter die Wagenplanen zu den Kranken.

Die erschöpften Ankömmlinge erschraken beinahe unter der geräuschvollen, derben Begrüßung der Neubraunfelser.

„Willem, haste jesehn", sagte Hein Klawutke zu seinem Freund Piesicke, „det jibt mehr Kostjänger wie Mitarbeeter. Die hat's scheen herjenommen! Nee, so ausjepowert wan wia doch nich, wie Backobst sehnse aus. Un denn die Kranken, Mensch, sone Leute uns zu schicken. Vier Kühe hamse durchjebracht, haste jesehn? Schlank wie Damen vons Ballett. Die missen wieder richtig wat hinter die Rippen jestoppt kriegen." Seit Julius von Koll in die Geschäftsführung berufen worden war, besorgten sie stolz und selbstbewußt die Viehwirtschaft allein.

„Ich fordere, daß der Mann auf der Stelle erschossen oder gehängt wird", rief der Hauptmann. „Der Tatbestand der Brandstiftung ist erwiesen. Unseres Pfarrers versöhnliche Gedankengänge mögen einmal Rechtsbeschlüsse lenken, wenn die Stadt steht. Der Menschenzuwachs, den der zweite Zug brachte, belastet uns mit einigen Elementen schwer und stellt unsere Nachsicht auf eine harte Probe. Wir müssen abschrecken, damit denen für immer die Lust vergeht, an gewisse Unternehmungen überhaupt nur zu denken. Zimmermann hat versucht, die ‚Sophienburg' in Brand zu stecken, aus Rache für das Anbinden!"

„Herr Hauptmann, ich muß Sie unterbrechen", fiel ihm der Prinz in die Rede. „Es ist Ihre Art, alles auf Biegen oder Brechen zu betreiben. Ich meine aber, wir hätten im Kreis der Führer neben vielen andern auch erzieherische Aufgaben zu leisten. Ich will mit meiner Stellungnahme die Schwere des Vergehens nicht herabmindern. Was bleiben uns aber für Möglichkeiten, Strafen zu steigern, wenn wir schon bei einer einfachen Brandstiftung die Todesstrafe aussprechen? Ich sehe in Zimmermann einen irregegangenen Schwächling, den wir auf bessere Wege bringen sollten."

„Unsinn!" fuhr der Hauptmann hoch. „Wir stehen auf Vorposten im unbekannten Westen. Die Gerechtigkeit des Urwaldes und der Prärie macht kurzen Prozeß, sie darf weder religiöse noch erzieherische Bedenken gelten lassen."

Der Hauptmann war aufgestanden und stemmte die Fäuste auf die rohe Tischplatte. Er sah die Männer in der Runde an. „Durchlaucht, nicht erst mit dieser, sondern schon durch manche andere Ihrer Äußerungen in Fragen um Recht und Ordnung haben Sie die klare Sicht getrübt und verwischt. Hätte ich den Kerl gegriffen, dann würde ich ihn auf der Stelle gerichtet haben." Er legte die Hand auf den Griff des Trommelrevolvers in seinem Gürtel. „Uns können nur ganze Maßnahmen weiterbringen. Ich empfinde immer den Duft von Salon und Überfeinerung, der Sie umweht, und von dem Sie sich nicht freimachen können. Hinter den Wänden des Blockhauses liegen unsere Vorräte, ist unser Pulver in die Erde gegraben, ruht also unser Leben. Wer es bedroht, hat mit keiner Gnade zu Rechnen."

„Herr Hauptmann, Sie gehen zu weit", fuhr der Prinz aus.

Mit einer ausgleichenden Handbewegung sagte Zink: „Ich möchte zum Abschluß kommen. Offengestanden, etwas in mir spricht gegen die Forderung des Herrn von Wrede. Ich schlage vor: Zimmermann erhält Verpflegung für drei Tage, darf sein Gepäck an sich nehmen und muß das Lager morgen verlassen. Er ist dann vogelfrei. Jeder hat das Recht, auf ihn zu schießen, wenn er sich hier wieder sehen läßt. Ich glaube, das genügt und wird Eindruck machen."

Zinks Vorschlag wurde gebilligt.

Aber Wredes Erregung legte sich nicht sofort. Als Ervendberg den Beschluß aufschrieb, begann er noch einmal: „Zuviel kostbare Zeit geht uns verloren, wenn wir reden und immer nur reden. Durchlaucht sollten mit aller Beschleunigung abreisen. Wir werden hier allein fertig."

„Herr Hauptmann, das geht zu weit!"

„Ich weiß, was Sie sagen wollen, Durchlaucht, aber das ändert nichts an unserer Lage. Ich kenne nur eine Sorge: Wie können die Leute durchgebracht werden, die man uns hierherschickte? In Karlshafen liegen noch einige Hundert. Vielleicht ist der dritte Zug schon unterwegs. Reisen Sie ab, bereinigen Sie alle Unklarheiten mit Fischer. Halten Sie den Herren in Mainz die Faust unter die Nase. Sorgen Sie dafür, daß Ordnung wird!"

„Noch bin ich Generalkommissar", schrie der Prinz, und seine Stimme überschlug sich. „Jawohl, noch bin ich es! Ich habe, jetzt sehe ich es ein, zuviel und zu oft nachgegeben."

„Gut so", blitzte ihn der Hauptmann an, „Sie verzichten und nehmen zurück, wie es Ihnen beliebt, Sie streuen das Geld in den Wind, wie es Ihnen beliebt, Sie träumen von Neugermania, wie es Ihnen beliebt, und Sie reisen schließlich nach Hause, wenn es Ihnen beliebt. Schluß, mein Herr! Es geht jetzt um das Leben von einigen Hundert braven Deutschen und nicht mehr um Ihre Pläne. Schaffen Sie Geld und setzen Sie den Herren in Mainz die Köpfe zurecht, ehe es zu spät ist. Weiter haben Sie im Augenblick keine Pflichten."

„Und meine Aufgaben, die ich hier —"

„Sind schon lange unsere Sache, mein Herr. Machen Sie es unmöglich, daß man uns noch mehr solche Menschen wie Zimmermann herüberschickt. Ich habe mit einigen seiner Landsleute gesprochen. Der Mann hatte daheim nur die Wahl zwischen Zuchthaus und Texas, und Texas kam billiger; als eine langjährige Haft. Sagen Sie das dem Verein.

Im übrigen: Seit 1840 unterhält die Cunardlinie eine Dampferverbindung nach Amerika[27]. Die Schiffe legen in Neuyork oder in Neuorleans an. Vierundzwanzig Tage dauert die Reise von Neuorleans nach Liverpool. Fahren Sie, je eher, desto besser. Ich beschwöre Sie. Und schaffen Sie Geld! Haben Sie einmal darüber nachgedacht, was es bedeutet, gesunde, fleißige Menschen auf den Sand von Karlshafen zu werfen und sie dazu noch zu gefährden mit all dem Auswurf, der drüben abgeschoben wird? Ein Hundsfott wäre ich, wenn ich länger schwiege!"

Der Prinz blickte sich im Kreis der Männer um, die am Tisch saßen. Sie blieben still und sahen an ihm vorüber.

„Herr von Wrede, ich muß Ihnen meine Mißbilligung —"

„Allerhöchste Mißbilligung", brummte der Hauptmann höhnisch.

„— meine Mißbilligung sehr nachdrücklich aussprechen. Ich übergab Ihnen die Leitung dieser Besprechung. Man greift mich nun in unsachlichster Weise an. In Deutschland würde ich Männer Ihres Schlages niederzuhalten wissen, Herr Hauptmann. Das versichere ich Ihnen!"

Zink sah auf. Seine Ruhe war unerschütterlich. „Durchlaucht haben keine Ursache, so erregt zu sein. Herr von Wrede sprach in seiner Weise nur das aus, was jeder anständige Mensch im Lager empfindet Ich muß mich Herrn von Wredes Forderungen anschließen und kann Sie nicht schützen."

Der Prinz sank auf seinen Stuhl. Ihm war, als sei er ausgestoßen. Wie eine Mauer stand der Wille der andern gegen ihn. Sie werteten nach andern Grundsätzen als nach denen ererbter Vorrechte. Endlich raffte er sich auf: „Ich habe bereits von Seguin aus meinen Rücktritt nach Mainz gemeldet. Den Bericht schickte ich mit der Reitpost über Austin nach Galveston und von da nach Neuorleans. Ich zeigte der Geschäftsleitung in Mainz an, daß ich meinen Posten als Generalkommissar nur noch solange versehen wolle, bis man einen Nachfolger geschickt habe. Der ist noch nicht da, also was wollen Sie? Habe ich Ihre Forderung nicht schon erfüllt?"

„Durchlaucht standen damals unter dem Eindruck des Präriebrandes. Gewiß. Aber wir konnten uns in der letzten Zeit des Gedankens nicht erwehren, als hätten Sie den Schritt bereut, da Sie keine Anstalten machten, Ihrem Entschlusse weitere Taten folgen zu lassen. Ich bitte Sie, reisen Sie ab! Wir müssen hier allein fertig werden. Einerlei, wen der Verein als Ihren Nachfolger schickt."

Das Ende der Aussprache ergab eine Zusammenstellung von Forderungen, die dem Verein in Mainz vorgelegt werden sollten.

Schon ein paar Tage darauf brachte ein Amerikaner, der von Austin kam und sich in Neubraunfels niederlassen wollte, einen Brief an den Prinzen, der den Gang der Ereignisse beschleunigte.

Ein Herr von Meusebach schrieb, er sei auf dem schnellsten Weg aus Deutschland gekommen und zum Nachfolger des Prinzen bestimmt. Er befinde sich bereits in Neuorleans und wolle dort schon die Arbeit für die deutsche Auswanderung beginnen. Er sei zunächst erschrocken über das geringe Ansehen des Adelsvereins unter den Geschäftsleuten der Stadt. Da die heiße Jahreszeit bevorstehe und Fieber zu erwarten wäre, möchte er sich nur solange wie unbedingt notwendig dort aufhalten und dann sofort weiterreifen, um den Stoßtrupp zu erreichen. Nach allem, was er bisher sehen könne, scheine sich die Leitung nicht in den besten Händen zu befinden; denn vieles spräche für eine umfangreiche Verwirrung in den Geschäften, die er mit allem Nachdruck ordnen werde.

Der Prinz hielt den Brief einige Stunden zurück, ehe er ihn Zink vorlegte. Die knappen Sätze des Herrn von Meusebach, der ihm unbekannt war, empörten Solms, rührten aber auch an sein Gewissen. „Wer mag dieser Herr von Meusebach sein? Dem Brief nach scheint er ganz zu Zink und feinen Anhängern zu passen. Wozu erst auf ihn warten? Wenn der hier ist und seine Nase in alles steckt, dann gibt es wieder Auseinandersetzungen ohne Ende. Man wird ja zerrieben zwischen diesen nüchternen Dickköpfen. Begeisterung verweht, wo sie sich niederlassen. Ihre Härte nennen sie Verantwortung. Zu höheren Gefühlen sind sie nicht fähig. Empörer sind sie, ohne jede edlere Regung! Was kommt für mich dabei heraus?"

Bedrückt ging der Prinz die hohe Palisadenwand vor dem Blockhaus entlang, das höher und größer wurde. Die letzte Frage ließ einen bitteren Geschmack zurück, den er lange nicht los wurde. Vor ihm in der Tiefe breitete sich eine weite, abgeholzte

Ebene aus. Zu Tausenden standen die Stöcke der geschlagenen Bäume darin. Flammen leckten aus dickem Qualm, wo die Wipfel und Äste in hohen Haufen verbrannt wurden. Axtschläge klangen aus der Ferne zu ihm herauf. Wie lange ging das nun schon? Die Leute arbeiteten verbissen, als sei ihnen jede Zeitrechnung verlorengegangen. Mais und Fleisch, Fleisch und Mais, das war in auswegloser Eintönigkeit ihre Kost. Aber sie schafften.

Das alles hatte sich der Prinz anders gedacht. Ihm war, als müsse so ein kühnes Werk wie die Gründung eines deutschen Staates in Texas, viel Begeisterung unter die Menschen tragen. Er blieb stehen. Hinter ihm im Hof der „Sophienburg" zischten die Sägen und beschlugen breite Beile die Stämme für den Hauptbau. Karg und nüchtern waren die Worte der Handwerker, die dabei gesprochen wurden. Er horchte: „Lange mache ich das nicht mehr mit", sagte eine Männerstimme. „Achthundert Gulden rheinisch habe ich bei dem Verein noch gut. Keinen Heller konnte ich bisher davon herauskriegen. Man muß den Herren klar machen, daß sie uns von Mainz aus versprochen haben, Blockhäuser zu stellen. Sie müßten uns wenigstens für die Arbeiten bezahlen, die wir hier im Vereinsinteresse ausführen."

„Materialisten", grollte der Prinz. „Nichts von Opfermut und Größe, keine Einsicht in höhere Ziele. Deshalb fort, fort! Sie mögen sehen, wie sie allein weiterkommen!"

Da trat Zink zu ihm, er hatte den Brief des Herrn von Meusebach gelesen.

„Dann ist ja alles in Ordnung, Herr Ingenieur", sagte Solms spitz und erhaben. „Ich will übermorgen abreisen und bitte Sie, mir einen Karren und zwei Leute zur Bedeckung mitzugeben. Ich werde auf dem kürzesten Weg nach Galveston reiten und von da aus nach Neuorleans weiterreisen. Die Männer und das Geschirr können von Galveston über Karlshafen nach Neubraunfels zurückkehren."

„Wie Sie denken, Durchlaucht. Alles soll nach Ihren Wünschen angeordnet werden. Wird aber ein Karren für Ihr umfangreiches Gepäck genügen?"

„Ich will mich entsprechend einschränken", sagte Solms und wischte ein Stäubchen von seinem Rock.

Nach Feierabend, als sich alle gewaschen und sattgegessen hatten, ließ Zink mit einem Trompetenzeichen die Lagergemeinde zusammenrufen. Sie sammelte sich auf dem Marktplatz, um eine breitschirmige Ulme. Er las die wichtigsten Stellen aus dem Brief des Herrn von Meusebach vor und sprach dann von den Forderungen, die der Prinz der Vereinsleitung in Mainz übergeben sollte.

„Nun wird es besser", hofften die meisten. „Nun kommt doch alles noch in Ordnung, und der Verein muß seine Verpflichtungen erfüllen." Freude und Zuversicht flogen von einem zum andern.

Die Kranken erfuhren von Ervendberg, dem Pfarrer, von Solms Abreise und der Ankunft des neuen Generalkommissars. „Die Heimkehr des Prinzen ist ein Wendepunkt. Aus dem Brief des neuen Generalkommissars spricht ein fester Wille, seine Schriftzüge deuten aus Kraft und Geradheit. In ein paar Tagen werden die Stadtlose verteilt, und dann beginnt der Blockhausbau für jeden einzelnen. Die ‚Sophienburg' ist bald fertig. Die fünf Amerikaner, die in die Gemeinde aufgenommen wurden, sollen Glas zu Fensterscheiben, Mais und vor allem Arzneimittel in Austin besorgen. Herr von Meusebach wird Geld mitbringen. Wir werden dann besseres Essen kochen können. Auch die Frage der Entlohnung für Arbeiten, die der Verein in Auftrag gegeben hat, soll er regeln. Es darf nur niemand den Glauben an sich und an das Ziel verlieren. Gottes Hände tragen Texas und Deutschland."

Das Wachslicht in seiner Hand flackerte leise hin und her, die Kranken folgten dem gelben Flämmchen mit müden Blicken. Vor ihm lag auf Maisstroh und dürres Gras gebettet ein junges Mädchen. Sie hatte die Hände gefaltet und suchte seine Blicke.

„Hab' ich nun genug gebüßt?" flüsterte sie. „Schreiben Sie meinen Eltern, wenn ich gestorben bin, bitte, tun Sie es." Sie strich mit hastigen Fingern ihr verschoffenes Kleid glatt. „Daheim wollten sie mich los sein, weil ich sie entehrt hätte. Frau Schwab hat mir das tote Kind gezeigt. Es mochte nicht leben. Seinen Vater habe ich geliebt. Hermann, wo bist du? Hermann —!"

Die Stimme löschte aus. Das Licht zitterte und lief auseinander. Ervendberg stellte es auf einen Holzklotz und kniete neben dem Mädchen nieder. Er drückte ihr die Augen zu. Über Zeit und Raum hinweg sah er in eine ehrbare deutsche Bürgerstube, in der alles blinkte und blitzte vor Selbstgerechtigkeit und Wohlanständigkeit. Von den vier Kindern hatte dem Akzessisten Härterich eines Schande ins Haus gebracht, und schon huschte das Gerücht vom Fall der Tochter des Beamten in Küchen und Stuben, blähte sich auf, schlug in dem Vater jedes Gefühl tot und baute den Götzen Hausehre übertrieben groß vor ihm auf. Texas wurde ein Ausweg. So konnte die Familie ihre Reputation wieder herstellen.

Lange kniete Ervendberg neben der Toten.

Der Prinz sichtete in dieser Nacht alles, was die Geschäftsführung ihm bisher an Schriftwechsel zugetragen hatte und schied das Überflüssige aus. Am Morgen brachte er Zink die Bücher und Papiere: „Übergeben Sie das meinem Nachfolger. Er mag sehen, ob er besser mit allem fertig wird als ich." Er verbeugte sich kurz und brachte den Tag hin mit dem Packen seiner Habe. Was er nicht brauchen konnte, schenkte er der Leibgarde.

Je näher die Stunde seines Aufbruchs kam, desto wärmer wurde es dem Prinzen ums Herz. Die Freude über die Heimkehr schien den letzten Tagen das Trübe und Bittere zu nehmen, das sie ihm reichlich und rücksichtslos gebracht hatten. „Sie wollten und konnten mich nicht verstehen, weil sie Krämer sind und ihnen jeder Schwung fehlt. Und weil das so ist, haben sie auch alle Verantwortung zu tragen." Dieser Gedanke machte ihn froh. Eine Last fiel ihm vom Gewissen. Er täuschte sich über den Wust von Unklarheiten, den er zurückließ, hinweg und schickte sein Denken schon auf die Reise voraus.

Am 15. Mai, in der Frühe, brach er auf. Waldbär hatte sich mit einem andern Mann freiwillig zur Begleitung gemeldet. Der Hauptmann, Zink, Ervendberg, Dr. Köster, Klaren, Wessel und alle, die zur Geschäftsführung gehörten, stellten sich zum Abschied am Tor der „Sophienburg" auf.

Der Prinz hatte neue Stulpenhandschuhe angezogen und stieg aufs Pferd, die Waffen blinkten. Er gab keinem der Herren die Hand, beugte sich nur leicht herunter, zu Zink hin und sagte geringschätzig: „Herr Zink, Sie haben es nicht anders gewollt."

„Und Sie konnten nicht anders", antwortete der kurz.

Der Prinz sah ihn zornig an, gab seinem Pferd die Sporen und ritt den Berg hinunter, hinter dem Lager am Comalebach hin in die Prärie hinaus.

Sie sahen ihm lange nach. „Da reitet die deutsche Romantik wieder nach Hause", unterbrach der Hauptmann das Schweigen. „Gute Haltung, edle Gefühle, große Pläne, gewaltige Worte, sonst nichts. Für uns heißt es nun weitermachen und die Zähne aufeinanderbeißen!"

„Aufpassen, Mensch! Ziehen und nicht stoßen. Du 'runter und ich 'rauf. Das ist die ganze Kunst. Merk's doch endlich! Ausgerechnet an die Schrotsäge ham se dich gestellt, du Unglückswurm! Student der Theologie bist du gewesen? Das merk ich. Leinduder heißt du? Genügt. Los!"

Der Zimmermann Christian Bader spuckte in die Hände und zog die große Brettsäge bis ans Kinn in die Höhe. Er stand grätschbeinig auf zwei Laufplanken über dem walzenrunden Stamm einer Lebenseiche. Sie lag auf zwei Böcken, die quer über eine lange Grube gestellt waren.

Zwei Arme stiegen mit der hochgezogenen Säge daraus hervor, und ein bebrillter Kopf sah hinaus zu dem Zimmermann. „Herr Bader, gestern haben wir nur sechs Dielenbretter geschnitten —"

„Mensch, ich bin kein Herr; das mußt du dir abgewöhnen. Wenn Ihr Pfaffen predigt, dann sagt Ihr doch auch zur ganzen Menschheit du und kennt nur einen Herrn. Ich bin der Zimmermann Christian Bader aus Hessen, mit Theodor Leinduder angestellt, Dielen zu sägen für die Dienstwohnung des Herrn Generalkommissars."

„Wenn ich doch mal einen Tag aussetzen könnte, meine Hände brennen, als hielte ich sie ins Feuer. Hier, die Blasen, wie Taubeneier; 'rauf, 'runter, 'rauf, 'runter. Dazu noch in einem Loch, in dem man sich nicht regen kann, verschmiert und dreckig; mein Kopf ist wie ausgeleert."

„Schad' nichts", sagte Bader, „den brauchst du hier auch nicht. Nur stramme Arme, harte Pfoten und eine gute Puste." Er drehte sich um: „He, du, Karl, komm doch mal her!"

Unter einem Laubdach, das in den Winkel hineingedrückt war, den zwei Flügel der „Sophienburg" miteinander bildeten, kam der Dachdecker Goebel hervor. Seit vierzehn Tagen schlug er aus Zedernholzscheiten Schindeln. Mit ihnen sollten die Dächer der „Sophienburg" gedeckt und auch der Fußboden einiger Raume ausgelegt werden. Gleichmäßig sprangen die Stücke nach den gutsitzenden Schlägen mit hellem Reißen vom Klotz herunter. Goebel arbeitete schnell und sicher, hohe Stapel standen zum Trocknen an einer Wand.

„Was ist?" fragte er.

„Du, laß mal das Wort Gottes ein bißchen aus dem Loch steigen, es macht sonst schlapp." Goebel sprang in den Sägegraben, schob mit einer fürsorglichen Handbewegung den Studenten nach vorn und sagte: „So, Kamerad, steig 'raus, setz dich an mein Fleck, und wenn einer kommt, tust du, als schlügst du Schindeln."

Er spuckte in die Hände, packte die glattgescheuerten Sägegriffe und zog das blinkende Blatt nach unten. Ein Rinnsal feiner Späne folgte jedem Zug. Die Säge fraß sich ins Holz. Es ging vorwärts.

Leinduder saß unter dem Laubdach und besah seine Hände. In einer Arbeitspause, als der Stamm um eine Brettstärke nach rechts gerückt wurde, rief Bader ihm zu: „Wenn wir Mittag machen, läßt du dir von unserem Doktor einen Zwirnsfaden durch die Blasen ziehen und Bärenfett draufschmieren. Das hilft. Er hat mir letzthin meinen aufgebrannten Buckel damit eingesalbt. Großartig, sage ich euch! Die zwei Bären, die der Hauptmann vorige Woche schoß, hatten etliche Pfund unter dem Fell."

Auch an der Vorderseite der großen Blockhausanlage wurde emsig gearbeitet. Die Balkenwände waren schon fast zur Dachhöhe hochgeschichtet, eben ging man daran, die Tür- und Fensterlöcher herauszusägen. „Wie bei den Schildbürgern", meinte einer. „Erst wird das Rathaus fertiggemacht, dann kommen die Löcher zum Sehen und Gehen hinein."

Auf dem freien Platz vor dem Haupthaus beschlugen Zimmerleute mit breiten Beilen die Stämme, jeden auf zwei Seiten. Andere sägten an den Enden Kerben ein. Mit den glatten Flächen wurden die Balken aufeinandergelegt; die Kerben griffen ineinander und gaben den wachsenden Wänden Halt.

Etwas abseits kneteten zwei Männer in einer Grube Lehm und kurzgeschnittenes Heu durcheinander, bis an die Knie standen sie in dem braunen Teig. Frauen trugen in Körben und Tüchern Moos herauf und verstopften die Fugen zwischen den Balkenlagen. Dann schmierten sie Lehmbrei darüber.

Es wurde mit Hast und Eifer gearbeitet; denn die Burg mit ihren Lagerräumen und Schreibstuben, den Wohnungen, Ställen und Wachtstuben sollte vor der Ankunft des Herrn von Meusebach noch fertig werden.

Die Männer an der Sägegrube machten eine Pause. Leberecht Goebel schmierte die Schrotsäge mit einem Saunabel ein und meinte: „So ein Stückchen Arbeit! Wenn jetzt der dritte Zug ankäme, wüßten wir, wer die Säge in die Hand gedrückt kriegte." Er wischte sich die Stirn.

„Wir würgen uns bei der Arbeit die Seele aus dem Leib!"

„Stimmt", brummte der Zimmermann. „Zink hat heute früh zu mir gesagt, als ich knurrte, ‚Bader', hat er zu mir gesagt, ‚ich weiß, wie schwer Ihre Arbeit ist. Aber es hilft nichts. Erst wenn wir aus dem Gröbsten heraus sind, kann jeder an sich denken. Einer der ersten Anträge, die der neue Herr vorgelegt bekommt, wird der über die Bezahlung jeder Arbeit für den Verein sein. Ich will mich für die Erfüllung des Statutes mit aller Kraft einsetzen', hat er gesagt!"

„Na, und?" fragte Goebel.

„Da machen wir mit, Herr Ingenieur, hab' ich ihm geantwortet. Hat's denn schon irgendwo so einen Volksbetrug gegeben? Wenn wir wenigstens das Geld herausbekämen, das wir in Mainz einzahlten. Jetzt, wo die Amerikaner da sind, wird's doch auch bald etwas zu kaufen geben. Bei der langweiligen Kost geht zuletzt der stärkste Mann vor die Hunde. Mancher steckt in seinen letzten Kleidern. Wo soll er Ersatz herbekommen? Horchen Sie mal unter die Leute." Sie spuckten in die Hände und sagten weiter.

Zink mußte in diesen Tagen an manchem Platz stehen und zureden. Es wird besser, wenn der neue Herr kommt, ich versichere es euch. Wenn wir jetzt die Hände in den Schoß legen und schimpfen, ist es aus mit uns. Und je mehr wir uns ins Zeug legen, desto bestimmter können wir dem Verein gegenüber auftreten."

Zwei Fragen beschäftigten jeden einzelnen: „Wann kommt

der dritte Zug? Was haben wir von dem neuen Generalkommissar zu erwarten?"

Zink hatte dem dritten Zug drei Reiter in Richtung auf Seguin entgegengeschickt. Endlich, Ende Mai fuhr der erste Wagen durch die Guadalupefurt. Alles lief dem Zug entgegen. Trotz der Hitze war er über Mittag unterwegs geblieben, weil sie so kurz vor dem Ziel nicht noch einmal rasten wollten. Führer war ein Herr Beneh.

Todmüde sanken die Leute unter die Bäume im Grund der Guadalupe und ließen die Wagen von den Neubraunfelsern führen. Fürs erste erschraken die Angekommenen; denn die neue Stadt war wie ein Traumbild wochenlang vor ihnen hergeflogen. Jeder trug es nach seinen Wünschen still und verklärt im Herzen. Es stärkte ihn, wenn ihn die Strapazen des Marsches niederzuwerfen drohten, oder wenn man während einer Marschpause im Wagenschatten lag, in jagenden Zügen die kochende Luft einsog und durch die geschlossenen Augen in die glühende Helligkeit hinausblinzelte. Stand da nicht in der Ferne eine Stadt voll Frieden und Wohlstand, mit goldenen Türmen, klangen da nicht Glocken und wehten bunte Fahnen? Heiß jagte dann das Blut durch die schlaffen Körper und ließ in halbwachen Gehirnen Wunder der Sehnsucht aufblühen.

Nun waren sie da, zwischen Laubhütten und Zelten. Die Wagen fuhren zum Ring auf einem weiten, hartgetretenen Platz zusammen. Angefangene Wege, Berge von Stämmen und Pfählen, überall noch die ungerodeten Stöcke der geschlagenen Bäume. Dies alles unter einer glühenden Sonne, der man nicht ausweichen konnte. War das die goldene Stadt?

Über ihnen, hinter hohen, spitzen Pfählen, lag breit und wuchtig die „Sophienburg" auf dem Stadtberg. Der Zug brachte noch eine Kanone mit. Bald würde sie ihr rundes Maul durch eine der Schießscharten stecken. Es dauerte Tage, ehe sich die Leute in das Arbeitsgefüge des Lagers eingeordnet und die nüchterne Wirklichkeit begriffen hatten.

Mit dem dritten Zug waren auch die ersten Kinder angekommen und eine Anzahl von Familien, deren Väter mit dem zweiten Zug vorausgeschickt worden waren. Nur langsam verzogen sich die Schatten der Trauer, nachdem bekannt geworden war, wer in Karlshafen und Neubraunfels inzwischen gestorben war.

Ervendberg mußte manchen Trost zusprechen, die Angehörige vermißten und von Gräbern in Karlshafen erzählt bekamen oder Grabhügel in Neubraunfels vorfanden. Kösters Krankenzelt füllte sich wieder. Aber das rauhe Leben an der Indianergrenze ließ nicht viel Besinnung und Weichwerden aufkommen.

Zinks Stadtplan war bald vermessen. Überall steckten die Pflöcke mit den weißen Köpfen, die die Stadtlose abgrenzten. Die Hauptwege zogen sich gerade dazwischen hin.

„Ich würde die Plätze sehr gern in Gegenwart des Generalkommissars vergeben", sagte Zink zu dem Hauptmann.

„Wäre er nur schon da! Wir müssen den Leuten ihre Brocken zuwerfen, damit sie bei der Stange bleiben. Der Bericht des Herrn Beneh und die Erzählungen über den Indianerangriff auf den dritten Zug haben die Stimmung nicht verbessert. Wenn die Leute erst in ihren Gärten buddeln können, dann verfliegt sicher manches von dem, was jetzt die Unruhe schürt."

„Wir verfügen gegenwärtig über hundertfünfzig Gewehre. Die Übungen des Herrn von Klaren mit der Schutztruppe müssen fortgesetzt werden. Ich glaube, die Rothäute wissen über alles Bescheid, was hier vorgeht. Die Spuren ihre Kundschafter führen oft bis nahe an das Lager heran", meinte der Hauptmann.

„Die vor ein paar Tagen von Pfeilen getroffene Dogge ist Beweis dafür, wie weit sie sich vorwagen. Ich will hoffen, daß wir ihnen schon zu stark für einen Großangriff sind. Denn je mehr wir Wild abschießen, umso mehr sind sie gezwungen, sich in Gegenden zurückzuziehen, die wir noch nicht berührten. Das werden sie natürlich nicht ohne Groll tun. Meinem Gefühl nach ist viel mehr als mit umfangreichen Überfällen damit zu rechnen, daß sie sich an einzelne Leute heranwagen. Jede Gruppe der Holzfäller draußen muß einige Bewaffnete und nach Möglichkeit auch einen Hund mitführen. Kinder dürfen nur im Innern des Lagers beschäftigt werden und spielen. Frauen sollen sich nicht zu weit an die Grenze nach Westen vorwagen. In den Schluchten der Berge haben die Wilden gute Deckung. Morgen will ich mit einigen Männern über die Guadalupe nach Osten in die Prärie reiten. Wir fanden dort Büffelspuren. Um der Kinder willen müssen die Kühe geschont werden, wir brauchen Milch. Eine Ladung Büffelfleisch wird uns viel helfen. Und, Herr Zink,

Zunge und Markknochen, vorzüglich, sage ich Ihnen, etwas für Kenner! Wir nehmen zwei Ochsenkarren mit, um die Beute aufzuladen, vorausgesetzt, daß wir Glück haben."

Am andern Morgen kurz vor Sonnenaufgang ritten die Jäger durch die Furt ins rollende Land hinaus. Der Hauptmann hielt auf jeder Bodenwelle und sah sich um.

In grenzenloser Stille lag das Land vor ihnen. Sie überquerten den ausgefahrenen Pfad, der von Seguin herkam und trabten hinein in das hohe Gras der unberührten Prärie. Erst nach Stunden schlugen die Hunde an, der Wind kam ihnen entgegen. Die Reiter sahen vor sich eine breite Straße, auf der das Gras niedergewalzt zu sein schien.

„Das ist der Weg der Büffel, hier sind sie vorbeigerast. Es muß eine große Herde gewesen sein. Wen sie überrennen, der ist verloren", sagte der Hauptmann.

Die Büffelspur lief über viele Bodenwellen hin in die Ferne. Sie ritten ihr entlang. Der Hauptmann stieg einige Male ab und legte das Ohr auf die Erde. Die beiden Doggen liefen mit gesenkter Nase den Spuren nach, schnüffelten und schlugen an.

Plötzlich hielt Herr von Wrede. „Rahn, kommen Sie mal her!" Er hielt die Hand über die Augen. „Sehen Sie da vorn die Pünktchen, die sich über den Horizont wegschieben? Das sind Büffel. Die Herde äst und hat sich aufgelockert. Wir müssen versuchen, von der Seite heranzukommen. Die Wagen sollen abseits halten, damit sie nicht niedergetrampelt werden, wenn die Tiere losbrechen. Wir stellen uns am besten dort drüben in einer Senke auf; denn wenn sie fliehen, packen wir sie am günstigsten in der Flanke."

Rahn und die andern Jäger sahen nach Osten. „Es scheint eine große Herde zu sein, Herr Hauptmann. Man sieht deutlich, wie die Tiere einzeln über die Höhe kommen und dann hinter der davorliegenden verschwinden. Der Wind kommt uns entgegen. Das erschwert ihnen die Witterung."

Sie ritten langsam neben dem Büffelpfad her. Die Hunde wurden an die Leine gelegt und von den Wagenlenkern geführt. Die fünf Schützen legten ihre Gewehre quer vor sich über den Sattel. Alle Herzen klopften. Der Hauptmann ritt voraus. Rahn hielt sich neben ihm. „Meiner Schätzung nach sind es einige hundert Stück!"

Jetzt mußten die Wagen zurückbleiben. Langsam pirschten sich die Jäger nach vorn. Der Hauptmann richtete sich im Sattel auf und stutzte: „Haben Sie gehört, Rahn? Ein Schuß!"

„Nein, Herr Hauptmann."

„Da, jetzt wieder! Sehen Sie, die Büffel heben die Köpfe. Es wird tatsächlich geschossen."

„Jetzt hab' ich es auch gehört, Herr Hauptmann. Wenn das Indianer wären!"

Nebensache jetzt, aufpassen! Die Büffel kommen in Bewegung, auf uns zu, sie laufen ihren alten Weg zurück. Ins Gras, los, verteilt euch! Jeder nimmt ein bis zwei Tiere aufs Korn!"

Die Büffel begannen zu rennen; der Boden zitterte. Hinten heulten die Hunde und rissen an den Leinen. Wieder waren ganz deutlich Schüsse zu hören. In donnerndem Lauf jagte die Herde, ein geschlossener, schwarzbrauner Block, an den Jägern vorüber. Einige versprengte Tiere liefen hinter ihnen weg. Von den Wagen her wurde geschossen. Drei, vier Büffel stürzten. Die Masse drängte sich noch enger zusammen, geriet an einer Stelle in Verwirrung und hetzte weiter.

Die Schüsse trachten. Der Hauptmann war ruhig wie auf dem Anstand. Wie ein Sturm fegte es vorüber, mit gewaltiger Kraft, blind und blöd. Sie liefen um ihr Leben, mit eingezogenen Köpen und angstvollen, schwarzen Glotzaugen. Auf den hohen Buckeln wehten zottige Haarbüsche.

Niemand zählte mehr die massigen, braunen Körper, die sich stürzend und zuckend aus der Herde lösten und liegen blieben. Keiner konnte hinterher sagen, wie lange das Ganze gedauert hatte. Als die letzten Tiere vorbei waren, krachten noch ein paar vereinzelte Schüsse; die Jäger richteten ihre Gewehre nach Osten.

Auf der letzten Höhe rechts von ihnen hielten fünf Reiter und eine Reihe von Packpferden.

„Indianer?"

Ein Augenblick des Musterns der Fremden voll höchster Spannung. „Nein, Weiße", sagte der Hauptmann. Der vorderste schwenkte seinen Hut. Jetzt ritten sie von beiden Seiten aufeinander zu. Der Hauptmann und der Führer der Reisegesellschaft begegneten sich.

Der Fremde verbeugte sich im Sattel: „Von Meusebach, Generalkommissar des Vereins zum Schutz deutscher Einwanderer, auf dem Weg von Karlshafen nach Neubraunfels."

„Ich bin Hauptmann von Wrede, Führer des Jagd- und Streifkommandos, unterwegs, um die Kost in Neubraunfels etwas aufzubessern. Sie haben uns die Büffel schußgerecht vor die Flinte gejagt und damit die Arbeit um vieles leichter gemacht."

Die beiden schüttelten sich noch einmal die Hände.

Jetzt kamen auch die Wagen heran. Rahn war schon vom Pferd gesprungen und stellte die Männer an. Die erlegten Büffel wurden zusammengeschleift, ausgeweidet und auf die Karren verladen. Zehn konnten sie unterbringen. Vier mußte man liegen lassen, es wurden ihnen die Felle abgezogen und die Zungen herausgeschnitten. Dann lösten sie noch die besten Bratstücke und wickelten sie in die rohen Häute. Die Arbeit dauerte einige Stunden.

Unterdessen erzählte Herr von Meusebach dem Hauptmann von seinen Eindrücken in Karlshafen. „Die Vereinsleitung war außerordentlich erstaunt über den Bericht des Prinzen, in dem er seinen Rücktritt mitteilte. Man glaubte in Deutschland, nach Maßgabe der vorgenommenen Schätzungen genügend Geldmittel eingesetzt zu haben, um das Unternehmen zu sichern. Meine erste Aufgabe wird sein, dem Prinzen Rechnungen und Belege abzufordern und beides auf dem schnellsten Weg nach Deutschland zu schicken, damit man den Stand des Geschäftes überprüfen kann. Neue Gelder sollen danach erst angewiesen werden."

Der Hauptmann lachte. „Ich sage Ihnen jetzt schon, alles Geschäftliche ist von Grund auf verfahren. Ich habe nie verstehen können, daß man einen unerfahrenen Mann, wie den Prinzen, mit so umfangreichen Vollmachten ausstattete. Wir hatten kein Recht, seinen Maßnahmen zu widersprechen, und konnten manches nur mildern und umbiegen. Unser Leben hängt ja immer nur an einem Faden, und der heißt Geld, Geld, Geld, Herr Generalkommissar! Ich nehme an, daß Ihre Packpferde knüppeldick damit beladen sind."

„Da täuschen Sie sich, Herr von Wrede. Einiges bringe ich wohl mit, aber nicht genug, um alle Schaden zu heilen. Allerdings" — er suchte nach Worten — „was ich in Karlshafen sah, ist so furchtbar, daß nur ein ganz großer Einsatz von Mitteln wirklich helfen kann. Solche Zustände vermutet niemand in Deutschland. Köchert, Wilcke und ein Mädchen, Klappenbach heißt es wohl, wehren sich heldenhaft gegen Fieber, Faulheit, Hunger und Schmutz. Ich habe abgeraten, den vierten Zug nach Neubraunfels jetzt auf die Reise zu schicken, weil ich befürchte, daß dann die Seuche, die das Lager seit einer Woche vergiftet, nach Neubraunfels übertragen wird."

„So, so, dann sollen Sie also den Bürokraten in Mainz Futter auf die Raufe liefern, und darauf erst geht's weiter. Nette Aussichten. Davon lassen Sie nur nicht viel unter die Leute kommen. Die erhoffen mehr von Ihnen. Und wie Sie den Prinzen zur Rechenschaft ziehen wollen, kann ich mir nicht denken, der ist am 15. Mai abgereist. Seine beiden Begleiter sind noch nicht zurück."

Herr von Meusebach packte des Hauptmanns Arm. „Fort, sagen Sie, auf eigene Faust den Posten verlassen? Ist das möglich?"

„Die Sache liegt so: Der Ablauf aller Ereignisse bewies uns, daß der Prinz seiner Aufgabe nicht gewachsen war. Ich brauche Ihnen die tragische Folge der Versager nicht aufzuzählen. Köchert wird das besorgt haben. Den Rest erleben Sie in Neubraunfels. Nüchtern gesagt: Wir haben Seine Durchlaucht mit einigem Nachdruck abgeschoben. Der Prinz überbringt dem Verein eine Anzahl Forderungen der Auswanderer und wird ausführlich Bericht erstatten. Alle künftigen Maßnahmen des Vereins können dann auf der Grundlage seiner Erfahrungen zu unserem Nutzen erwogen werden. Aber Eile tut not. Kein Wenn und Aber, keine Paraden des heiligen Bürokratius! Durchlaucht ließen ein Bündel Papiere und etwas wie eine angefangene Buchführung zurück. Zwei von unsern Kaufleuten, die der Prinz nie zu Rate zog, haben sich trotz der Anweisung, diese Hinterlassenschaft dem Nachfolger versiegelt zu übergeben, darübergemacht, das Prüfbare zu prüfen. Aus den Unterlagen errechneten sie einen Fehlbetrag von neunzehntausendvierhundertsechzig Dollar und zwei Pence. Was sonst noch läuft, können wir nur ahnen. Geb's der Himmel, daß uns die Gläubiger in Galveston, Houston und Neuorleans nicht so schnell Finden und unser Ruf im Hinterland besser ist als an der Küste. Das ist unsere Wirklichkeit, Herr Generalkommissar."

Schweigend standen die beiden Männer nebeneinander. Herr von Meusebach zog erregt seinen rotblonden Vollbart durch die Hand und biß die Zähne in die Unterlippe. „Und diesen Augiasstall soll ich nun ausmisten? Wäre es nicht besser, ich kehrte auf der Stelle um und suchte den Prinzen noch zu erreichen, ehe er abfährt? Ich muß alles wissen, um die Sache von Grund aus in die Hände zu bekommen. Wenn das so ist, dann bleibt uns von dem Geld, das ich mitbringe, auch nicht ein Heller übrig."

„Aus mancherlei Gründen würde ich Ihnen raten, Herr Generalkommissar, erst mit uns nach Neubraunfels zu kommen und von da aus weitere Entschlüsse zu fassen."

Herr von Meusebach überlegte. „Gut", sagte er dann, „ich reite mit Ihnen."

Er war ein hochgewachsener, breitschultriger Mann mit blauen Augen unter buschigen Brauen und einem Schopf rotblonder Haare auf dem Kopf. Er ritt einen starkknochigen, strammen Braunen.

„Ich will kein Prophet sein, Herr von Wrede, aber ich glaube, wir können das Unternehmen nur mit ganz harten Maßnahmen retten, gleich, wen sie treffen. Wollen Sie mir dabei helfen?"

Der Hauptmann gab ihm die Hand. „Soweit das unter Männern möglich ist", sagte er, „können Sie sich auf mich verlassen. Die größte Last aber trägt Herr Zink, der Führer des Stoßtrupps. Auf seinen Schultern ruhte von Anfang an alles, auch das, was der Prinz zu tragen glaubte. Und ihm zur Seite steht ein Kreis von prächtigen Männern, die mit ihren Aufgaben wuchsen und denen es der Verein zu danken hat, daß der Zug nach ‚Neugermania' nicht unterging."

In den späten Nachmittagsstunden brachen sie auf. Ein Reiter jagte voraus, die Ankunft des Generalkommissars in Neubraunfels zu melden. Einige von den Jägern schirrten ihre Pferde als Vorspann an die vollgeladenen Wagen. Kurz vor Sonnenuntergang durchschritt der Beutezug die Furt in der Guadalupe und klomm die Steige nach Neubraunfels hinauf.

Das Volk hatte sich festlich geschmückt, aus Kisten und Kasten die besten Kleider hervorgeholt und stand nun in zwei Reihen den Weg entlang, voll Erwartung und freudiger Hoffnung. Sonderbar sah es aus, als die Thüringer, die hessischen und die badischen Bauern in ihren faltigen Schoßröcken, den Wadenklopfern, sich zum Empfang aufstellten. Trachten der Heimat in Texas!

Weinreich hatte sich mit seiner Klarinette an der Spitze aufgebaut. Als Herr von Meusebach und der Hauptmann den Weg heraufritten, begann er das Texaslied zu blasen, und alle sangen mit. Zink trat vor und begrüßte den Generalkommissar. Der stieg ab, und es begann ein Händeschütteln, das kein Ende nehmen wollte.

Rahn hatte in die Büffelfelle die Keulen der zurückgelassenen Beute eingeschlagen und teilte aus dem Markt jedem ein gutes Stück zu. Die Feuer flammten wieder auf, es duftete nach Gebratenem und Gekochtem. Nach dem Mahl tanzte die Jugend unter der Ulme, und die Älteren erzählten sich Geschichten von daheim.

Der Generalkommissar gefiel allen. „Ist das ein Brocken von einem Mann", hieß es. „Wenn der so viel Mumm im Gehirn hat wie Muskeln an den Armen, dann wird's besser."

„Nu ham se uns och Barbarossan noch jeschickt", sagte Klawutke beim Tanz seinem Mädchen ins Ohr. „Jetzt jeht nischt mehr schief."

Zur selben Zeit saß Herr von Meusebach mit den führenden Männern an dem Tisch im Hof der „Sophienburg". Nur mit Mühe hielt er seine Erregung zurück. „Sie haben recht, Herr von Klaren, das ganze Unternehmen krankt an der falschen Sicht, die man in Mainz hat. Die Herren sehen so: Abfahrt in Bremen, Ankunft in Karlshafen. Weiterreise nach Neugermania, Ankunft daselbst. Niederlassung, Beginn der Arbeit; Ackern, Säen, Ernten und über alles Gottes Segen. Dazu ein richtiger Prinz an der Spitze, voll Begeisterung und Wagemut. Was ich vorhin von Ihnen, Herr Wessel, als Buchführung und Belegsammlung des Prinzen gezeigt bekam, ist so peinlich und so niederdrückend, daß ich Lust hätte, Durchlaucht noch vor seiner Abreise zur Rechenschaft zu ziehen.

Morgen besichtige ich die Arbeiten. Ich stimme Ihnen zu, Herr Zink. So bald wie möglich werden die Stadtlose verteilt. Dabei ist den Leuten zu erklären, daß sie ihre Anrechte auf Ansiedlung im Grant nicht verlieren. Ich danke Ihnen allen für die

nigen Schießereien abgesehen, ganz glatt. Fischer habe ich ausgebootet. Nun rächt er sich an mir. Wo ich ging und stand, tauchten Gläubiger mit Forderungen auf. Ich kann im Augenblick nicht übersehen, was davon wirklich echt ist.

Herrn Kläners Vermittlung machte es möglich, daß ich nach Neuorleans weiterfahren konnte. Hier hetzte Fischer eine ganze Meute von Leuten auf mich.

Ich werde im Hotel festgehalten. Mein Gepäck ist beschlagnahmt. Die Mittel, über die ich noch verfüge, reichen wohl aus, die Überfahrt zu bezahlen, sind aber längst nicht groß genug, mich aus den Händen dieser Blutsauger zu befreien.

Ich lasse den Brief über Galveston nach Karlshafen gehen, weil ich hoffe, daß meine beiden Begleiter noch dort sind. Herrn Köchert bat ich, ihn dann schnell nach Neubraunfels bringen zu lassen.

Veranlassen Sie sofort meine Auslösung, da ich Ihnen die Vertretung bis zur Ankunft meines Nachfolgers und auch das Geld übergab, das ich entbehren konnte. Ich erwarte schnelle Hilfe, da ich darauf brenne, nach Deutschland zu kommen.

Die Nachwirkungen unserer letzten Verstimmung sind bei mir verflogen. Trotz allem und allem glaube ich an Neugermania im Garten der Welt! Und was ich in Deutschland dafür tun kann, soll in der Richtung der alten Grundlinie geschehen."

Zink las den Brief laut vor und meinte danach: „Das Ende braucht der Hauptmann nicht zu erfahren, sonst tobt er vor Zorn. Man muß ihm mehr auf die Finger als aufs Maul sehen", meinte er wiederholt.

„Also, Herr Zink, wir machen das so: Ich reite sofort nach Neuorleans, suche den Prinzen im Grand Hotel auf und bereinige, was zu bereinigen ist." Er seufzte. „Das wird eine Stange Geld kosten, und was dort flöten geht, fehlt uns hier. Aber es ist besser, wir schaffen erst reinen Tisch und sehen klar. Dabei wird es nicht zu umgehen sein, daß ich Seiner Durchlaucht einige Dinge sage, die ihr sicher nicht angenehm sein werden. Außerdem kann ich ihm einen Bericht über meine Eindrücke in Texas nach Mainz mitgeben, mündlich und schriftlich. Was meinen Sie?"

Zink war einverstanden. Noch am Abend wurde in aller Stille die Abreise des Generalkommissars vorbereitet. Waldbär melde-

aufopfernde Arbeit, die Sie in den letzten Monaten leisteten, und bitte Sie, mir nun weiterzuhelfen!"

Knapp und klar war alles, was der neue Generalkommissar sagte.

Die erste Nacht hinter den Holzwänden seines Zimmers auf der „Sophienburg" fand er keinen Schlaf. Die Verhältnisse, wie er sie kennenlernte, machten eine sofortige und grundsätzliche Umstellung aller seiner Pläne notwendig. „Das Ganze wird zunächst mehr eine Rettungsaktion", dachte er.

Am Morgen war er schon bald auf den Beinen. Zink führte ihn. „Am dringendsten ist die Beschaffung von Nahrungsmittelvorräten und Arzneimitteln. Wir sind ziemlich am Ende, denn der dritte Zug brachte nur wenig mit. Einen entscheidenden Stoß bekam der Geldbeutel des Vereins durch den Kauf des Gebietes von Neubraunfels. Dazu haben wir dem Prinzen geraten und sind demnach an dieser Ausgabe mit schuld."

„Gut, dann mögen die Herren Wessel, Birkel und Klappenbach sofort nach Austin reiten, Geschirre mitnehmen und einkaufen. Geld übergebe ich ihnen. An ausreichende Bedeckung muß gedacht werden. Vielleicht reitet einer der amerikanischen Kaufleute mit, das wird den Einkauf beschleunigen."

Mit scharfem Blick für alles Wesentliche übersah Herr von Meusebach in kurzer Zeit den Stand der Dinge und suchte kraftvoll einzugreifen. Jeder, dem er die Hand drückte und ein paar zuversichtliche Worte sagte, blieb zurück mit einer neuen Kraft im Herzen.

Am dritten Tag nach seiner Ankunft ritt gegen Abend Waldbär allein an der Wache vorüber, die am Weg nach der Guadalupe stand. „Mensch, frag mich nicht, das war eine tolle Sache, allein von Karlshafen nach Neubraunfels."

Er trabte durch das Lager zur „Sophienburg" hinauf. Herr von Meusebach saß mit Zink über dem Stadtplan, als Waldbär vor den Palisaden hielt. Zink sprang auf. „Allein?"

„Ja, mein Kamerad liegt in Karlshafen, Fieber. Da ist auch der Karren. Hier ein Brief von Seiner Durchlaucht." Der Ingenieur las:

Neuorleans, 15. Juni 1845.

„Herr Zink!
Meine Reise von Neubraunfels nach Galveston verlief, von ei-

te sich sofort wieder freiwillig als Begleitmann. Er ließ es sich nicht ausreden.

„Ach was", meinte er, „das ist ein Leben, wie gemacht für einen alten Wilddieb. Wenn's nach mir ginge, nähme ich ein paar handfeste Kerle und säuberte mit ihnen den Weg von Karlshafen herauf, daß mit der Zeit dem Gesindel die Luft verginge, uns in der Arbeit zu stören."

Er suchte sich noch einen Landsmann von der Rhön aus. Am andern Tag, ehe das Lager auf den Beinen war, eilten die drei Reiter auf ausgeruhten Pferden in das rollende Land hinaus.

Vom Morgen bis zum Abend rumpelten die schwarzen Leichenwagen durch die Straßen von Neuorleans und sammelten die Ernte des Todes ein; hölzern und steif stelzte vor jedem ein Trommler her. Oft mußten sie anhalten, wenn ihnen aus einem Haus ein Zeichen gegeben wurde. Aber viele standen auch leer, ausgestorben oder von den Bewohnern verlassen. Im Sommer 1845 trat das Fieber ganz besonders heftig auf. Nur wer aus geschäftlichen Gründen nicht anders konnte, blieb zurück; denn über Neuorleans ging der Handel der Südstaaten und führte der Weg der Einwanderer aus Nordamerika und Europa nach Texas.

Die Kaufleute, die ihre Familien während der heißen Jahreszeit in gesündere Gegenden schickten, selbst aber in der Stadt bleiben mußten, wußten nie, ob sie ihre Angehörigen wiedersehen würden. Der Dollar war stärker als die Furcht vor dem Tod, die Hetze um den Erfolg stumpfte die Sorge um das Leben ab. Wem es gelang, in ein paar Jahren ein Vermögen zusammenzuraffen, der konnte sich in ruhigeren und gesünderen Gegenden behaglich ausruhen oder weniger gefährlichen Geschäften nachgehen.

Das Leben in der großen Stadt am Mississippi suchte sich während des Sommers über Angst und Sorge hinwegzutäuschen. Theater, Oper und Schaustellungen, Schnaps, Kirchen aller Konfessionen, Bethäuser vieler Sekten, Kaschemmen, Dirnen, Eleganz und Verschwendung betäubten die verwegenen Raubritter.

Als der Generalkommissar vor dem Grand Hotel in Neuorleans hielt, drang ihm schon das Poltern, Schreien und Drohen der versammelten Gläubiger des Vereins von drinnen entgegen. Er stieg aus der Kutsche, die ihn und Waldbär vom Hafen herausbrachte. Der zweite Begleiter und die Pferde blieben in Galveston zurück. Waldbär bahnte mit harten Ellenbogen eine Gasse in die Wand der Wartenden vor dem Zimmer des Prinzen. Der Polizist, der den Ein- und Ausgang überwachte, prüfte die Papiere des Generalkommissars und ließ ihn eintreten.

Die Männer vor der Tür wurden still, als ihnen der Wachmann sagte, wer da gekommen war. Sie falteten ihre Wechsel und Rechnungen, die sie eben noch wie Fahnen durch die Luft geschwungen hatten, zusammen, steckten sie ein und warteten wie Ochsen vor der leeren Raufe, die den Duft des Heues schon in der Nase haben, ehe es da ist. Aus einem Nebenzimmer trat der Prinz ein, als er die Schritte des Herrn von Meusebach hörte.

„Ich habe die Ehre, Durchlaucht." Herr von Meusebach verbeugte sich leicht. „Von Meusebach, Generalkommissar des Mainzer Vereins für die Einwanderung in Texas."

„Bin sehr erfreut, mein Herr, Sie begrüßen zu können", sagte der Prinz, „und irre mich wohl nicht, wenn ich annehme, daß Sie gekommen sind, mich aus dieser unwürdigen Lage zu befreien. Es ist höchste Zeit. Verscheuchen Sie diese Gesellschaft und sorgen Sie dafür, daß ich hier frei aus und ein gehen kann. Diese Menschen scheinen nicht begreifen zu können, mit wem sie es zu tun haben."

„Eins nach dem andern, Durchlaucht! Die Haft, die Ihnen auferlegt wurde, ist sehr mild. Man hätte Sie ebensogut ins Schuldgefängnis werfen können. Ich habe nicht die Absicht, etwas gegen das amerikanische Gesetz zu unternehmen. Wenn Sie einen geordneten Nachweis über Ihre Geschäftsführung hinterlassen hätten, würde ich mit den Leuten vor der Tür schnell fertig werden. Sie haben das versäumt; darüber reden wir noch. Ich will trotzdem versuchen, Sie aus Ihrer unbequemen Lage zu befreien."

„Aber, mein Herr —"

„Wir haben keine Minute zu versäumen. Durchlaucht, Sie persönlich sind im Augenblick die winzigste meiner Sorgen.

Mich drücken andere Dinge, und nur weil ich freie Bahn schaffen will, bin ich hierhergekommen."

Der Prinz in seinem Leinenanzug wurde still. Er spürte die Kraft, die in dem Mann zusammengeballt war, der vor ihm stand; er machte nur eine verlegene Abwehrbewegung mit der rechten Hand.

Der Generalkommissar trat vor die Tür. Die Zahl der Gläubiger war unterdessen noch gewachsen.

„Gentlemen!" begann er. „Ich habe die Ehre, die Verbindlichkeiten Seiner Durchlaucht des Prinzen Solms-Braunfels für den Mainzer Verein zu prüfen und nach Möglichkeit zu begleichen. Dabei bin ich mir bewußt, daß sich eine ganze Anzahl ehrenwerter Herren die vielseitige Verwendungsmöglichkeit von Papier und Tinte zunutze gemacht haben, indem sie die Menge der umlaufenden Wechsel und der vorgelegten Rechnungen um einige vermehrten und da, wo es möglich war, mit geduldigen Ziffern dies und jenes verschönerten.

Daß dabei der Nutzen mehr auf Ihrer Seite war, scheint mehr eine Folge, als die Ursache Ihres uneigennützigen Handelns zu sein. Ich werde mir deshalb erlauben, die von Ihnen eingereichten Forderungen in jedem einzelnen Fall genau zu prüfen; ein Schriftsachverständiger soll dabei zu Rate gezogen werden. Es wird mir eine Ehre sein, Ihnen nach Maßgabe der gemachten Feststellungen mit entsprechenden Gesetzesbestimmungen zu begegnen, wie Sie es taten, als Sie über Seine Durchlaucht Schuldhaft erwirkten. Ich weiß Ihre Vorsorge zu würdigen und würde mich freuen, wenn Sie die meine verstünden.

Haben Sie die Güte, heute nachmittag gegen fünf Uhr wieder hier zu erscheinen; bis dahin ist alles vorbereitet. Ich habe die Ehre, meine Herren!"

Er verbeugte sich und trat ins Zimmer zurück. Der Schwarm vor der Tür verzog sich schimpfend, bis zuletzt nur noch der Polizist und Waldbär übrig blieben. An der Mittagsbörse lief die Ansprache des Herrn von Meusebach von einem der Geldritter zum andern, und am Nachmittag zur festgesetzten Zeit kam kaum die Hälfte derer, die dem Prinzen in den letzten Tagen das Leben sauer gemacht hatten.

Es gelang dem Generalkommissar von der Fülle der Forderungen ganz wesentliche Beträge zu streichen, weil er wußte, wie vorsorglich die Herren ihre Höhe festgesetzt hatten. Sie mußten sich zuletzt entscheiden, überhaupt nichts zu bekommen oder die Quote anzunehmen, die er ihnen als Vergleich anbot.

Um reichlich sechstausend Dollar wurde die Kasse des Vereins erleichtert; sein Kredit erhielt dabei einen Schlag, von dem er sich nie wieder erholen konnte.

Die Einkäufe in den nächsten Tagen waren nur gegen Barzahlung möglich. Herr von Meusebach erwarb große Mengen von Schiffsproviant, Erbsen, Bohnen, Mais, Zwieback, Sauerkraut und Pökelfleisch; dazu noch eine Herde Rinden. Er ließ diese Vorräte sofort nach Galveston verladen und gab Anordnung an Kläner, sie umgehend in die Lavaccabai weiterzuschicken.

„Durchlaucht, ich komme zum Ende!" Der Generalkommissar lief mit großen Schritten im Zimmer auf und ab. Zusammengesunken saß der Prinz in einem Lehnstuhl, stützte den Kopf in die Hände und sah auf den Teppich.

„Ich beschwöre Sie, sorgen Sie dafür, daß der Verein die Zahl der Transporte in diesem Herbst recht niedrig hält und nur einwandfreie Leute annimmt. Suchen Sie das Texasfieber in Deutschland zu dämpfen. Seien Sie froh, daß Sie in der letzten Zeit die Zustände in Karlshafen nicht gesehen haben." Er blieb vor dem Prinzen stehen. „Durchlaucht, es gibt nur eins: Entweder man schickt uns zweihunderttausend Dollar, oder tausend Menschen gehen langsam ein. Sagen Sie, man möge uns mit Hin- und Herschreiberei verschonen. Zwanzigtausend Dollar habe ich mitgebracht. Wenn die Schulden in Galveston und Austin bezahlt sind, wird nichts mehr übrig bleiben. In Neubraunfels kommen wir dieses Jahr nur zur Vorbereitung der Felder. Die Leute müssen also bis ins nächste Jahr hinein ernährt werden, und das kostet Geld.

Sollte der Verein sich meinen Forderungen nicht anbequemen können, wende ich mich an die deutsche Presse; dann mag die Öffentlichkeit ihr Urteil über die Herren und das Unternehmen sprechen. Es ist eben nicht genug getan, vom grünen Tisch aus eine Kolonie gründen zu wollen und den Mindestaufwand von dort aus zu errechnen. Texas frißt Menschen und Geld! Und noch sind wir nicht am Ziel. Unser Leben ist Krieg, und deshalb brauchen wir Krieger und keine Drückeberger oder Schwärmer."

Er machte eine Pause, trat vor den Prinzen und legte ihm die Hand auf die Schulter. „Ich weiß, Durchlaucht haben das beste gewollt. Texas wies Sie in Ihre Schranken zurück. Seien Sie unser Verbündeter in der Heimat!"

Noch am gleichen Tag wurde die Haft des Prinzen aufgehoben. Mit einem Dampfer der Cunardlinie fuhr er bis Liverpool und von dort nach Bremen.

Der Generalkommissar reiste nach Galveston und Karlshafen. Hermann Köchert stand am Strand, als das Boot mit Herrn von Meusebach und seinen beiden Begleitern einlief.

„Na, wie steht's?" fragte er und gab Köchert die Hand.

„Alles geht seinen Gang! Aber wo kommen Sie her, Herr Generalkommissar? Meiner Meinung nach mußten Sie in Neubraunfels sein."

Auf dem Weg ins Lager erzählte Meusebach die letzten Ereignisse. Damit ist der Abschnitt ‚Solms' beendet", sagte er zuletzt. Dann zeigte er hinaus zu dem Raddampfer, der draußen in der Bucht Boote aufs Wasser setzte.

„Sie fangen an, auszuladen. In den nächsten Tagen kommen noch zwei Schiffe mit vollen Lasten. Lassen Sie Herrn Wilcke die Leute zum Helfen bereitstellen."

Köchert unterbrach den Generalkommissar. „Ich muß das übernehmen. Wilcke ist seit sechs Tagen krank. Gelbes Fieber. Im Krankenzelt liegen gegenwärtig zweiunddreißig Leute. Dazu mußten noch ein paar Verdächtige abgesondert werden. Vom Tag Ihrer Abreise an bis heute hatten wir siebenundzwanzig Tote. Einige Familien sind ausgestorben. Ehe der nächste Zug nach Neubraunfels abgehen kann, müssen wir hier erst mit der Seuche fertig werden: man darf sie unter keinen Umständen in die Stadt verschleppen. Wir sind stumpf geworden. Das ist gut so; denn sonst wäre es nicht zu ertragen. Seit sich der Friedhof weiter und weiter dehnt, wagen sich die Wölfe immer näher ans Lager. Sie scharren die flachen Gräber in der Nacht auf, und wir haben viel Mühe, die Bestien uns vom Leib zu halten. Wenn ich Ihnen das sage, dann will ich nicht klagen. ‚Wer kennt sich aus in diesen Deutschen', sagte mir vor einigen Tagen ein Amerikaner, der in Geschäften herkam. ‚Da, wo Amerikaner auseinanderlaufen würden, um sich einzeln in Sicherheit zu bringen und an Eigentum zu retten, was zu retten ist, da schmelzen ihre Leute zu einer Gemeinschaft zusammen, die uns unbekannt ist. Das hält sie und läßt sie jede Not überwinden.' Sehen Sie, Herr Generalkommissar, das ist es, was mich trotz allem noch an den Erfolg unseres Unternehmens glauben läßt."

Die beiden gingen durch die Lagergassen. Alles Leben hatte sich vor der sengenden Sonne in die Hütten und Zelte verkrochen. Die Luft über dem Sand flimmerte.

„Klare Sicht behalten und die Mutigen stärken!" sagte der Generalkommissar. „Sobald es die Umstände erlauben, werde ich eine Expedition in den Grant schicken, vielleicht führe ich sie selber. Man muß endlich einmal sehen, was uns Herr Fischer eigentlich verkauft hat. Denn alles, was in Deutschland vorbereitet wurde und weiterhin geschieht, geht von der Voraussetzung aus, daß das Vereinsgebiet dem entspricht, was man davon erwartet. Sollte man sich geirrt haben, Herr Köchert —"

Der Generalkommissar schwieg und sah hinunter auf das Meer. „Wer ist die Frau, die dort unten vor dem größten Zelt am Wasser steht und die Hand über die Augen hält?"

„Das ist Barbara Klappenbach. Sie pflegt die Kranken und ist von jedem Verkehr mit den Lagerbewohnern abgeschlossen. Von ihr geht eine Kraft aus, die auch dem Verlorenen noch Zuversicht und Hoffnung einflößt. Seit sie nach einem Fieberanfall wieder genas, scheint sie gefeit zu sein gegen alle Krankheit. ,Ich habe einfach nicht daran geglaubt, daß ich sterben könnte und dürfte', rief sie mir einmal über den Graben zu, der das Krankenzelt einschließt. Jetzt bangt sie um das Leben Ludwig Wilckes, ihres Bräutigams. Es steht sehr schlimm um ihn."

Sie sahen hinunter. Das Mädchen trat in das Zelt zurück. Meusebach und Köchert gingen in die schwüle Dämmerung des Schuppens und ließen sich müde auf Maissäcke fallen. Köchert erfuhr nun alles Wesentliche über den Stand der Geschäfte.

„Sie berichteten wenig Gutes, Herr Generalkommissar."

„Es wäre falsch, die Hoffenden dort draußen aus ihren Träumen aufzurütteln, die sie trotz allem weiterträumen. Aber wir müssen klar sehen, Herr Köchert, und kühl bleiben wie Schachspieler. Texas diktiert die Züge, und wir haben uns zu wehren, damit wir nicht mattgesetzt werden."

Als die Sonne sank und der Abend sich weich über das Meer legte, stieg das Fieber im Krankenzelt; zwischen Tag und Nacht hatten die Kranken ihre schwerste Zeit. Da löschte manches Leben aus, da rangen sich einige noch qualvoll durch die Krisis und hielten den Rest an Leben fest, der fluchtbereit im ausgeglühten Leib flackerte.

Barbara Klappenbach ging von Lager zu Lager und kühlte die heißen Stirnen mit Essigwasser. In die verquollenen Mundhöhlen träufelte sie kühles Wasser. Arzneien hatte sie nicht, sie selber war mit ihren behutsamen Händen die beste. Aus ihnen strömte Zuversicht und Glaube, und auch das Sterben wurde leichter, wenn ihre Hand auf einem matten Herzen lag.

In der Ecke, in der vor Wochen der Leineweber Teichmüller und seine Frau gestorben waren, rang Ludwig Wilcke mit dem Tod. Barbara kniete neben dem Kranken und fühlte den Puls. Nur siebzig leise Schläge zählte sie, die Haut war feucht und kühl. Sie riß ihm das Hemd auf und begann die Herzgrube zu reiben. Schneller sollte das Blut laufen! Der Kranke hatte die Augen geschlossen und stöhnte. Sie rieb und drückte. Die Spuren ihrer Finger traten hell auf der gelbbraunen Haut hervor. Es ging um sein Leben, die dünne Oberlippe flatterte. Das Mädchen rieb und rieb. Wenn das Herz durchhielt, war er gerettet.

Mit kräftigen Fingern knetete sie den schwachen Leib und flüsterte dem Geliebten ins Ohr, was er in guten Tagen am liebsten hörte. Die Summe ihres Lebens drängte sie in flehende Beschwörungen zusammen, als könne sie ihre gesunde Kraft auf ihn hinüberströmen lassen. Sie sank zu ihm hinunter. Ihr Ohr lauschte für ein paar Augenblicke dem verfliegenden Schlag seines Herzens. „Ludwig, Ludwig! Hörst du mich?" rief sie. Heftiger begann sie zu streichen. Wenn erst unsere Bäume blühen, wenn deine Kinder im warten spielen, wenn dein Sohn auf einem flinken Pferd über die Wiesen jagt — Ludwig, so wird es, komm, bleib da — du darfst nicht —"

Sie rieb und strich schneller. Ihr Kopf wurde leer, alle Kraft, der ganze Wille zum Leben sammelte sich in ihren Händen. Schlug nicht ihr Herz im Leib des Kranken? Wie lange ging das nun schon? Über ihnen hing an einem Draht eine Ölfunzel. Der schwelende Docht trug ein flackerndes Flämmchen, es schnappte nach Luft und war am Verlöschen.

Barbara Klappenbach goß die ganze Inbrunst ihrer Liebe über den matten Leib des Mannes aus, der vor ihr im Maisstroh lag. Sie schob die Hände unter seinen Rücken, hob ihn hoch und wankte mit ihm nach irgendeinem dunklen Zeitmaß gleichmäßig hin und her. Sie preßte sich an ihn, hielt mit der Rechten seinen Kopf fest, als er nach hinten fallen wollte und küßte die einsinkenden Lippen viele, viele Male.

Das Flämmchen über ihr ertrank im Öl. Im Dunklen klammerte sie sich an den Geliebten. Starb sie mit ihm? Eine Ewigkeit verging. Waren es Stunden, Monate, Jahre?

Als sie munter wurde und die Augen aufschlug, hatte sie Mühe, ihre Lage zu begreifen; denn eine Fülle lieblicher Traumgesichte hatte ihr alle Erinnerung ausgelöscht an das, was vorher war. Sie richtete sich auf, sah Ludwig Wilcke liegen und legte ihm schnell die Hand aufs Herz. Es schlug matt, aber regelmäßig. Die Haut war trocken und warm.

„Er lebt!!" Sie sah ihm lange in das spitzgewordene Gesicht. Ein erquickender Schlaf hatte alle Verzerrungen daraus gelöscht.

„Er lebt!!" Sie schob ihm ein Tuch unter den Kopf, öffnete die Luftklappen in der Decke und trat dann hinaus vor das Zelt. Der erste Schimmer des neuen Tages flog der Sonne voraus über das Meer. Mit purpurnen Fingern tastete sie sich leuchtend über den Rand der Welt und spiegelte sich im Meer, das tausendfach gebrochen die goldene Glut widerstrahlte. Barbara Klappenbach warf die Kleider ab und schritt langsam ins Wasser hinaus, dem neuen Licht entgegen.

Das Mädchen schloß die Augen, weich und erfrischend schmiegte sich das Meer um seinen Leib. Dann hob es die Arme und warf sich in die kühle Flut. „Nun mag kommen, was will; schlimmer kann es nicht werden", sprach es zu sich auf dem Weg zurück zum Zelt.

Der Kranke schlief noch immer. Barbara trank einen Schluck Essigwasser und machte sich an die Pflege der andern. Zwei Tote mußte sie dem Posten melden.

Am nächsten Tag schon brach der Generalkommissar wieder nach Neubraunfels auf, die Geschäfte drängten. Waldbär hielt sich immer etwas voraus, Herr von Meusebach ritt in der Mitte und Schmitz, der andere Begleiter, blieb ein Stück zurück. Am zweiten Tag der Reise waren sie von der Richtung abgekommen, der Pfad von Viktoria nach Gonzales verlor sich im Grasdickicht. Sie folgten irrtümlich einer Abzweigung nach Norden und fanden eine Stelle, an der die Prärie zertrampelt und hart wie eine Scheunentenne vor ihnen lag. Es roch brandig. Sie spürten weiter und sahen alsbald vor sich einen Haufen Gerümpel und dabei die Leichen eines Ehepaares und eines Kindes, die der Kleider beraubt worden waren.

Waldbär stieg ab. „Das ist nicht ohne Kampf abgegangen", meinte er, als er die nächste Umgebung abgesucht hatte. „Dort, auf dem niedergetretenen Gras sind sie überfallen worden. Der Mann hat sich nach Leibeskräften gewehrt, seine linke Hand ist zerschossen. Die Frau wurde mit einem Kolbenschlag niedergehauen, das Kind scheint verhungert zu sein. Zuletzt hat man sie hierher geschleppt. Vögel und Wölfe haben sich schon an ihnen gesättigt."

Waldbär hob einen Zettel auf, der unter des Mannes rechter Hand lag. „Auf eigene Faust mit dem letzten Geld von Galveston fort. Überfallen. Haben uns Ochsen und Wagen abgenommen. Frau, Antonie Berthold, erschlagen. Hierhergeschleppt. Ich, Heinrich Berthold, Stich im Rücken und linke Hand zerschossen. Wollten uns verbrennen. Konnte Feuer löschen. Blut läßt sich nicht stillen. Dortchen schreit. Hunger. Schreiben, an Bruder Hermann in He—"

Der Generalkommissar las den Zettel einige Male. „Das ist der Zoll, den wir zu zahlen haben, ehe uns dieses Land zu den Seinigen zählt! Der Überfall mag vor zwei Tagen geschehen sein. Waldbär, wenn wir die Hunde vor die Flinte kriegen!"

Sie gruben die Toten ein, so gut es mit Waldbärs kleinem Spaten ging.

„Wieviele Deutsche mögen in aller Welt dem Drang in die Fremde zum Opfer gefallen sein? Sie blieben die Saat, aber die Ernte schnitten oft andere. Sie blieben einzeln und schwach, wenn andere einig und stark wurden. Sie waren Werkzeug, und andere trugen das Werk davon. Dieser Berthold hätte abwarten sollen, was ihm die Führung vorschrieb. So lief er davon. Und das ist das traurige Ende."

Schweigend stiegen die Männer wieder zu Pferd und suchten den richtigen Weg. Zwei Tage darauf, es mußte kurz vor Seguin sein, sahen sie in der Ferne einen Planwagen durch die Prärie schwanken. Herr von Meusebach nahm sein Fernglas aus der Satteltasche. Ein Ochsenwagen. Er verschwindet in einer Senkung. Abwarten. Gewehre fertigmachen. — Auf der Höhe davor eine Baumgruppe und Büsche, der Pfad ist ziemlich ausgefahren. Wahrscheinlich liegt eine Siedlung in der Nähe." Sie warteten und hielten sich dicht hintereinander, von vorn hätte man meinen können, es sei nur ein Reiter. Drüben kam das Geschirr aus der Senke herauf. „Einer führt, ein anderer scheint vorn zu sitzen. Ich sehe den Peitschenriemen über die Tiere hinfliegen. Ihre Pferde haben sie hinten an den Wagen gebunden. Ich wette, es sind die Strolche, die wir suchen. Wir umreiten sie in weitem Bogen und stellen sie von vorn."

Die Amerikaner sangen, sie fühlten sich sicher. Der Wagen fuhr weiter. Als er hinter der nächsten Bodenwelle verschwand, gaben die drei Deutschen ihren Gäulen die Sporen und hielten bald auf der Höhe vor dem Gespann, die Gewehre im Anschlag.

Meusebach rief die Buschklepper an: „Halt! Hände hoch!" Das Lied brach jäh ab. Die Räuber standen vor Schreck wie Pfähle. Ihre Flinten hingen an den Sätteln der Pferde hinter dem Wagen. Der eine wollte zurückspringen, doch Waldbär jagte ihm eine Kugel in den Schenkel. Er stürzte. Der andere streckte darauf die Arme kerzengerade in die Höhe. Den Ochsen war der Aufenthalt willkommen, sie begannen zu grasen. Die drei ritten vorsichtig heran. Der unverletzte Amerikaner hatte Pistolen im Gürtel stecken. Blitzschnell ließ er einen Arm sinken und wollte sein Schießeisen herausziehen. Da durchschoß ihm Schmitz die Hand, heulend schwenkte sie der Buschklepper durch die Luft. Die drei Deutschen sprangen ab, und in wenigen Augenblicken waren die beiden Räuber gebunden.

Waldbär warf einen Blick ins Wageninnere. „Eine Menge Sachen, Herr", sagt er. „Hausrat, Kleider und Vorräte; sicher mehr, als die Familie Berthold mit sich führte. Demnach haben die Schurken noch Verschiedenes auf dem Gewissen."

Die Gefangenen wollten reden.

„Mit euch machen wir wenig Federlesens", wehrte der Generalkommissar ab. „Da hinten die Eichen", er zeigte mit dem Daumen über die Schulter.

Schmitz nagelte nachher einen Pappdeckel an den Stamm mit der Aufschrift: „So lernen alle fliegen, die sich an Deutschen und ihrem Eigentum vergreifen!!!"

In den Satteltaschen der Buschklepper fand sich ein runder Betrag an deutschem Geld. Auch die Gewehre der beiden waren deutschen Ursprungs; sie trugen die gleiche Fabrikmarke wie die der Wachen in Karlshafen und Neubraunfels.

„So kommt doch eins wieder zum andern", meinte der Generalkommissar, als sie weiterzogen.

Drei Tage darauf kamen sie in Neubraunfels an. Vom Markt her flog ihnen aufgeregtes Stimmengewirr entgegen. Dichtgedrängt standen die Menschen unter der Ulme. Etwas ganz Wichtiges hielt alle in Atem: Zink verteilte soeben die Landlose.

Der Generalkommissar drängte sich durch die Menge. Zink begrüßte ihn und machte ihn kurz mit der Lage bekannt: „Um den Marktplatz herum habe ich alle Geschäfte gelegt, dazu noch die wichtigsten Handwerke. Nun will jeder einen Kramladen aufmachen und handeln. Wenn ihr nichts Besseres wißt, habe ich zu ihnen gesagt, dann macht ihr es schlimmer, als es in der Heimat war. Die Warenverteilung muß in einem gesunden Verhältnis zu Erzeugung und Verbrauch stehen. Ihr könnt nicht alle Krämer werden. Bauern brauchen wir vor allem. Wenn niemand sät, gibt's keine Ernte! Aber die Leute sind wie verrannt in ihre Pläne. Wollte ich alle Gastwirtschaften zulassen, die aufgemacht werden sollen, dann gäbe es in Neubraunfels bald keinen nüchternen Menschen mehr."

Trotz der Strapazen, die er hinter sich hatte, griff der Generalkommissar sofort ein: „Faulenzer können wir hier nicht gebrauchen", rief er zornig. „Das könnte euch so passen, hinterm Ladentisch zu hocken, bis die Bimmel über der Tür wackelt und dann Tütchen abwiegen, mit dem Daumen auf der Waagschale. Ich kenne das. Erst muß erzeugt werden, es wird sich dann schon finden, wie wir die Ware an den Mann bringen. Baut Mais, schafft Gemüse, Obst und Fleisch! Alles Weitere hat Zeit. Alles soll es einmal hier geben, aber nur in der Reihenfolge, wie die Umstände hier es erfordern. Es wird nicht davon abgewichen, daß jeder sein Haus bauen, einige Acker Land bestellen, einen Garten anlegen und Vieh halten muß. Keiner darf den andern mißbrauchen durch Handel und Halsabschneiderei. Wenn ihr das wollt, setze ich euch eine Handvoll Juden in den Pelz. Dann sollt ihr erleben, wo euch die Haare bleiben!"

„Habt ihr's gehört?" schrie eine Stimme aus dem Hintergrund, wir selber sollen die Häuser bauen. Der Verein hat uns aber versichert, sie zu erstellen; da seht ihr's wieder!"

„Leg' dich auf den Buckel und warte, bis sie ein paar Pappschachteln voll aus Mainz schicken", antwortete der Generalkommissar scharf. „Ihr erhaltet das Bauholz umsonst, ebenso die Fenzriegel. Ich habe das Vereinsprogramm nicht gemacht und lehne es ab, daß nutzlos darauf herumgeritten wird. Der erste Getreidehalm, der erste Pfahl am Gartenzaun sind mir wichtiger als alle zwecklose Haarspalterei. Ich rufe alle die auf, die zupacken wollen. Wem das nicht paßt, der ist entlassen! Trete einer nach dem andern vor und ziehe sein Los."

Der Generalkommissar reckte sich hoch auf und ließ seine stahlblauen Augen klar und ruhig über die Menge gleiten.

Nun griffen rissige braune Hände in die Kiste auf dem Tisch, in die Zink die zusammengefalteten Nummernzettel gelegt hatte. Begierig wurden die Zettel ausgerissen, die Zahlen sprangen in die Gehirne. Wer sein Los hatte, drängte aus dem Ring und lief hinaus, sich den Pfahl zu suchen, der die Nummer des Loses trug.

Mit leuchtenden Augen ging Heinrich Klawutke neben seinem Freund Piesicke her. „Mensch, wat sachste nu? Von heute an sin wa richtje Bauern. Kannst du det bejreifen? Mir is et janz feierlich. Jetzt braucht nur der Pastor noch zu predigen, denn heul ick los! — Nu' werd' ick ooch bald heiraten", sagte er dann versonnen und suchte sein Land mit den Augen zu umfassen.

Dieser Tag gab alle der Erde wieder, die sie ernähren sollte. Außer einigen, die sich durch das Los benachteiligt glaubten, empfand jeder im Bewußtsein sicheren Besitzes ein neues Heimatgefühl.

Der Sommer war heiß und trocken. Die Deutschen in Neubraunfels verkamen fast in der Glut. Aber sie arbeiteten unermüdlich, über jedem schwebte wie ein Traumbild das Hauswesen, das er sich erschaffen wollte. Sie sprachen von nichts anderem als von ihrem Haus, ihrem Geschäft, ihrer Landwirtschaft. Und mancher, der schwach zu werden drohte, biß die Zähne aufeinander und arbeitete mit letzter Kraft fort, weil seine Nachbarn anfeuernd neben ihm werkten und er da nicht zurückbleiben wollte.

Was war aus all den Menschen geworden, den schwärmerischen Jünglingen, den Studenten, Offizieren und Lehrern, den Pläne schmiedenden Handwerkern und Bauern! In zerschlissenen Kleidern, braungebrannt, bärtig und zäh, heimlich oft hadernd mit ihrem Schicksal, standen sie mit der Sonne auf und legten Zügel, Sägen, Beile und Hämmer erst aus den schwieligen Händen, wenn der Abend über das Land sank.

Die Frauen und Kinder standen jeden Morgen in langer Reihe vor der „Sophienburg", die Tagesrationen zum Kochen zu empfangen. Es gab nicht genug Ochsen, Kühe und Pferde, um die notwendigen Spanndienste auszuführen. Es war ein gefährliches Geschäft, die schweren Stämme aus Eichenholz, die Ulmen und Zedern auf die Baustellen zu bringen. Väter, Mütter und Kinder spannten sich vor die Bäume und schleiften sie keuchend über die hartgewalzten Pfade. Wieviele Stämme gehörten selbst zum kleinsten Blockhaus, welche Mengen Holz waren nötig, zehn Acker Land einzuzäunen! Der und jener fragte sich, ob die ganze Anstrengung denn überhaupt Sinn habe, Neubraunfels war doch nur Station vor dem eigentlichen Ziel! Warum also hier sich abschinden, wenn es doch einmal weiterginge? So schwankten die Menschen auf und ab zwischen Hoffnung und Verzweiflung, verfluchten ihr Schicksal und begannen von neuem zu glauben, wurden stark und schwach vor sich selber. „Bin ich es denn noch?" fragte sich mancher, der spürte, wie er gänzlich umgeschmolzen wurde.

Nach Zinks Vorschriften mußten die Blockhäuser so weit in die Stadtgrundstücke eingerückt werden, daß für spätere Steinbauten genug Platz an den Straßen blieb. Er sah in Gedanken nach dem Bau der vorläufigen Blockhäuser eine rechte deutsche Stadt entstehen: ein stolzes Rathaus, weite Plätze, schöne Kirchen, Schulen und stattliche Bürgerhäuser. Aus solchen Träumen konnte auch die texanische Wirklichkeit den sonst so nüchternen Ingenieur nicht vertreiben.

Langsam nahte der Herbst. Das Bild der Stadt formte sich immer deutlicher. Eigentum grenzte sich sichtbar voneinander ab. Straßen zogen sich staubig und ausgefahren; zwischen den Zäunen hin. Aber von Woche zu Woche stiegen die Sorgen des Generalkommissars. Die eintönige Kost behagte den Leuten nicht mehr, sie verlangten nach Abwechslung. Es gab wieder Skorbutkranke, und schnell hereinbrechende Wetterstürze nach eisigen Nordern brachten Wechselfieber. Jede Besserung der Lage war zuletzt abhängig vom Geld. Und das blieb aus. Schon liefen wieder Wechsel durch die Hände der amerikanischen Geschäftsleute. Zahlungsfristen konnten nicht eingehalten werden.

„Herr von Wrede", sagte der Generalkommissar, „was soll werden, wenn die kalte Jahreszeit kommt und die Häuser noch nicht fertig sind? An der Küste war das Wetter mild und menschenfreundlich, aber hier im Westen wird es wohl mancherlei auszustehen geben. Wir müßten auch Werkzeug ersetzen und uns mit Nahrungsmitteln für den Winter eindecken."

Er saß vorgebeugt auf seinem Stuhl und stützte den Kopf in die Hände. „Sie müssen Geld schaffen! Hier ist ein Brief der Vereinsleitung in Mainz, der einen größeren Betrag ankündigt. Reiten Sie nach Austin. Sehen Sie zu, daß Sie auf den Brief hin eine entsprechende Summe geliehen bekommen. Ich kann es auf die Dauer nicht verantworten, unsern Leuten das Geld vorzuenthalten, das sie zu beanspruchen haben. Sie drängen immer mehr auf Auszahlung ihrer Guthaben und fangen an zu drohen. Es, fehlt an Salz und Gewürzen. Als Dr. Köster vor vierzehn Tagen die Tochter des Bäckers am Markt heiratete, hatten wir nicht Mehl genug für ein paar Kuchen!"

„Wir dürfen die Ruhe nicht verlieren", antwortete der Hauptmann. „Sie erwähnten Köster. Ein wenig zuverlässiger Mensch! Ich habe Besseres von ihm gehalten. Sie hätten ihn in Hamburg vor der Abreise hören sollen. Man sagte mir, er wolle bei seinem Schwiegervater Bäcker lernen, und beide hätten vor, dazu eine Gastwirtschaft auszumachen. Köster ist wohl ein guter Geschäftsmann, aber ein schlechter Arzt, dazu ein Mensch, dem das. Wort ‚Opfer' fremd ist. Unsere Lage drängt jeden zum Bekenntnis, keiner kann sich hinter verquollenen Worten verstecken. Die Not macht ehrlich, so oder so."

„Man muß ihm manches nachsehen", meinte der Generalkommissar. „Was kann er als Arzt eigentlich ausrichten? Verdammt wenig. Immer neue Krankheiten tauchen auf, die niemand kennt und gegen die wir keine Mittel haben. Da ist jetzt wieder dieser eigenartige Hautausschlag, der rasch um sich greift und die Arbeit lähmt. Was ist es? Kommen Sie mit Wasser daran, wird es schlimmer. Köster ist ratlos. Öl und Fett scheinen zu helfen, wenn man sie auf die juckenden Stellen reibt."

„Ich entsinne mich, in Italien etwas Ähnliches erlebt zu haben", sagte der Hauptmann. „Dort nennt man die Krankheit Pellagra, rauhe Haut. Sie entsteht nach einseitiger Maisernährung und überfällt dort deshalb nur die Armen. Man müßte das Essen unserer Leute verbessern."

„Das ist aber wieder nur eine Frage des Geldes, Hauptmann von Wrede", unterbrach ihn der Generalkommissar. „Sie reiten also nach Austin!"

Anfang Oktober 1845 ritt Herr von Wrede mit dem Leutnant von Klaren und Kaufmann Wessel nach Austin. Er trug in der Tasche seines hirschledernen Nockes den Brief der Vereinsleitung in Mainz, der die Überweisung einer größeren Geldsumme anzeigte. In raschem Ritt flogen die drei Männer über die Prärie, lange dem alten Spanierpfad folgend, der von Presidio am Rio Grande in Mexiko kam und quer durch Texas nach Luisiana führte und erreichten glücklich ihr Ziel.

Es gelang dem Hauptmann, auf Grund des Briefes zwei Drittel der angekündigten Summe von Austiner Geschäftsleuten geliehen zu bekommen. Ein Teil des Geldes wurde in Waren angelegt, den Leinenbeutel mit dem Rest barg der Hauptmann in der rechten Satteltasche. Zuversichtlich traten die drei Männer dann den Rückweg nach Neubraunfels an, die Ochsenwagen mit dem eingekauften Gut sollten nachfolgen. Fünfundfünfzig Meilen Weg hatten sie nun zurückzulegen, der an keiner Siedlung vorüberführte; man mußte also im Freien übernachten.

In der Frühe des 24. Oktober waren sie von Austin weggeritten und lagerten nun am ersten Abend unter einer Gruppe von schlanken Lebenseichen. Eine Quelle brach hundert Schritt davon entfernt aus dem Boden. Buschwerk und Gras wuchsen üppig dem schmalen Wasserlauf entlang. Die Männer freuten sich auf ein saftiges Stück des Hirsches, den sie geschossen hatten. Gewehre, Pulver und Geldbeutel lagen zwischen den knorrigen Wurzeln der größten Eiche. Wessel schürte das Feuer, eine weiße Rauchfahne stieg kerzengerade auf, hoch oben vergoldet von der sinkenden Sonne.

Der Hauptmann und Klaren lagen im Gras, die Sättel unter den Köpfen. Sie sahen blinzelnd hinauf in den Himmel, ein weißes Wölkchen schwamm darüber hin. Wessel drehte und wendete eine Hirschkeule, Herz, Leber und Nieren brieten im kupfernen Kessel.

Plötzlich hob der Hauptmann den Kopf und lauschte. Dann bückte er sich und legte das Ohr auf die Erde.

„Was ist?" fragte Klaren.

„Pst - Ruhe!" Der Hauptmann winkte ab. „Hufgetrappel."

Wessel war an die Quelle gegangen, um Wasser zu holen. Auch Klaren legte jetzt sein Ohr auf die Erde und lauschte.

„Ich höre wohl etwas", meinte er, „aber es kann auch mein Herz sein. Vielleicht sind es Büffel?"

Reiter sind es, sie kommen eilig näher. Nehmen Sie Ihr Gewehr! Besser ist besser."

Sie warnten Wessel. Der lachte. „Wollen uns doch das Essen nicht verderben lassen. Vielleicht sind's Weiße, unterwegs wie wir. Dann muß ich noch eine Keule auf den Spieß stecken!"

Des Hauptmanns lederfarbenes Gesicht zog sich straff. Er preßte die Augen blinzelnd zusammen und sah spähend in die Weite, soweit es das hohe Gras zuließ. Er griff nach seiner Flinte und legte die Pistolen neben sich.

„Jeder auf eine Seite des Stammes", befahl er dann kurz.

„Hinlegen! Deckung hinter den Wurzeln. Keinen Schuß übereilen. Kaltes Blut. Sie kommen von vorn."

Klaren sah noch nichts, aber das Hufgetrappel war deutlich zu hören, und bald ertönten die kreischenden Stimmen von Indianern. Sie kamen von vorn, dann aber auch von der Seite und von hinten. Die Deutschen wurden umzingelt. Der Hauptmann legte sich den Geldsack unters Gewehr, um eine bessere Auflage zu haben. „Sie kreisen uns ein. Jeden einzeln aufs Korn nehmen. Ruhig laden; gut zielen und nicht zittern beim Abdrücken!"

Wessel sah die braunen Gestalten vorüberhuschen. Er kroch ins Gebüsch und blieb mit verhaltenem Atem liegen. Die Indianer schlossen den Ring jetzt enger; in rasendem Ritt umkreisten sie den Lagerplatz. Einige schwangen dabei Gewehre über den Köpfen, andere trugen nur Bogen, Pfeile und kleine, runde Schilde.

„Die haben nichts Gutes im Sinn", meinte der Hauptmann überlegen. „Ich wartete eigentlich schon lange auf so etwas, kann aber nicht sagen, daß ich mich in dieser Lage besonders angenehm fühle."

„Dreißig Rote können es sein," meinte Klaren und gab sich Mühe, ruhig zu bleiben.

Jetzt mochten die Indianer die beiden genau erkannt haben. Sie ritten noch schneller; die ersten Schüsse krachten. Klaren drückte ab. Er zitterte. „Ruhig Blut", mahnte der Hauptmann. „Niedriger halten!"

Zunächst schien es, als hätten die Rothäute nur Freude am Knallen, ihre Schüsse gingen daneben. Sie begannen mit schriller Kopfstimme ein Kampflied zu singen, und dabei schossen sie, ohne recht zu zielen nach der Eiche. Der Stamm wurde von Kugeln gespickt, aber alle saßen hoch über den Köpfen der beiden Deutschen.

„Noch etwas herankommen lassen", riet der Hauptmann. Sein Auge visierte über Kimme und Korn.

Ihre Überlegenheit machte die Indianer sicher, sie spielten mit ihren Opfern.

„Was mögen sie singen?" fragte Klaren, mühsam beherrscht.

„Es sind Comanches", flüsterte der Hauptmann. „Ich kenne ihre Sprache."

Die Kugeln, die sich in den Eichbaum bohrten, rückten immer weiter herunter an die Köpfe der beiden.

„Hören Sie", sagte der Hauptmann, „sie singen so: ‚Freund, was immer dir droht' — eine Kugel fuhr in den Sattel, den der Hauptmann als Deckung vor sich gelegt hatte —, ‚wenn du mich rufst, will ich dir helfen.'"

Klaren schoß rascher. Im Ring der Reiter gab es eine Lücke. Einer warf die Arme in die Luft und fiel vom Pferd. Jetzt schwoll der Gesang der Indianer gellend an. Der Hauptmann jagte Kugel um Kugel aus der Flinte und sprach dabei ruhig die Worte des Liedes zu Ende, das die Rothäute sangen: „Furchtlos alles erduldend werde ich dir zur Seite stehen."

Im Kreisen der Reiter gab es Verwirrung, Pferde und Männer stürzten. Aber der Ring schloß sich immer enger wieder. Klaren schoß aufgeregt, der Hauptmann feuerte wie auf dem Anstand, jeder Schuß saß.

Jetzt krachten die Schüsse in Salven unter die Bäume. Wessel krallte die Hände ins Gras und versuchte am Knall des Hauptmanns und Klarens Büchsen zu erkennen. Den peitschenden, hohen Ton der deutschen Gewehre konnte man gut heraushören. Die Roten schossen in immer kürzeren Abständen. Da schwieg eines der deutschen Gewehre und kurze Zeit darauf auch das andere. Dann hörte das Schießen ganz auf, ein wildes Durcheinander von Stimmen rückte näher. Wessel kroch, da die Rothäute abgesessen waren und sich unter die Eichen drängten, aus seinem Versteck, sprang auf und lief in die Prärie hinaus, um eines der Pferde einzufangen; aber er konnte keines finden.

Nach bangem Lauschen und Spähen umging er den Kampfplatz und suchte den Weg nach Austin zurück. Auf brennenden Füßen irrte er die Nacht über durch die Prärie. Oft sank er keuchend um, aber Schmerz und Sorge trieben ihn nach ein paar Augenblicken weiter. Hunger und Durst brannten ihm in den Eingeweiden, das scharfe Gras schlug ihm Wunden in Beine und Arme.

Gegen Morgen sah er endlich den Colorada glänzen. Einige Schluck Wasser erfrischten ihn. Er war nach rechts abgekommen und lief nun den Fluß aufwärts der Stadt entgegen. Im Büro des Sheriffs brach er zusammen, nachdem er die notwendigen Angaben mit letzter Kraft gemacht hatte. Sobald er wieder zu sich gekommen war, brach er mit einer Schwadron Dragoner auf, um den Kampfplatz zu suchen und die Indianer zu verfolgen. Sie fanden die beiden tot, skalpiert und ausgeplündert unter den Eichen. Den Hauptmann hatten neun Kugeln getroffen, Klaren dreizehn; dazu trug jeder noch viele Pfeilschüsse. Eilig wurden sie begraben, es sammelten sich schon Aasgeier auf den nächsten Bäumen.

Wessel erhielt dann für die Reise nach Neubraunfels fünf Dragoner als Bedeckung, der Haupttrupp wandte sich nach Westen und folgte den Spuren der Indianer.

An einem der letzten Oktoberabende ritten mit sinkender Nacht der Kaufmann Eduard Wessel und seine Begleiter den Vereinsberg hinauf zur „Sophienburg". Unten in der Gaststube des Herrn von Wedemeyer am Markt brannte Licht; ein Volkslied klang leise hinter den Reitern her. Über zwei, drei tiefen Bässen schwebten ein paar volle Mädchenstimmen. Die Wache am Tor der „Sophienburg" nahm Wessels Meldung entgegen und weckte den Generalkommissar.

Licht sprang auf. Herr von Meusebach war schnell auf den Beinen und trat auf die Veranda. Er erschrak, als er Wessel allein heraufsteigen sah.

Vor dem Tisch, auf dem ein hohes Wachslicht brannte, standen sich dann der Generalkommissar und Wessel gegenüber. In kargen Sätzen berichtete der Kaufmann den Verlauf des Rittes bis zu dem Überfall unter der Eiche. Meusebach biß die Zähne auf die Unterlippe und sank in den einfachen Stuhl, den ihm die Zimmerleute gebaut hatten. Als Wessel zu Ende war, blieb es lange Zeit still. Die Kerze knisterte, allerlei Insekten schwirrten in ihrem Schein.

„Er war der beste von allen", sagte der Generalkommissar. „Unbestechlich, sauber. Nichts für sich, alles für andere. Was wird nun ohne ihn? Und Klaren? Er wäre einer geworden, dem man unsere Zukunft ohne Vorbehalt hätte anvertrauen können. Jung, aufrecht und fest. Ein Mann für Texas. Wir haben wenige seines Schlages."

Die große Uhr in der Ecke zeigte die elfte Stunde an. Der Kuckuck fuhr rasselnd hinter seinem Türchen hervor und rief elfmal laut in die schmerzgeladene Stille. „Ich will Zink wecken lassen", nahm der Generalkommissar das Wort. „Er soll alles wissen. Wir werden uns sofort klar darüber werden müssen, was zu tun ist." Herr von Meusebach trat in die Dunkelheit hinaus und rief den Posten.

In der Nacht noch fand die Kunde den Weg hinunter nach Neubraunfels, und ehe der Morgen kam, wußten die meisten schon, was aus der Reise des Hauptmanns nach Austin geworden war. Aus fertigen und angefangenen Blockhäusern aus Laubhütten und Zelten traten die Menschen und sprachen leise miteinander. Der Hauptmann war allen Gewähr dafür gewesen, daß sie eines Tages doch da stehen würden, wo sich ihre Hoffnungen hinsehnten. Und nun?

Bis in den Morgen hinein saßen die Führerin dem großen Zimmer des Generalkommissars und berieten. Ervendberg war noch geholt worden, ebenso Julius von Koll, Beneh und Thomas Schwab.

„Für mich sieht die Lage jetzt so aus", sagte der Generalkommissar endlich: „Das Geld ist verloren. Der Verein bleibt es den Geschäftsleuten in Austin schuldig. Das muß diesen Männern gegenüber ausdrücklich betont werden; denn in unserer Lage ist der Schatten von Kredit, den wir noch haben, unentbehrlich. ‚Bettelberg' nennen uns die Amerikaner schon. Daraus ist zu ersehen, wie wir eingeschätzt werden. Köchert hat uns inzwischen den vierten, bisher größten Transport noch geschickt. Wie Bettelvolk zogen die Leute ein. Es muß in Karlshafen schlimm aussehen, wenn das noch die besten waren. Viel unsicheres Volk ist darunter. Dazwischen freilich eine Anzahl ehrbarer Familien, Leute, die wissen, was sie wollen, trotz Sorge und Not.

Ich werde also in den nächsten Tagen mit einer Expedition aufbrechen und versuchen, den Grant zu erreichen. Sollte das nicht gelingen, dann will ich wenigstens einen Platz ausfindig machen, an dem wir einen Teil der Leute, die uns hier belasten, ansiedeln können.

Zuerst möchte ich Neubraunfels von allen Unsicheren befreien. Herr von Koll übernimmt als Nachfolger Klarens die Bewachung. Da wir auf unserem Marsch immer tiefer in das Indianergebiet eindringen, muß die bewaffnete Sicherung besonders stark sein. Sie wollten etwas sagen, Herr Zink?"

„Nicht eigentlich zur Sache selber. Aber ich muß einmal aussprechen, was mich schon lange drückt." Die übrigen sahen den ernsten Mann erwartungsvoll an. „Auch wenn der Kauf des Grants von Fischer zu recht besteht, besitzen wir ihn nur auf dem Papier. Ich fürchte, das Gebiet muß den Indianern erst abgezwungen werden. Wir sind zu schwach für einen Angriff und müssen versuchen friedlich, wenn auch unter manchem Opfer mit den Rothäuten übereinzukommen. In unserer Lage scheint es mir verfehlt, im Sinn Herrn von Kolls sie anzugreifen und Rache zu üben für den Mord an unsern beiden Freunden, soviel Recht wir an sich auch dazu hätten. Wir können nur das Mögliche tun, und das ist nicht allzuviel."

So wurde die Expedition beschlossen. Außer Herrn von Meusebach sollten noch Beneh und Koll teilnehmen.

In den nächsten Tagen wurde der Zug mit Eifer vorbereitet. Als sich der Schrecken nach dem Indianerüberfall etwas gelegt hatte, schlug die Stimmung in der Stadt um. Es kam zu Zusammenrottungen, in denen der Generalkommissar als Vertreter des Vereins heftig angegriffen wurde. Die unzuverlässigen Elemente zogen zur „Sophienburg" hinauf und verlangten Herrn von Meusebach zu sprechen. Mit erbitterten Worten warfen sie ihm die Schuld des Vereins vor und forderten schnelle Hilfe.

Herr von Meusebach klärte sie offen über die wahre Lage auf: „So kommen wir nicht weiter! Ich lasse mich zu keiner Übereilung drängen. In einigen Tagen brechen wir zu einer Expedition auf und suchen den Grant. Alle, denen es hier nicht paßt, können sich anschließen. Doch behalte ich mir die endgültige Auswahl der Teilnehmer vor. Vor allen andern haben sich die bereitzuhalten, die auf Kosten des Vereins hierhergekommen sind und es für überflüssig hielten, das ihnen zugeteilte Stadtlos zu bearbeiten."

„Wir wollen in den Grant!" riefen einige Stimmen. „Lieber ein Ende mit Schrecken als ein Schrecken ohne Ende!"

„Landsleute, seid vernünftig", antwortete Herr von Meusebach. „Es ist doch schon mancherlei erreicht; dreht euch um und seht hinunter. Neubraunfels wächst. Aber nicht aus Genörgel und Unzufriedenheit. Ich bin entschlossen, mich rücksichtslos gegen die zu wehren, die sich nicht einfügen und die Ordnung untergraben. Ich sage doch nichts Neues, wenn ich darauf hinweise, daß sich unter Ihnen eine ganze Anzahl Leute befinden, die besser daheim geblieben wären, die uns mehr belasten als nützen!"

Vor dem Abmarsch hatte der Generalkommissar noch einen Sturm auszuhalten. An einem Nachmittag ließen sich drei Kaufleute aus Austin bei ihm melden. Sie hatten von dem geplanten Unternehmen erfahren und waren gekommen, der Geschäftsführung einige Wechsel vorzulegen. Man konnte ja nicht wissen. Herr von Meusebach überzeugte sie davon, daß sie sich umsonst herbemüht hatten.

„Da ist nichts zu machen, meine Herren; die Kasse ist leer. Sollten Sie beabsichtigen, uns pfänden zu lassen, dann schneiden Sie sich ins eigene Fleisch; denn wo nichts ist, haben auch Sie das Recht verloren. Lassen Sie uns leben, dann bleiben Ihnen die meisten Aussichten, Ihre Ansprüche einmal befriedigt zu sehen."

Die Herrn machten saure Gesichter. Aber zuletzt gelang es dem Generalkommissar sogar durch seine Beredsamkeit noch ein gewichtiges Darlehen von den Amerikanern zu erhalten. Wie geschlagen kamen sie sich vor, als sie den Vereinsberg wieder hinunterritten."

Einige Tage darauf traten gegen vierzig ledige Männer auf dem Marktplatz von Neubraunfels an zu dem Zug nach Nordwesten, dem Vereinsgebiet entgegen. Dazu kamen noch fünfzehn Mann berittene Wache, die bis an die Zähne bewaffnet waren. Julius von Koll führte sie als Nachfolger Klarens. Auf diese Truppe konnte sich der Generalkommissar verlassen. In acht Ochsenwagen war mit Umsicht alles verstaut, was für die Expedition notwendig erschien: Mais, Weizenmehl, Gewürze, Werkzeuge, Geräte, Geschenke für die Indianer, Zelte und vieles andere, ferner eine Kanone.

Unter den Rindern hatte Zink die besten Gespanne ausgesucht. „Geben Sie Obacht auf die Ochsen", schärfte er den Geschirrsührern ein. „Wir haben bisher durch Unachtsamkeit und Ungeschick der Fuhrleute gegen hundertfünfzig Stück Vieh verloren." Dasmeiste davon in der Prärie, wenn die Tiere weideten und nicht wieder eingefangen werden konnten."

Der Generalkommissar musterte die Reisegesellschaft noch einmal. „Sollte sich der und jener nicht fügen", sagte er danach zu Koll, „dann machen wir kurzen Prozeß. Die Auslese der

Brauchbaren wird in dem Maß, wie sich die Verhältnisse zuspitzen, immer rücksichtsloser."

Dann rückten sie ab. Langsam gewann der Zug die Höhe hinter der Stadt. Aus der Grasnarbe trat dürrer, steiniger Boden hervor. Einzelne Gruppen von Pfosteneichen standen noch in der Weite. Vor ihnen dehnte sich gelb und kahl eine magere Hochfläche aus. Schweigend zogen die Auswanderer weiter ins Unbekannte. Nur die Rufe und Flüche der Fuhrleute und ihr Peitschenknallen unterbrachen die Stille. Gefährlich und zeitraubend wurde der Abstieg in eine Anzahl hintereinanderliegender, schluchtenreicher Felsentäler. Da gab es Quetschungen, Stürze und Schürfwunden in Menge.

Und wenn es dann auf der andern Talseite hinausging, mußte jede Hand zupacken, schieben und stemmen.

Ode Einsamkeit empfing sie auf der wasserarmen Hochfläche. Das harte Gras war dürr und wurde immer rarer. Selten begegneten sie Hirschen, die auf weiten Wanderungen den wenigen Wasserstellen nachspürten.

Mit dem Kompaß suchten die Deutschen den Weg in die Ferne und erkannten an klaren Tagen weit im Norden geradlinige, unbewaldete Bergrücken. „Wo liegt der Grant? Vielleicht gibt es dort Gold? Wo sind die Indianer? Werden sie es wagen, uns anzugreifen?" Solche Fragen stellten sie sich, wenn sie am Abend um die Feuer saßen.

Dann durchquerte der Zug das enge, fruchtbare Tal der Sabine. Saftiges Gras wuchs auf der schwarzen, zusammengeschwemmten Erde, im Fluß gab es reichlich Fische. Zwei Streifen Wald zogen den Wasserlauf entlang.

„Für größere Ansiedlungen unbrauchbar, trotz aller Fruchtbarkeit", meinte der Generalkommissar. „Vielleicht können sich hier später einmal einzelne Farmer niederlassen."

Die Jäger verscheuchten Wölfe, die in faulenden Wildresten wühlten, und fanden im Grund verlassene Lagerplätze der Indianer mit frischen Feuerspuren. Die Marschsicherung wurde nun neu geregelt. In weitem Bogen, die Flügel zurückgenommen, schwärmte die Wache voraus. Alle Sinne lagen auf der Lauer.

Über eine kahle, zerklüftete Hochfläche hin ging es tagelang durch das Quellgebiet der Guadalupe, beinahe nördlich, dem

Pedernales entgegen. Sie befanden sich auf der Wasserscheide zwischen Guadalupe und Colorado und stiegen endlich hinunter ins Tal des Flusses. Wie ein grüner Garten kam es ihnen vor. Es fand sich eine Furt im Wald, der Fluß wurde durchquert.

Da kam Waldbär atemlos zurückgesprengt, er war am weitesten vorausgeritten. „Über dem Wald steigt Rauch auf. Ich ließ das Pferd zurück und versuchte mich anzuschleichen. Auf einer Grasfläche am Berghang lagern Indianer. Ich konnte sechsundvierzig Zelte zählen. Um den Platz stehen Eichen, buschige Erlen und riesige Zedern. Der Hang hinter dem Wald ist ziemlich baumfrei und gibt weite Sicht nach Ost und West. Es mögen über hundert Rothäute sein."

„Das hätten wir eher wissen sollen", sagte der Generalkommissar, jetzt haben wir den Fluß im Rücken; es wäre besser, er läge vor uns. Aber wir gehen nicht zurück. Kommen Sie, Waldbär, ich will mir die Sache ansehen."

Mit der Flinte unter dem Arm pirschten sich die beiden an den Lagerplatz der Rothäute heran. Hinter einer dicken Zeder blieben sie liegen. Der Generalkommissar legte das Fernglas auf eine Wurzel. „Nun haben wir sie endlich", flüsterte er. „Da wir schwächer sind als sie, muß eine friedliche Annäherung versucht werden."

Sie kehrten langsam zurück an den Fluß. Dort wartete die Reisegesellschaft aufgeregt und beklommen. Der Generalkommissar ließ Geschenke auspacken, rote und blaue Wolldecken, Messingdraht, Kattun und Tabak. Fünf Mann der Wache mußten die Gegenstände tragen, auch Beneh kam mit.

Am Waldrand angelangt, lehnten sie die Flinten schußbereit an ein paar Bäume. Herr von Meusebach trat einige Schritte auf die Grasfläche hinaus und schwenkte ein weißes Tuch. Gespannt sahen alle zum Indianerlager hinüber. Aber dort schien man nichts zu bemerken. Endlich rief der Generalkommissar laut: „Hallo!" und schwang das Tuch heftiger hin und her. Nun griffen die Rothäute zu den Waffen und liefen am Ausgang einer Lagergasse zusammen.

Der Generalkommissar winkte weiter. Schmitz, sein Diener, trat zu ihm, packte das weiße Tuch an den freien Enden, und nun hielten die beiden es straffgespannt hoch. Aus dem

Schwarm der Indianer lösten sich nach einiger Zeit drei Gestalten und kamen langsam herunter, bis ungefähr in die Mitte des Hanges. Hier blieben sie stehen.

Der Generalkommissar winkte Beneh zu sich, und ohne Waffen stiegen sie langsam zu den Wartenden hinauf. Als sie fast heran waren, flüsterte der Generalkommissar Beneh zu: „Sehen Sie den baumlangen Kerl in der Mitte! Seine Begleiter haben kohlschwarzes Haar, er selber ist blond. Was ist das? Eine Adlerfeder in langen, blonden Haaren. Sonst sieht er aus wie ein Indianer: Hirschlederhosen, Armringe, nackter Oberkörper."

Fünf Schritte vor den Rothäuten blieben sie stehen, das Herz schlug ihnen bis zum Hals hinauf.

Die Indianer hoben den rechten Arm grüßend in die Höhe.

„Jetzt fehlt uns der Hauptmann", sagte der Generalkommissar. „Wie soll die Aussprache nun begonnen werden? Vielleicht können sie Englisch?"

„Gentlemen!" begann er und sah dem blonden Indianer in die blauen Augen.

Der machte eine Armbewegung, um die Ansprache abzuschneiden, und sagte: „Ist nicht nötig, meine Herren, wir können Deutsch reden! Aus Ihrem Zeichen erkenne ich, daß Sie friedlich zu uns kommen. Die Täler des Llano und San Saba sind der Winteraufenthalt der Comanches. Wir teilen das Gebiet mit einem befreundeten Stamm, den Wacos, und liegen hier als kleiner Jagdtrupp unter dem Häuptling ‚Büffelhöcker'. Das Hauptvolk lagert einige Tagereisen nordwestlich von hier."

Er machte eine Pause, um dem Generalkommissar Gelegenheit zu geben, etwas zu sagen. Der stand wie angewurzelt und sah starr auf den braunen, schöngewachsenen Mann, der ihn eben in reinstem Deutsch angesprochen hatte. Dann verbeugte er sich wie in einem vornehmen Salon und stellte sich vor: „Baron Friedrich von Meusebach, Generalkommissar des Mainzer Vereins zum Schutz deutscher Einwanderer in Texas."

Der blonde Indianer neigte leicht seinen goldbraunen Körper und erwiderte: „von Kriewitzsch aus Potsdam." Dabei legte er den Arm auf die Schulter seines rechten Begleiters. Der Generalkommissar brauchte eine Weile, bis er erklären konnte: „Wir sind auf dem Marsch in das Gebiet am oberen Colorado, das der Verein von dem Konsul Fischer in Galveston kaufte."

„Da wagen Sie viel", unterbrach ihn Kriewitzsch, „ich würde Ihnen raten, nicht so forsch ins Zeug zu gehen. Das Land im Bogen des Colorado ist Indianergebiet, ist Tausenden Vaterland und Heimat; die werden sich nicht ohne erbitterten Kampf vertreiben lassen. Für einen Sieg reichen Ihre Kräfte nicht aus. Wollen Sie also sinnlos Menschenleben opfern? Begnügen Sie sich mit dem Erreichbaren. In Ihrem Interesse werde ich dem Häuptling verschweigen, was Sie eben sagten. Was soll ich ihm für eine Botschaft bringen?"

Nach einer längeren Beratung mit Beneh teilte der Generalkommissar die Antwort mit: „Sagen Sie dem Häuptling ‚Büffelhöcker', die Deutschen aus Neubraunfels kämen in Frieden. Ihre Zahl in der Stadt am Comalebach würde immer größer, sie müßten ein neues Stadtgebiet suchen. Das Land am Pedernales gefiele ihnen außerordentlich und sie bäten darum, sich dort ansiedeln zu dürfen. Sie würden einen gerechten Kaufpreis zahlen und auch mit Geschenken nicht sparen." Damit war das Schicksal des Zuges in den Grant entschieden, schon auf dem halben Weg fand er sein Ende.

„Ich werde dem Häuptling Ihre Bitte vortragen", antwortete der blonde ‚Indianer', „und will dafür sorgen, daß Sie unsere Entschlüsse bald erfahren." Er verneigte sich und stieg hochaufgerichtet mit seinen beiden Begleitern in das Indianerlager zurück.

Unten am Waldrand war die Begleitung des Generalkommissars zwischen den Bäumen hervorgetreten und sah voll Erwartung seiner Rückkehr entgegen. Julius von Koll hatte die Hände noch auf seinen beiden Pistolen. Er war wenig für Verhandeln und Vermitteln. „Schießen und Draufgehen", hatte er zu seinen Leuten gesagt; ihm dauerte das alles zu lange. „Der Angriff ist die beste Abwehr. Außerdem haben wir wegen des Hauptmanns und Klarens noch mit der Bande abzurechnen."

Der Generalkommissar blieb plötzlich stehen und faßte Beneh am Ärmel. „Habe ich das nun wirklich gesehen und gehört? Ein Herr von Kriewitzsch aus Potsdam? Da ist der alte Cooper mit seinen Lederstrumpfgeschichten ein Waisenknabe dagegen! Ich möchte Sie beinahe bitten, mich in den Arm zu kneifen, damit ich spüre, ob ich nicht träume. Ein preußischer Indianer!"

Er packte Beneh am Gürtel: „Das ist vielleicht unser größtes Glück bisher. Der Mann muß uns weiterhelfen, und er wird es, wenn er noch einen Funken Vaterlandsliebe im Leib hat!"

Am Fluß hatten die Deutschen die Wagen zusammengeschoben und Feuerstellen gebaut. Sie hockten davor und erzählten sich Greuelgeschichten von Indianern. Als der Generalkommissar zurückgekehrt war, klärte er sie kurz über die Lage auf und schloß mit den Worten: „Hoffentlich lassen uns die Herrschaften nicht zu lange warten."

Eindringlich wies er auf die Gefahren hin, die sich dem weiteren Vordringen in den Grant entgegenstellten. „Es scheint mir taktisch wichtiger, den Weg ins Vereinsgebiet zunächst durch eine Kette von Stationen zu sichern. Die neue Stadt am Pedernales kann man von Neubraunfels aus gut unter Aufsicht nehmen und ihre Entwicklung überwachen. Sie scheinen anderer Meinung zu sein, Herr von Koll?"

„Mir prickelt es in allen Gliedern. Ich möchte dem braunen Gesindel mal die Flinte unter die Nase halten. Wir haben doch wahrhaftig nicht nötig, viel Federlesens mit der Gesellschaft zu machen. Drauf auf die Kerls, wir jagen sie mit unsern guten Gewehren wie Spreu auseinander. Diesen Potsdamer Sonderling würde ich mir aufs Korn nehmen. Der ist nicht mehr wert, wenn er nicht weiß, auf welche Seite er gehört. Ich möchte meine gute preußische Erziehung nicht ohne Not wegwerfen."

„Diesen Weg halte ich für den gefährlichsten in unserer Lage. Man muß sich einmal vorstellen, was diese Leute verteidigen. Unser Recht steht nur auf dem Papier und ruht auf unsern Gewehren und Kanonen. Die aber verteidigen ihr Leben und ihre Heimat. Mit geschickter Diplomatie kommen wir bestimmt weiter. Wir werden unsere Waffen in der Hand behalten, niemand darf uns zu nahe treten. Was wäre aber erreicht durch einen Sieg, der uns so schwächt, daß wir ihn nicht ausnützen können? Wenn die Verhandlungen günstig ausgehen, wird hier die zweite Stadt gegründet.

Sollten wir mit den Indianern einig werden, würde ich Sie bitten, Herr Beneh, hier zu bleiben und die Arbeit zu beginnen. Ich reite mit Koll sofort nach Neubraunfels zurück und veranlasse weiteren Nachschub an Menschen und Material.

Die Wache lasse ich Ihnen da, nur Waldbär und Schmitz nehme ich mit. Wir müssen versuchen, von den Indianern gegen unsere Waren soviel wie möglich einzutauschen, vor allem Nahrungsmittel und gegerbte Felle. Seien Sie sparsam und klug. Weder Pulver noch Blei dürfen an die Rothäute abgegeben werden."

„Jetzt müssen wir also den Indianern das Land noch einmal abhandeln, das der Verein von Fischer gekauft hat", sagte Waldbär am Feuer zu den Wachtleuten.

Der Generalkommissar ließ reichlich Essen austeilen; denn ihm lag daran, die Leute bei guter Laune zu halten. Die Feuer mußten die Nacht über brennen, die Wachen wurden verdoppelt. Ein oberflächlicher Schlaf legte sich über die Deutschen. Unruhig streifte Ludwig von Koll durch den Wald, von Posten zu Posten. Warum warteten die Indianer so lange mit ihrer Antwort? Was hatten sie vor, einen Überfall?

Der und jener hatte im Schein des Feuers sein Messer mit der Schärfe prüfend über den Daumennagel gezogen und dann wieder in den Stiefelschaft gesteckt. Fröstelnd drehten sich die Leute vom Rücken auf die Seite und wieder zurück, die Nacht war kühl, und der Tau drang durch die Kleider.

Am andern Morgen gegen acht Uhr wurde der blonde Indianer mit seinen beiden Begleitern von zwei Wachposten vor das Zelt des Generalkommissars geführt. Er brachte eine Einladung zum Besuch des Indianerlagers.

Eine Stunde später machte sich Herr von Meusebach mit Beneh und einigen Leuten, die Geschenke trugen, auf den Weg. Sie wurden vor dem Lager von Kriewitzsch empfangen und auf einen Platz geführt, den eine Reihe von Lederzelten umsäumte. In der Mitte hockten auf bunten Decken und Fellen in festlichem Schmuck zwölf alte Rothäute mit dem Häuptling Büffelhöcker.

Kriewitzsch trat vor und meldete die Ankunft der Deutschen. Die Indianer rückten zusammen und ließen den Generalkommissar und Beneh unter feierlichem Schweigen Platz nehmen. Darauf wurde Büffelhöcker die Friedenspfeife gereicht; ein klobiger Kopf aus einem Knochen saß auf ihrem langen Rohr. Sie ging von Mund zu Mund, jeder nahm zwei oder drei Züge. Alle Gesichter blickten ernst auf die Deutschen.

Der Generalkommissar und Beneh hatten Hirschlederanzüge angezogen, aus dem Nachlaß des Hauptmanns, schön verzierte Dolchgriffe leuchteten aus ihren breiten Ledergürteln hervor.

Büffelhöcker machte nach geraumer Zeit eine leichte, einladende Bewegung, und der Generalkommissar begann seine Ansprache, die Kriewitzsch übersetzte. Herr von Meusebach versicherte, er käme mit seinen Leuten auf dem „weißen Pfad", dem Friedenspfad. Sie befanden sich auf einer Reise nach Norden, deren Zweck die Suche nach alten, spanischen Silberminen sei. Er freue sich, die Bekanntschaft des Häuptlings Büffelhöcker zu machen, dessen Ruhm ihm schon in der Ferne entgegengeklungen sei.

Der Häuptling verzog keine Miene. „Das Volk ist beunruhigt über das Eindringen der weißen Männer", ließ er durch Kriewitzsch sagen. „Es ist gut, daß sie als Freunde kommen. Der Weg zu den Silberminen ist weit. Sie sind verschüttet und liegen in unsern Jagdgründen. Es hat wenig Zweck, sie aufzusuchen."

Der Generalkommissar dankte dem Häuptling: „Dann werden wir unsern Zug beenden und bitten nur, uns hier Grund und Boden erwerben zu lassen, damit wir eine Niederlassung gründen können."

Die Indianer sahen sich an und schwiegen. Mißtrauen stand wie eine Mauer zwischen beiden Parteien.

Kriewitzsch war als amerikanischer Händler verkleidet schon in Neubraunfels gewesen und hatte genug von den Plänen des Vereins gehört. Aber er verschwieg den Indianern die Tatsache, daß sie seit langem nicht mehr die Herren ihres Landes waren. Hätten sie das erfahren, dann wäre das Schicksal der Deutscher besiegelt gewesen.

Der Generalkommissar ließ nun seine Begleiter in den Kreis treten und die Geschenke vor Büffelhöcker niederlegen. Gierig folgten die Rothäute mit ihren Blicken jedem einzelnen Gegenstand, aber keine ihrer Mienen verriet, welchen Eindruck die Dinge auf sie machten.

Langsam erhob sich endlich Büffelhöcker. Er dankte für die Gaben und erklärte dann, über den Antrag des Generalkommissars müsse nun im Rat der Ältesten beraten werden; die

Kundschaft werde er ihm im Lager der Weißen am Fluß zukommen lassen. Damit war die Versammlung beendet.

„Himmelkreuzdonnerwetter! Diese dickfellige Bande scheint es hinter den Ohren zu haben!" fluchte Herr von Meusebach auf dem Rückweg. „Ich glaube aber doch, Kriewitzsch ist auf unserer Seite, sonst wäre die Sache vielleicht anders ausgegangen."

Am übernächsten Tag kündigte der alte Häuptling seinen Besuch im Lager an. Der Generalkommissar befahl seinen Leuten anzutreten und gab alle Reservegewehre an sie aus. In breiter Front standen dann die fünfundfünfzig Deutschen vor dem Waldrand, die Kanone in der Mitte, hinter ihr flackerte ein kleines Feuer für den Zündhaken.

Herr von Meusebach, Koll und Beneh ritten den Indianern entgegen, die in langer Linie den Hang herunterkamen. Auf dem rechten Flügel ritten die Krieger, nach links hin die Frauen und Kinder. Alle hatten blauschwarze Haare, in die sie Federn gesteckt hatten, Perlen, Muscheln und Knochenstücke trugen sie an Hals und Ohren, an den Armen klirrten ganze Bündel dicker Messingringe. Die Männer trugen hirschlederne Hosen, mit buntem Ledergeflecht verziert, einige waren mit Perlen besetzt und mit glitzernden, eisernen Zwecken beschlagen. Jeder hatte ein rotes oder blaues Wolltuch umgeschlagen, unter dem die braunrot bemalte Haut hervortrat.

Bewaffnet waren sie mit Speeren, Bogen und Pfeilen, nur wenige hatten alte Steinschloßflinten. Am linken Unterarm hing jedem ein kleiner, runder Schild, verziert mit allerlei Farben und Federn; an einigen wehten die Haarlocken getöteter Feinde.

Büffelhöcker ritt am äußersten rechten Flügel; auf dem Kopf trug er Fell und Hörner eines Büffels. Der Generalkommissar hielt auf ihn zu. Als sie sich begegneten, beugte sich der Häuptling hinüber zu ihm und umarmte ihn einige Male.

Auf ein Zeichen hob nun die deutsche Mannschaft am Waldrand ihren Gewehre schräg in die Luft, eine Salve krachte gegen den blauen Himmel, und gleich darauf donnerte aus der Kanone ein Schuß, der sich an den Talwänden vielfach brach. Die Pferde der Indianer scheuten, die Rothäute rissen sie zurück und jagten kreischend und die Waffen schwingend den Hang hinunter. Mit einem Ruck hielten sie dicht vor der deutschen Front.

„Das konnte gefährlich werden", meinte Waldbär später. „Wir wußten im Augenblick nicht, ob das Scherz war oder Ernst. Wir sind alle ziemlich erschrocken, und das hatten die Herrschaften wohl beabsichtigt!"

Auf einem freien Platz am Fluß stiegen die Indianer vom Pferd und ließen sich nach Weisung des Generalkommissars in einem weiten Kreise nieder. Frauen und Kinder wurden mit den ledigen Tieren in den Wald zurückgebracht. Die Beratung der Männer begann.

Büffelhöcker ließ durch Kriewistzsch sagen, daß er sich freue, seinen weißen Bruder, den Häuptling „Ma-be-quo-si-to-mu", das heißt den Häuptling mit dem brennenden Haupthaar, im Land der Comanches begrüßen zu können.

Der Generalkommissar reichte mangels einer andern eine halblange deutsche Tabakpfeife als Friedenspfeife im Kreis herum. Danach erklärte Büffelhöcker, sie seien bereit, dem Häuptling mit dem brennenden Haupthaar zu gestatten, sich am Pedernales niederzulassen. „Wir erwarten von dem Häuptling der Deutschen als Preis tausend spanische Taler, die in zwei Monaten zahlbar sind", übersetzte Kriewitzsch weiter. „Außerdem soll den Leuten vom Stamm der Comanches gestattet sein, mit den Deutschen Handel zu treiben."

Der Generalkommissar antwortete, er sei damit gern einverstanden und lade seine Gäste zu einem Festessen ein. Es folgten nun viele Umarmungen und endlose Beteuerungen der gegenseitigen Freundschaft. Die feierliche Ordnung fiel.

Neugierig liefen die Indianer durch das Lager der Deutschen. Herr von Meusebach ließ einen Sack Reis kochen, den er als kostbarsten Besitz der Reisegesellschaft eigentlich hatte zurückhalten wollen; die Bratspieße wurden mit frischem Hirschfleisch besteckt. Noch ehe das Mahl bereitet war, entwickelte sich schon ein lebhafter Tauschhandel. Die „Squaws" schlichen durch das Lager und betasteten und berochen alles, was ihnen fremd war. Sie hoben Wagenplanen hoch und krochen in die Zelte, schmutzige Finger wühlten die Vorräte durcheinander, verlauste Kinder klemmten sich in jede Spalte, naschten und versuchten zu stehlen. Am andern Morgen gab es manchen Verlust.

Bis in die Dämmerung hinein wurde geschmaust, Freundschaft versprochen, gehandelt, gelogen und betrogen.

Die Indianer hatten es vor allem auf Gewehre und Munition abgesehen. Aber die Deutschen waren auf der Hut. Ihre Flinten standen in Pyramiden zusammen, und Ludwig von Koll, dem der ganze Kuhhandel zuwider war, ließ die Waffen scharf bewachen.

„Jedem eine Ladung aufs Fell, der es wagt, sich an einem Gewehr zu vergreifen", sagte er zu Waldbär und Schmitz, die mit entsicherten Flinten auf und ab gingen. Er ließ auch die Kanone noch einige Male abschießen, deren gewaltiger Knall den Rothäuten mächtig Respekt einflößte.

Der Generalkommissar stand inzwischen mit Kriewitzsch am Ufer des Pedernales und hörte die Lebensgeschichte des Potsdamers an.

„Was sollte ich damals machen", sagte der. „Ich hatte die Wahl zu sterben oder die Flinten der Rothäute in Ordnung zu bringen. Als ich das zusagte, lösten sie meine Fesseln, und ich machte mich an die Arbeit. Seitdem sind acht Jahre vergangen. Und fliehen? Wohin ohne Mittel, ohne gute Waffen? Die Leute spüren den Druck der Grenze, die sich immer weiter nach Westen verschiebt. Es ist ihnen nicht zu trauen; von Woche zu Woche wächst die Menge der weißen Männer, die den Indianer nach Sonnenuntergang zurückdrängen, das Wild abschießen und den Boden urbar machen. Viele, vor allem eine große Zahl Deutscher, fielen ihrer Rache zum Opfer. Mancher Skalp zeugt davon. Hin und wieder gelang es mir, ein Schicksal zu mildern; aber da, wo sie überlegen sind, handeln sie ohne Erbarmen.

Ich wurde in den Stamm aufgenommen und genieße als Unterhändler und Kundschafter das Vertrauen aller Häuptlinge. Gern würde ich Ihrer Aufforderung folgen und als Angestellter des Vereins für Sie arbeiten. Aber es ist vielleicht besser, wenn ich jetzt bei den Indianern bleibe; dann erfahre ich jeden Entschluß von Bedeutung und kann Ihnen so nützlicher sein als irgend jemand. Mein Weggang würde die Leute nur noch mißtrauischer machen, und Sie tappen dann mit allen Ihren Maßnahmen im Dunkeln."

Der Generalkommissar strich nachdenklich seinen rotblonden Bart. Das letzte Licht verglomm auf dem Wasser. Mit einemmal wurde es lebendig in den Büschen am Ufer. Ungefähr zwanzig Squaws sprangen plötzlich wie Katzen hervor, packten den Generalkommissar, schleppten ihn kreischend ans Wasser, legten ihn hin und hielten ihn fest. Kriewitzsch wurde von unsichtbaren Händen an den Füßen gehalten, fiel um, Hände legten sich auf seinen Mund; er konnte sich nicht rühren. Ein Indianerweib schöpfte mit einer Kürbiskelle Wasser aus dem Fluß und schüttete es dem Generalkommissar über den Kopf. Er schloß die Augen. Ein neuer Wassersturz ergoß sich in seinen Bart. Flinke, braune Hände begannen dann seinen Kopf und Bart zu reiben und zu drücken. Neugierige Frauenaugen folgten gespannt der unsanften Waschung. Das Wasser lief rein und klar aus Meusebachs Haaren; sie blieben rotblond wie zuvor und hatten nicht einen Schimmer von ihrem Goldglanz verloren. Als die Frauen das sahen, verschwanden sie so schnell, wie sie gekommen waren.

Herr von Meusebach stand prustend und spuckend auf. Sein Galadreispitz mit der weißen Feder war in dem Tumult zusammengetreten worden, seinen Frack mit den schweren, silbernen Knöpfen hatte das Wasser aufgeweicht. Auch Kriewitzsch konnte sich jetzt erheben, die unbekannten Hände gaben ihn frei. Die beiden sahen sich verblüfft an.

Kriewitzsch lachte zuerst: „Herr Generalkommissar, sind sich die Frauen nicht überall gleich? Sie konnten es vor Neugierde nicht mehr aushalten zu erfahren, ob Ihre Haare echt oder gefärbt wären. Nun sind sie befriedigt, und der Spuk ist aus." So blieb Herr von Meusebach für alle Zukunft Ma-be-quo-si-to-mu, der Häuptling mit den brennenden Haaren. Erst als der Mond über den Rand des Tales heraufstieg und sein Licht kühl und weiß unter die Bäume warf, verließen Büffelhöcker und seine Leute das Lager der Deutschen. Dreimal krachte die Kanone zum Abschied hinter ihnen her.

„Gott sei Dank, endlich sind wir die Lausegesellschaft los", knurrte Koll, als der dritte Schuß aus dem Rohr war. „Ich hätte den Strauchdieben nicht so viel Geschenke an den Hals geworfen."

Das sagte er noch einige Male, als er mit Beneh zusammen im Zelt des Generalkommissars saß, der den Eindruck von der Begegnung mit den Indianern zusammenfaßte und seine Genugtuung darüber aussprach, daß sie nun in Herrn von Kriewitzsch einen zuverlässigen Verbindungsmann hätten.

„Übermorgen reite ich nach Neubraunfels zurück", fuhr Meusebach dann fort. „Nützen Sie jeden Tag, damit es hier vorwärts geht. Vielleicht haben wir Aussichten, doch noch in den Grant vorzustoßen. Der Marsch ins Vereinsgebiet bleibt unser Endziel, trotz allem. Denken Sie immer an Kriewitzsch; der Mann muß uns weiterhelfen."

Am andern Tag ließ Herr von Meusebach von sechs Männern mit Spaten und Hacken Bodenproben ausstechen und gegen Mittag hatte er ein umfangreiches Landgebiet als sein persönliches Eigentum abgesteckt. „Jetzt hat er sich das Beste ausgesucht", maulten die Leute, „und uns bleibt der Rest. Der Teufel soll das ganze Unglück holen! Nun hocken wir hier im Urwald, im Rücken die Indianer; der Alte reitet zurück und läßt uns mit diesem Jüngling Beneh in der Einöde sitzen."

Der Generalkommissar tat, als höre er es nicht, und sorgte für Arbeit. „Ich sage es noch einmal: Keiner ist verpflichtet, dazubleiben. Wem es nicht paßt, der gehe. Vielleicht zwingen uns Sparsamkeitsgründe noch einmal zu ganz andern Maßnahmen; so, daß sich viele nach dem, was ihnen jetzt bitter und hart erscheint, zurücksehnen werden."

Es war ein schwerer Kampf, den die meisten mit sich selber führen mußten, wenn sie versuchten, sich mit der rauhen Wirklichkeit abzufinden, die so ganz anders war als ihre Träume, ihre Wünsche und ihre Sehnsüchte.

Die Leute, die hier die neue Stadt bauen sollten, waren ärmer und abhängiger, zwiespältiger und haltloser als die in Neubraunfels. Trotzdem bissen viele die Zähne aufeinander und begannen voll Mut und Zuversicht zu roden. Andere freilich schlichen durch den Tag wie niedergehaltene Empörer, heimliche Glut glomm in ihren Augen. Sie taten nur, was sie mußten und schienen auf den Augenblick zu warten, der ihnen Freiheit geben sollte von dem gewaltigen Druck, den ihnen dieses fremde Leben aufnötigte. Aber keiner konnte sich dem Einfluß des Generalkommissars entziehen. Es schien, als sähe er in die verborgensten Winkel jeden Herzens und spürte die geheimsten Regungen versteckten Willens.

Viel reden war nicht seine Sache. Aber was er sagte, traf den

Nagel auf den Kopf und bewies, daß er mehr wußte, als er zu erkennen gab. Seine Entschlüsse keiften schnell und gingen immer auf das Ganze, wenn es not tat, ohne alle Rücksicht auf das Schicksal einzelner.

So erlebten ihn die meisten. Doch hinter dieser Außenseite steckte ein anderer Mensch. Ob er sich seiner zweiten Natur bewußt war? Niemand wußte es. Er liebte das Abenteuer. Deshalb war es ihm in Preußen als Jurist zu eng geworden. Mitten in die nüchternen Erwägungen eines scheinbar unbeugsamen Pflichtbewusstseins nistete sich plötzlich ein beutegieriger Wagemut ein, der alles auf eine Karte setzte. Dann lähmte der Wille zur Macht seine kühle Vernunft und ließ den Mann mit Menschen und Verhältnissen umspringen, als seien sie nur Sand in seinen Händen. Viele haßten und fürchteten ihn, andern war er ein Hort des Vertrauens und der Sicherheit. Fresser und Säufer schimpften ihn die einen, den andern war er Vorbild der Genügsamkeit und Selbstbescheidung. Er schätzte Zink wegen seines Könnens und der Nüchternheit seiner Entschlüsse, aber er liebte Julius von Koll, den Draufgänger, den Empörer aus Leidenschaft, den eigensinnigen Querkopf. Zwischen den Wogen hochstrebender Ziele versank er in die Wellentäler der Zerrissenheit und Ohnmacht, bis er sich wie Münchhausen mit der zurückkehrenden Kraft am eigenen Schopfe wieder hochriß. Quer durch den riesenstarken Mann ging ein Riß, der immer schmerzte und ihn nie zur vollen Entfaltung der wesentlichen Seiten seines Charakters kommen ließ. Tag und Nacht hielten sich in ihm die Waage.

„Und dann habe ich noch eine Bitte, Herr Generalkommissar", sagte Beneh am Morgen, ehe Herr von Meusebach nach Neubraunfels zurückritt. „Gestatten Sie, daß wir die neue Stadt am Pedernales Ihnen zu Ehren ‚Friedrichsburg' nennen."

Meusebach sah ihn von der Seite her an und kniff die Augen zusammen. „Einverstanden, Herr Beneh; nur möchte ich wünschen, daß das einst niemand zu bereuen hat, denn Vorschußlorbeeren sind eine heikle Sache. Hoffentlich verewigt mein Name nicht einmal Vorgänge, an die keiner mit Freude zurückdenkt."

Sie saßen auf, Julius von Koll ließ die Reitgerte pfeifen, und der kleine Trupp setzte sich in Marsch. Waldbär ritt wie immer voraus, Schmitz hielt sich ein Stück zurück.

„Ich wünsche einen guten Anfang", rief Herr von Meusebach den Leuten noch zu, die sich am Fluß aufgestellt hatten. „An die Arbeit, damit jeder vor dem Beginn der kalten Jahreszeit ein Dach über dem Kopf hat. Und vor allem: Bleiben Sie in jeder Lage Deutsche!"

Vier Tage dauerte der Ritt. Der Generalkommissar war die meiste Zeit schweigsam und düster. „Glauben Sie, Koll, daß das gut ausgeht?" fragte er plötzlich einmal, als die Pferde eine steinbesäte Hochfläche überquerten. „Die Welt muß sich wohl erst noch ein ganzes Stück weiterentwickeln, ehe so große Pläne durchgeführt werden können, wie wir sie vorhaben. Mir ist oft, als käme das alles zu früh."

Am vierten Tag bei Sonnenuntergang ritten sie in Neubraunfels ein. Aus der Schenke des Herrn von Wedemeyer hörte man Gröhlen und Brüllen, krächzende Stimmen johlten ein deutsches Lied. Eine Klarinette quiekte. Dumpfes Schlurfen im Takt und grelles Händeklatschen verrieten, daß in der Gaststube getanzt wurde.

Der Generalkommissar richtete sich auf und brachte sein Pferd zum Stehen. „Heute ist doch kein Sonntag?" fauchte er hart. „Was ist los, warum arbeiten die Leute nicht? Sie trinken Schnaps? Wo ist der her?"

Die Reitpeitsche in der Hand, sprang er die Stufen der Veranda hinauf und drängte sich durch das Menschengewimmel in der Gaststube. Glasige Augen von Männern und Frauen sahen ihn erschrocken an, eine Gasse wurde frei. Auf dem Schanktisch standen in zwei Reihen buntschillernde Schnapsflaschen. Die Reitpeitsche fegte sie mit einem Hieb auf die Dielen. Der Wirt wollte hinter dem Tisch hervor und aufhalten, was fiel und splitterte. Aber der Generalkommissar packte den Mann am Kragen, versetzte ihm einen klatschen den Schlag mit der Peitsche und fuhr ihn an: „Kerl, wo hast du dieses Gift her?"

Wedemeyer sah ihn aus verquollenen Augen an. „Händler waren da", stotterte er. „Das arme Volk will doch auch ein . . ." Der Generalkommissar unterbrach ihn hart und befahl den vom Schreck ernüchterten Menschen: „Hinaus mit euch! Bezahlt wird kein Pfennig. So lange ich hier etwas zu sagen habe, kommt kein Tropfen Schnaps wieder über diese Schwelle!"

Die Schankstube wurde leer. Maulend und lallend verzogen sich die Gäste.

„Also, diese Herrschaften versuchen schon, sich mit Geschäften hier hereinzudrängen. Wie hießen die Ehrenmänner?" Unerbittlich setzte der Generalkommissar sein Verhör fort.

Kleinlaut antwortete Wedemeyer: „Drei waren es, Nußpicker, Kuhschmerz und Reinfall. Sie brachten eine Ladung Schnaps auf Kredit —"

„Das Geld werden sie nie erhalten", donnerte Herr von Meusebach. „Und wenn sie sich jemals wieder hier sehen lassen, schieße ich sie über den Haufen!"

Inzwischen war Koll vorausgeritten, um Zink die Rückkehr des Generalkommissars zu melden. Als dieser, noch erregt von dem Auftritt in der Wirtschaft, eintraf, übergab ihm nach kurzer Begrüßung der Ingenieur einen Brief, den Eilboten aus Karlshafen gebracht hatten. Herr von Meusebach las und wurde bleich.

Laut wiederholte er:

„Fast täglich laufen Schiffe ein und bringen Leute aus Deutschland. In Karlshafen liegen schon wieder an tausend Menschen. Dem Vernehmen nach sollen bis ins Frühjahr noch einige Tausend nachfolgen."

Er ließ den Brief sinken. „Haben Sie das verstanden, Zink? Einige Tausend!"

Die Wache vor der Sophienburg blieb auf dem Weg vom einen Ende des weitschichtigen Hauses zum andern ab und zu stehen und lauschte. Nachtvögel schwirrten vorüber, wie Klagelaute hörten sich ihre Schreie an. In dem großen Zimmer hinter der Veranda brannte noch Licht. Die Dielen knarrten unter schweren Männerstiefeln. „Was er nur hat?" dachte der Posten. Der Generalkommissar war allein, er hatte Zink entlassen. Die Nachricht aus Karlshafen lag ihm wie eine Last auf der Seele, die immer schwerer drückte, je mehr er sich ausmalte, was die kommenden Monate bringen mußten.

„Wer kann das vor Gott und den Menschen verantworten?" fragte sich Herr von Meusebach und starrte in den Lichtfächer der Kerze. „Sind sie denn in Deutschland von allen guten Geistern verlassen? — Daß Geld mitgekommen sei, davon hat Köchert nichts geschrieben. Nur Menschen, Tausende von Menschen! Ich sehe sie kommen; wie ein Heerwurm zieht es über das rollende Land heran. Mit hoffenden Blicken suchen sie Neugermania. Und was finden sie?"

Er lachte hart und setzte sein Wandern fort. „Kann ich ihnen helfen? Mit zweihunderttausend Dollar wäre es einfach. Aber die meisten kommen mit nichts anderem als einem armseligen Bündel wertlosen Krames. Man darf sie nicht sehen die einzelne Not, die einzelne Sehnsucht! Was werden wird? Das Land ist weit, sein Himmel hoch und kalt. Auch der lauteste Schrei verklingt einmal, und dann ist wieder Ruhe. Ruhe! Was gegen die Vernunft will, wird Opfer, und was zuviel ist, muß wieder Maß und Verhältnis werden."

Die Augen des Generalkommissars schienen erloschen. Er stand am Fenster und legte die Stirne an das kühle Glas. Das tat wohl. Blicklos starrte er in die Nacht hinaus. Dann wandte er sich um, blies die Kerze aus und ging ins Nebenzimmer, wo sein Feldbett stand.

„Endlich", dachte der Posten. „Ich meinte schon, der Mann brauche überhaupt keine Ruhe. Aber nun wird er schlafen."

„Vier Uhr", sagte die Ablösung.

Am Morgen rief der Generalkommissar die Vertrauensleute zu einer Besprechung zusammen. Allen fiel auf, wie bleich und übernächtig Herr von Meusebach aussah.

In kurzen Sätzen machte er die Männer mit der Lage bekannt. Aber hinter aller Klarheit, um die er sich mühte, blieb etwas dunkel, als wolle er es nicht aussprechen. „Eigentlich wissen wir nichts Bestimmtes. Köchert schreibt von einigen tausend Menschen, die im Lauf der nächsten Monate ankommen sollen. Das ist alles. Man könnte abwarten. Aber wer zu lange wartet, verliert leicht. Sie wissen alle, wie es um uns steht. Als vor einigen Wochen die Herren Swinford, Graham und Morris von Austin herüberkamen, jeder mit einer Handvoll Wechsel, gab es harte Auseinandersetzungen. Zuletzt kam es so weit, daß sich die Krämer genötigt sahen, ihre Revolver zu ziehen und mich zu bedrohen. Es gelang mir, die Einlösung der präsentierten Wechsel hinauszuschieben und noch einen ansehnlichen Betrag dazuzuborgen. Das sagt alles. Ich habe die Absicht, sofort abzureisen, um Wege zu finden, die den neuen Verhältnissen gerecht werden. Aber es wird schwer werden, sehr schwer."

Die Männer lauschten und suchten ihn zu verstehen. Die letzten Sätze blieben ihnen dunkel.

„In meiner Abwesenheit vertreten mich die Herren Zink und Koll. Herr Klappenbach wird die kaufmännische Leitung übernehmen. Und Sie, Herr Pfarrer", er wandte sich Ervendberg zu, der blaß mit zusammengekniffenen Lippen am unteren Ende des langen Tisches saß, "Sie werden in den nächsten Monaten wohl besonders viel zu tun bekommen. Ich hoffe, daß die alte Mannschaft durchhält. Der Stoßtrupp bildet immer noch das Rückgrat des Unternehmens. Die Zukunft wird alles, was bisher erreicht wurde, auf harte Proben stellen. Wenn wir sie bestanden haben, sind wir gerettet."

Der Generalkommissar machte eine Pause und sah hinaus zur Balkendecke des Sitzungszimmers. »Ja, dann ist alles gerettet." — Er legte die Hand über die Augen. „Also ich reise", sagte er darauf, um die Geldsorgen zu überwinden, zunächst nach Galveston und Neuorleans."

Im Hof der Sophienburg sagte Zink zu Ervendberg: „Ich weiß nicht, was ich denken soll. Manchmal kam es mir vor, als nähme er Abschied für immer und hätte vorher seinen Nachlaß geordnet."

Den Nachmittag über bis spät in den Abend hinein schrieb der Generalkommissar einen umfangreichen Bericht nach Mainz.

Rücksichtslos sagte er seine Meinung: „Es gibt also nur eine Alternative, zweihunderttausend Dollar — oder ein paar tausend Menschen verhungern. Das ist alles." Mit diesen Worten schloß er das Schreiben.

Dann packte er die Satteltaschen, prüfte sein Gewehr, legte reichlich Schießbedarf zurecht und steckte ein Bündel Papiere zu sich.

Waldbär und Schmitz hatten gehofft, den Generalkommissar begleiten zu können, aber er sagte kein Wort davon. Wieder wanderte er die halbe Nacht in dem großen Zimmer auf und ab. Einige Male sprach er laut mit sich selber. Der Posten zwischen zwölf und zwei Uhr nachts verstand die Worte: „Die Natur wird ihr Recht fordern und alles wieder ins Gleichgewicht setzen, was versuchte, sie darin zu stören."

Darauf warf er sich angekleidet auf sein Feldbett. Mit der Sonne stand er auf, ließ satteln, bestellte an Zink und Koll noch Grüße und ritt einsam den Berg hinunter, durch die Guadalupe in die herbstliche Prärie hinaus.

Zwei Wochen nach der Abreise des Herrn von Meusebach erschien eine Gesellschaft von Gläubigern aus Austin und präsentierte ganze Bündel von Wechseln. Die Herren traten sehr entschieden auf.

Zink blieb keine Wahl. Er mußte ihnen einen großen Teil des Landes, das sich der Verein gesichert hatte, und dazu noch wichtige Vorräte verpfänden. Verbissen stürzte er sich darauf in seine Arbeit. Er durfte nicht nachdenken, sonst erschrak er aufs neue vor der Verworrenheit der Lage.

Eines Tages kam Beneh aus Friedrichsburg. „Helfen Sie, Herr Zink! Meine Leute wollen einfach nicht mehr. So ein durcheinander gemischter Menschenhaufe hat nichts Gemeinsames, das ihn trägt und zusammenhält. Es ist zum Teil ganz übles Pack, das sich vor dem Wald im Grase räkelt, die Hilfe des Vereins erwartet und auf seine Rechte pocht. Nur ein paar Vernünftige arbeiten noch. Die Rodung geht langsam vorwärts. Es scheint, als wollten sich die Menschen selber vernichten in ihrer Dickköpfigkeit und Prinzipienreiterei."

Ratlos saß er Zink gegenüber. „Wenn ich keine Hilfe bringe, und das wäre vor allem bessere und reichlichere Nahrungsmittel, Arzneien und Geld, dann bin ich für nichts gut. Die Leute wollen nach Neubraunfels zurück. Wie lange ich mich noch auf die Wache verlassen kann, ist ungewiß. Die Gesellschaft streift jagend und räubernd immer weiter hinaus, verschießt das Pulver und verscheucht das Wild. Ehe die Indianer ihr Lager abbrachen, war Kriewitzsch noch einmal bei mir. Er warnte mich vor den Folgen dieses Treibens. Das mache unter den Rothäuten böses Blut und werde nicht lange hingenommen; sinnloses Wildern verletze ihre Jägerehre und fordere Widerstand heraus."

„Sollte es jemand einfallen, nach Neubraunfels zurückzukommen, dann hat er hier mit nichts Gutem zu rechnen!" sagte Zink. „Auch hier in Neubraunfels geht es nicht so voran, wie wir das planten. Seit wir die amerikanischen Krämer zuließen, ist über eine Menge Leute ein eigenartiger Leichtsinn gekommen. Von ihren letzten Groschen kaufen sie allerlei nutzlosen Land. Schnaps und Wein werden unter der Hand getauscht und heimlich getrunken; Ervendberg geht wie ein Missionar von Mensch zu Mensch. Die kalte Jahreszeit steht vor der Tür. Wind und Regen haben schon eingesetzt, Nervenfieber schüttelt viele. Das Krankenzelt wird zu klein und Dr. Köster hilfloser und fauler. Der Mensch entpuppt sich als gerissener Geschäftsmann. Er betreibt mit seinem Schwiegervater eine gutgehende Bäckerei, unterhält eine Apotheke und ist dabei, auch noch eine Schankwirtschaft auszumachen.

Trotz allem, Herr Beneh, ich glaube an den Erfolg. Aber erst nach einem rücksichtslosen Reinigungsprozeß ist er zu erwarten. Die Tausende von neu Ankommenden, die Köchert ankündigte, werden ihn beschleunigen."

Beneh ritt sorgenvoll nach Friedrichsburg zurück. Geringe Vorräte nahm er mit; etwas Geld hatte er erhalten und die Anweisung, alle aufzunehmen, die ihm Zink in der nächsten Zeit schicken würde. Dazu den eisernen Entschluß, sich rücksichtslos durchzusetzen.

Der Generalkommissar hatte in Gewaltritten die Prärie durchquert und kam erschöpft in Galveston an. Vielleicht war es noch möglich, das Schlimmste abzuwenden. Im Hafen traf er auf ein Gewimmel von Menschen. Schiff auf Schiff lief ein, jedes warf neue Lasten an Land. Dazwischen lief Kläner herum und suchte zu ordnen und anzuweisen; Die Deutschen kamen immer noch mit den Vorstellungen, Wünschen und Ansprüchen, die das Programm des Vereins in ihnen erweckt hatte. Da war auch nach der Heimkehr des Prinzen nichts anders geworden. Sie murrten über jede Verzögerung der Weiterreise und pochten auf ihre Rechte. Kläner mußte Übermenschliches leisten, um die Leute zur Ruhe zu bringen.

Fischer hielt sich schadenfroh im Hintergrund, kaufte die Wechsel des Vereins gegen Spottgelder auf und wartete auf den Tag, der ihm die Entscheidung über Untergang oder Aufstieg in die Hände gab.

Trotz allem gelang es dem Generalkommissar, neue Kredite aufzubringen und mit den geringen aus Deutschland eintreffenden Mitteln die brennendsten Ansprüche drängender Gläubiger zu befriedigen.

„Herr Kläner, wenn wir heute Bilanz machten, wäre es eine Riesenpleite. Wir sind Vabanquespieler. Ich ertappe mich, seit ich hier bin, bei einem Leichtsinn, den ich noch nie an mir kannte. Aber man wird so. Die Leute dürfen vom wahren Stand der Dinge nichts erfahren, das wäre Mord."

Bis zum Ende des Jahres trafen fünfundzwanzig Überseeschiffe aus Deutschland ein; dazu noch weitere, vollgepackt mit Auswanderern, die ohne die Hilfe des Vereins ins gelobte Land wollten. Von hundert Menschen, die über Mainz nach Texas geschickt wurden, hatten nur zweiundzwanzig voll bezahlt. Die übrigen reisten auf Kosten des Staates, der Gemeinden, des Vereins oder wurden aus dem Ertrag der Sammlungen unterstützt.

Das alte Spiel der Freibeuter und Piraten setzte wieder ein. Schiffe, Menschen und Güter verschwanden, die Amerikaner wurden reich. Die Deutschen waren vogelfrei in ihrer Hilflosigkeit.

Dem Generalkommissar schlug wilde Empörung entgegen, wenn er die Leute zu beruhigen und hinzuhalten suchte. Da die meisten so arm waren, daß sie auf eigene Kosten nicht unterkommen konnten, ließ er Bretterbuden und Zelte errichten, um ihnen wenigstens ein Dach über dem Kopf zu schaffen. Vom letzten Geld kaufte er eine gewaltige Ladung Mehl, deren Annahme die texanische Heeresverwaltung abgelehnt hatte. „Nun ist alles Menschenmögliche getan", erklärte er eines Tages Kläner, „das weitere müssen wir der Vorsehung überlassen."

Dann reiste er weiter nach Neuorleans. Auch hier gelang es ihm, eines größere Summe Geld zu erhalten und Vorräte zu beschaffen. Er ließ alles mit Beschleunigung nach Galveston abgehen und wies Kläner an, Waren und Geld sofort nach Karlshafen weiterzuschicken. Verbraucht und todesmatt sank er im Grand Hotel auf sein Bett. „Schluß, fertig", sagte er zu sich selber. „Nur Ruhe, Ausruhen. Jetzt muß sich alles von allein regeln und zum Möglichen durchkämpfen!"

Am Nachmittag des nächsten Tages brach er wieder auf, diesmal kannte niemand sein Ziel. Mehr als sieben Monate blieb er verschollen, niemand wußte, wo er sich aufhielt.

Indessen landete vor Karlshafen Schiff auf Schiff.

„Wilcke, nehmen Sie alles zusammen, was vom Sommer her noch da ist und laufen kann. Rücken Sie ab, wir brauchen Platz!"

Köchert drängte zur Eile. „Sieht es nicht aus wie der Rückzug einer Armee? So hat der Prinz doch nichts mehr ändern können. Wie eine Flut bricht es über uns herein, Deutschland wird ausgekehrt!"

In aller Eile, wie es die Lage des Augenblickes forderte, stellte Wilcke einen Transport zusammen. Die Zahl der Ochsenwagen war viel zu gering für die Menge Menschen, die auf den Weg gebracht wurden. Wie ein Karnevalszug sah das Ganze aus. Eingewickelt in Lappen und Tücher hockten die Kinder eng zusammengedrängt unter den Planen. Kaum eine Familie war dabei, die nicht ein Grab zurückließ. Um Luise Köcherts Hügel war das Jahr hindurch in langen Reihen ein stattlicher Friedhof gewachsen.

„Wie auf brüchiges Eis schickt man die Leute hinaus und weiß nicht, ob sie am andern Ufer ankommen", dachte Köchert.

Am Abend vor dem Abmarsch saß Wilcke mit Barbara Klappenbach im Lagerschuppen. Köchert war hinausgegangen, um die beiden allein zu lassen. Das Lager schlief.

„Komm mit, Barbara!" sagte Ludwig Wilcke einige Male. „Was willst du noch hier? — Wir müssen nun einmal an uns denken, und wir haben doch wahrlich ein Recht dazu!"

Aber sie schüttelte den Kopf und sah in den Kerzenschimmer über der hohen Kiste.

„Komm, Liebste! Wir opferten genug." Er legte seinen Arm um sie und zog sie an sich heran. „Oben am Comalebach steht die neue Stadt, da wollen wir gründen und bauen; es wird Zeit. Köchert wird dich ziehen lassen. Er erwartet, daß du mitgehst, ich weiß es. Und", flüsterte er ihr ins Ohr, „ich sehe nicht froh in die Zukunft. Was meinst du, was hier werden wird, wenn die Tausende erst auf dem Sand liegen? — Mir tut Köchert leid. Wer dankt es ihm? Ist das, was hier geschieht und noch geschehen wird, soviel wert, daß ihr beide euch opfert?"

„Ja", sagte sie leise. „Ja, Ludwig, das ist es wert! Und wenn du mich liebst, mußt du verstehen, daß ich bleibe. Wir müssen unsere Aufgabe lösen, du die deine, ich die meine."

Eine unbestimmte Angst trieb Wilcke, sein Werben fortzusetzen. Aber Barbara blieb fest.

„Das Schicksal hat uns beide das Schlimmste bisher überstehen lassen", sagte sie und strich ihm leise über die Stirn. „Ich habe im Krankenzelt in viele Augen gesehen und aus manchen die letzten Blicke aufgefangen. Von denen, die wieder gesund wurden, sind einige hier geblieben und dienen nun still dem Wohle aller. Darf ich sie im Stich lassen, wenn sich etwas vorbereitet, was vielleicht schlimmer wird als alles bisher? Du bildest dir doch nicht ein, Köchert habe dich um deinetwillen aufgefordert, den Zug zu führen? Er stellte dich vor eine neue Aufgabe, und du mußt sie erfüllen. Geh, Ludwig, unsere Zeit kommt auch noch, aber erst später. Was würde Köchert von uns denken?"

Wilcke fuhr hoch. „Immer sprichst du von ihm. Wer hält ihn? Ich will hier heraus. Aber nicht ohne dich. Gesunde, frohe Menschen will ich wieder sehen, schaffen will ich und nicht mehr der Aufpasser sein über arme Kreaturen, der mit geladenem Gewehr mißtrauisch von einem Tag zum andern wacht."

Sie küßte ihn. „Vielleicht ist ein Leben ohne Mißtrauen, Wachsein und Gewehre hier überhaupt nicht möglich. Mir scheint, als sei es das Gesetz dieses Landes."

Die Kerze löschte knisternd aus, die beiden blieben im Dunklen.

Erst gegen Morgen schlug Wilcke die Tür zurück und trat in die dunstige Frühe, neben ihm Barbara. Die Nacht hatte ihnen ihren Weg gewiesen.

Im Lager sammelte sich schon der Zug. Eine Stunde darauf rumpelte die Wagenkette durch das Tor in der Brustwehr hinaus nach Westen. Wilcke ritt an der Spitze.

Noch am Weihnachtsabend 1845 kamen zweihundertachtzehn Leute an. Nach schwerer Überfahrt auf dem Dreimaster „Neptun" waren sie in Galveston ohne Aufenthalt umgeladen und nach Karlshafen gebracht worden.

Unter ihnen befand sich der Kantor Blumberg aus Kokozko im Kreis Kulm, mit seiner Frau und sieben Kindern. Blumbergs Frau lag krank auf einem Bündel Decken und wurde, wie die meisten, in nassen Kleidern ausgebootet. Am 19. August war die Familie aus der Heimat aufgebrochen. Der Verein der Fürsten und Standesherren erschien dem Kantor damals wie ein Werkzeug Gottes, arme Menschen aus dem Elend herauszuführen. Nun saß er stumm und stumpf auf dem Sand und litt unter der Last der Verantwortung, die er auf sich geladen hatte.

Viele fanden keine Unterkunft, die runden Zelte des Vereins waren vollgestopft, in manchen lagen schon sechzehn Menschen. Beim Schlafen mußten sie die Beine ineinanderschieben. Köchert stellte fest, daß er um die Weihnachtszeit zweiundzwanzighundert Menschen zu erhalten hatte! Am Jahresende lagen noch achthundert bis tausend Deutsche in Galveston. Eine ganze Anzahl der Tiere die einmal vor die Wagen gespannt werden sollten, wurden verzehrt.

Einzelne Männer suchten auf eigene Faust ihr Schicksal zu ändern. Sie machten sich auf und wateten durch Schlamm und Morast auf die nächsten Farmen. Aber die Farmer waren nicht gut auf die Deutschen zu sprechen und verweigerten ihnen ihre Geschirre, auch gegen übertrieben hohe Fuhrlöhne. „In dieser Jahreszeit ist kein Weg fahrbar. Was nützen uns hohe Löhne, wenn die Gespanne in den Sümpfen untergehen. Wenn das Frühjahr kommt, brauchen wir unser Vieh zur Feldbestellung."

In auswegloser Eintönigkeit versickerten die Tage. Zank und Streit flog die Lagergassen entlang, es gab Messerstechereien, und Selbstmorde erschreckten die Zeltinsassen.

„Ich sehe keinen andern Weg", sagte Blumberg zu einigen Männern, die sich untereinander Vertrauen schenkten, „wir müssen uns von dem Unternehmen lösen, ehe es zu spät ist. Ich schlage vor, wir Männer brechen auf und suchen jeder für sich und seine Familie Land zu pachten. Vielleicht ist Köchert froh, wenn er uns los ist."

Die andern gaben ihm recht. Ein paar Tage darauf marschierten sie ab. Blumberg nahm seinen ältesten Sohn Julius mit.

In lebensgefährlichen Märschen, die nur möglich waren, weil jeden der Selbsterhaltungstrieb vorwärtspeitschte, kamen sie bis Viktoria. Aber unannehmbare Pachtverträge, offenbarer Betrug und schlechter Boden, den bisher niemand hatte kaufen wollen, ließen es zu keinem Abschluß kommen. Verbittert und zermürbt kehrten die Männer nach Karlshafen zurück.

Das Brennmaterial wurde immer rarer, weiter und weiter wagten sich die Sammelkolonnen hinaus ins Land.

Trotz der strengen Verbote Köcherts wurde ohne Aufhören gestohlen und betrogen. Ein Tauschhandel mit winzigen Dingen, denen die Not wieder Wert verlieh, entwickelte sich. Aber auch manches bis zum Äußersten festgehaltene Stück alten Familienbesitzes, eine Kette, einen Ring, ein paar silberne Löffel gab man schließlich aus der Hand, um eines kurzlebigen Vorteiles willen. Der Lehrer Wamel aus Czarze, ein Freund Blumbergs, hatte seine Frau beim Untergang eines Schiffes auf der Barke verloren und lebte nun zusammen mit einer andern aus Hannover, deren Mann im Lager gestorben war. Sie trieb einträglichen Wucher mit Lebensmitteln, von denen niemand wußte, wo sie herkamen.

Köchert saß in banger Besorgnis über den Büchern, rechnete und zählte. Mit Schrecken hatte er wahrgenommen, daß große Mengen Mais von Käfern zernagt und Säcke voll Mehl stockig wurden.

Nach einem unsagbar schweren Ritt waren eines Tages Waldbär, Schmitz und Wessel aus Neubraunfels gekommen und brachten die Kunde vom Verschwinden des Generalkommissars.

„Wir hofften, ihn in Karlshafen zu finden", sagte Wessel, „oder wenigstens etwas über seinen Aufenthalt zu erfahren. Wo ist er nur?"

Köchert schüttelte den Kopf.

Leise fuhr der Kaufmann fort: „Die Stadt ist wie ein Ungeheuer, das sich selber auffrißt. Zink kann es nicht mehr schaffen. Am meisten haben die Totengräber zu tun. Wir sind dem letzten Zug kurz hinter der Guadalupe begegnet. Wilcke führte sein ausgehungertes Pferd am Zügel und schritt bleich, mit fiebernden Augen, voran. Der Rest wankte hinterdrein. Man wird die Leute in Neubraunfels nicht gut empfangen und versuchen, sie sofort nach Friedrichsburg abzuschieben." Die beiden sahen sich an und verstanden sich.

„Dreitausend Menschen liegen jetzt hier", sagte Köchert erschüttert. „Ich wundere mich oft, daß sie es ertragen und nicht noch mehr verwildern und verrohen. Immer sind noch viele unter ihnen, die hoffen und glauben. Es ist etwas Großes um dieses Volk, das nicht unterzukriegen ist."

In verwehten Fetzen trug der Wind Klänge eines Liedes über die Brustwehr herauf. Die beiden horchten.

„Mädchen und Burschen sind es", meinte Köchert. „Sie singen allem Elend zum Trotz und werden damit meine besten Helfer."

Der Bogen der Sonne über dem erwachenden Land wurde höher und weiter. Früh schon drängte der Frühling 1846 den weichenden Winter vor sich her aus die unbekannten Hochflächen und Gebirge des Innern. Weit und friedlich dehnte sich das Meer unter der wärmenden Sonne.

Köchert stand mit einer Gruppe von Männern vor dem Lagerschuppen. Er hielt die Hand über die Augen und sah hinaus in die blendende Helle. „Reichlich achthundert sind in den letzten Monaten gestorben, Herr Altstädter", sagte er zu dem hochgewachsenen Mann, der neben ihm in die Weite blickte. „Es war beinahe eine geruhsame Zeit, als Sie damals mit dem Ochsengeschirr in die Umgebung fuhren, um Nahrungsmittel für die Leute zu kaufen. Zu der Zeit mußten immer nur Hunderte versorgt werden. Gegen fünftausend Menschen sind seit dem Herbst hier angekommen. Mir ist, als hätten wir durch eine Hölle gehen müssen. Es gibt keine Worte, um das zu schildern, was sich hier auf dem Sand an Not und Verwirrung ereignete."

Sie sahen in das Gewimmel der Menschen hinunter.

„Was könnten wir von Neubraunfels erzählen!" sagte Altstädter. „Grauenvoll war das, was wir auf dem Weg von dort nach Karlshafen erlebten. Sehen Sie uns an, Herr Köchert, acht Mann sind wir noch. Zwei sind unterwegs umgekommen. Uns trieb der letzte Rest von Lebenswillen und tiefe Empörung aus der Stadt am Comalebach fort. Wir haben noch so viel Kraft und Bargeld gerettet, daß wir die Rückfahrt nach Deutschland wagen. Es soll den Herren in Mainz nichts erspart werden, so wahr mir Gott helfe!"

Köchert sah die acht Männer an. Verschlissen waren ihre Kleider, die Schuhe zerfetzt, struppige weiße Bärte umrahmten die ausgemergelten Gesichter, in denen eine wilde Entschlossenheit brannte.

„Kommen Sie herein, wir wollen unsere Anklage im Schuppen zu Ende bringen", sagte Köchert. Er griff in die Tasche seines Rockes und zog einen Brief heraus. „Alles hat sich gegen uns verschworen. Diesen Brief bekam ich vor vierzehn Tagen von unserem Agenten Kläner."

Sie setzten sich auf Kisten und Säcke. Köchert las vor: »Es ist Tatsache geworden, was man sich seit Wochen zuflüsterte: Texas und Mexiko befinden sich im Kriegszustand. Das ändert unsere Lage von Grund auf. Zunächst teilten mir die Gebrüder Torrey in Houston mit, daß sie die mit dem Generalkommissar abgeschlossenen Verträge über den Transport unserer Landsleute von Karlshafen nach Neubraunfels nicht einhalten könnten. Lieber wollten sie das Reugeld opfern, das sie im Falle ihres Rücktrittes zu zahlen hätten. Herr von Meusebach habe die Preise so gedrückt, daß es sich nicht mehr lohne. Die Fuhren für das texanische Heer würden besser bezahlt.

Kurz darauf erließ die Regierung eine Verordnung über das Fuhrwesen. Danach sind alle Zugtiere und Wagen des ganzen Landes grundsätzlich beschlagnahmt und müssen ihr nach Bedarf überlassen werden. Sofort bemühte ich mich, die für uns notwendigen Fahrzeuge und Gespanne freizubekommen, aber es war nicht möglich. Ich wage kaum auszudenken, was das bedeutet.

Dasselbe geschah für Nahrungsmittel. Alle Vorräte müssen zur Verpflegung des Heeres bereitgehalten werden. Die Regierung kauft auf, was sie erfassen kann. Sollte es gelingen, unsern Bedarf noch zu decken, dann wird das nur auf Umwegen und zu Preisen möglich sein, die weit über den gewöhnlichen liegen. Notwendigenfalls muß versucht werden, Nahrungsmittel über Neuorleans aus den Nordstaaten hereinzubekommen. Aber auch das dürfte schwer werden. Außerdem besteht dabei immer die Möglichkeit ihrer Beschlagnahme durch den Staat. Ich will alles versuchen, aber feste Zusagen kann ich bei der Unklarheit der Lage nicht geben.

Die Stadtverwaltung von Galveston drängt immer entschiedener, die hier liegenden achthundert Leute nach Karlshafen zu bringen. Einige Fünfzig sind krank an Fieber, Ruhr und Skorbut. Die Stadtverwaltung weist darauf hin, daß die deutschen Einwanderer Sicherheit und Ordnung gefährden und Dauerherde für ansteckende Krankheiten bilden.

Mit dem letzten Segler ‚Marn' kamen gegen dreihundert Leute aus dem Ort Steinbach im Erzgebirge an. Sicher sind es tüchtige, brave Menschen. Aber sie waren so arm, abgerissen und elend, daß ich zunächst nicht wagte, die Landebürgschaft für sie zu übernehmen. Sie hätten also mit dem Schiff nach Deutschland zurückgebracht werden müssen. Aber die wenigsten würden das überstanden haben. Sie bettelten und flehten. Zuletzt jammerte mich das arme Volk. Ich hinterlegte die Bürgschaft. Der Kapitän tobte vor Wut, als er begriff, welche Rückfracht ihm bevorstand.

Wo ist der Herr Generalkommissar? Mit wem soll ich künftig entscheidende Fragen regeln?"

Köchert legte den Brief beiseite.

„Das mit dem Krieg, den Gespannen und Nahrungsmitteln klingt wie ein Todesurteil", meinte einer von den Männern, die nach Deutschland zurückreisen wollten.

„Ich beschwöre Sie, ersparen Sie den Herren in Mainz nichts. Ihren papierenen Plänen, ihrer Geldfuchserei und ihren leichtsinnigen Hoffnungen verdanken wir unser Elend. Schreiben Sie alles auf. Jetzt erst spüre ich, wie stumpf ich geworden bin, wenn ich mich auf Einzelheiten besinnen soll.

Nach Barbara Klappenbachs Feststellungen starben in dieser Woche ungefähr zwanzig Menschen am Tag. Ganze Familien löschen aus. Jede geregelte Krankenpflege hat aufgehört. Mit Zureden und Gewalt habe ich versucht, die Masse im Versinken aufzuhalten. Ich drang nicht durch. Gegen tausend sind bis jetzt still verschwunden. Man kann nur noch schätzen. Was mag aus ihnen geworden sein?"

Ein Schatten fiel durch die Tür, und ein Mann in einem langen, buntgeflickten Schoßrock kam herein. Köchert ging ihm ein paar Schritte entgegen. „Ich danke Ihnen, Herr Bürgermeister, daß Sie gekommen sind, den Herren etwas über das Schicksal Ihrer Gemeinde zu sagen." Er wies zur Tür hinaus: „Da unten, links neben dem alten Krankenzelt liegt der Rest einer Gemeinde aus Oberhessen. Und hier ist ihr Bürgermeister. Erzählen Sie, bitte, Herr Bürgermeister."

„Ja, was ist da zu sagen? Unser Dorf lag mitten in den Ländereien des Grafen Isenburg. Durchlaucht wünschte die Abrundung ihres Besitzes. Man bot einem einflußreichen Mann eine

gend darüber hinweg. Was waren vor ihr ein paar Hände voll fremder Söldner?

Der Kantor Blumberg hatte vor der Abreise aus der Heimat seine Felder gut verkaufen können, eine hübsche Summe war ihm noch übriggeblieben. Die harten Taler saßen sicher eingenäht im Westenfutter. Jetzt trennte er sie auf und legte sie in Reihen nebeneinander auf den Deckel einer schweren Kiste. „Mutter, wenn wir Glück haben", sagte er und überlegte, „dann wissen die Farmer in dieser abgelegenen Gegend noch nichts von der Beschlagnahme des Zugviehes. Das Geld würde reichen für zwei Joch Ochsen. Unsern Wagen setze ich dann zusammen. Die Wege sind inzwischen fester geworden, und wir fahren los."

Die kranke Frau hob den Kopf und lächelte. „Zeit wird's, wenn ich es noch erleben soll!"

„Siehst du, wie gut es war, daß ich unsern Wagen zerlegte und mitnahm! Du wolltest nichts davon wissen. Heute ist er nicht mit Geld zu bezahlen."

Blumberg war einige Tage unterwegs und kam mit einem Joch Ochsen zurück. Er hatte fast das ganze Geld dafür hergeben müssen. Der Wagen wurde zusammengesetzt, Hab und Gut aufgepackt und das Vieh geschirrt. Die Mutter lag weich gebettet im Vorderteil und trug ein glückliches Leuchten im Gesicht.

„Sie wollen es allein wagen?" fragte ihn Köchert. „Nehmen Sie ein Gewehr mit. Ich lasse Ihnen Patronen geben." Dann steckte er dem Kantor noch ein Bündel Briefe zu, die an Koll und Zink abgeliefert werden sollten. „Und mit Ihren Ansprüchen wenden Sie sich an Koll, vielleicht hat der noch Geld. Meine Kasse ist fast leer. Reisen Sie glücklich!"

Das Tor in der Brustwehr stand offen, niemand hielt mehr Wache. „Wer soll hierherkommen und uns etwas tun?" hatte der letzte Posten gemeint. „Zu holen ist da nichts, nur Krankheit."

Hinter Gonzales traf Blumberg mit einem Reiter und einem Fußgänger zusammen. „Wir kommen direkt aus Galveston", sagte der Reiter, als sie am Feuer beieinander saßen. „Ich heiße Sörgel, war Buchhändler und bin aus Eisleben. Herrn Scheller traf ich unterwegs. Er wollte den Weg von Houston nach Neubraunfels zu Fuß machen. Nur Deutsche und Neger gehen zu

große Summe, wenn er die Gemeinde zur Auswanderung bringen könne. Wir stemmten uns dagegen. Es gelang ihm aber, mit einem Judaslohn ein paar Schreier zu gewinnen. Die halfen ihm nun. Doch die meisten blieben fest, weil sie nicht aus der Heimat wollten.

Nun hieß es: Schikaniert die Kerls, bis sie die Kränke kriegen! Wir wurden einzeln überfallen und mißhandelt. Es regnete Drohbriefe. Fensterscheiben warf man uns ein. Die Hofreiten wollten sie anbrennen. Unsere Beschwerden und Klagen halfen nichts.

Zuletzt hatten sie uns so weit. Wir verkauften dem Grafen Haus, Hof und Feld, vertrauten den Erlös dem Mainzer Verein an und fuhren nach Texas. Der dritte Teil meiner Leute ist gestorben. Aber was ändert alle Klage an dem, was ist?"

Seine Hände lagen zusammengeballt auf den Knien. „Und die Lebenden, trotzdem sie doch beinahe alle miteinander verwandt sind, hausen nun zusammen wie Spinnen im Topf und möchten sich gegenseitig vernichten, weil einer den andern für schuldig hält an seinem Schicksal. – Ich möchte wissen, ob der alte Gott noch lebt." Nach einer Pause fügte er hinzu: „Ende der Woche wollen wir versuchen, die Kräftigsten von uns vorzuschicken nach Neubraunfels. Jemand muß doch einmal hinkommen."

„Das soll den Herren in Mainz nicht verschwiegen werden, so wahr ein Gott im Himmel lebt!" rief Altstädter und hob die Faust drohend in die Höhe.

„Merken Sie, bitte, auch diese Tatsachen aus der letzten Zeit", sagte Köchert erregt. „Mit dem Dreimaster ‚Dyl' schickte die mecklenburgische Regierung zehn aus der Strafanstalt Dreibergen entlassene Sträflinge unter scharfer Bewachung nach Bremen. Es waren zwei Raubmörder dabei, die eine lebenslängliche Zuchthausstrafe zu verbüßen hatten. Das Schiff ‚Franziska' brachte den Einbrecher Beelitz aus Spandau. Viel Unheil im Lager richtete die Familie Klinge aus Wolfenbüttel an, eine geschlossene Diebesbande. Sie stahl schon während der Überfahrt alles Greifbare und brachte das Lager so durcheinander, daß ich den ältesten Sohn erschießen lassen mußte. Das sind nur einige Fälle. Versuchen Sie mit der Presse in Verbindung zu kommen. Auch wenn sie die Ohren fürs erste ängstlich zuhält, langsam muß doch einiges durchsickern, und das Volk wird aufhorchen. Nur Aufklärung der Öffentlichkeit kann weiteres Unheil verhindern."

Der Kaufmann Altstädter aus Darmstadt setzte sich mit den andern Männern zusammen. Sie schrieben den Leidensweg der Deutschen in Texas auf und vergaßen nichts. Dann reisten sie ab. Ein leerer Leichter nahm sie mit nach Galveston. Die Blicke derer, die auf dem Sand lagen, folgten ihnen voll Sehnsucht und Neid. Gab es ein größeres Glück als die Rückkehr in die Heimat?

„Herr Köchert", sagte am nächsten Tag Kapitän Büchel, der Sprecher einer Gruppe von Männern, „nun ist es so weit. Wir haben die Verbindung mit der texanischen Regierung aufgenommen und wollen ein deutsches Freikorps unter meiner Führung bilden. Dreihundert Männer sind wir im ganzen, die sich entschlossen haben, ins texanische Heer einzutreten. Die Verbindungsleute kamen heute zurück. Die Regierung erbietet sich, unsere Familien während der Dauer des Krieges in leerstehenden Kasernen unterzubringen, zu ernähren und zu kleiden. In den nächsten Tagen rücken wir ab. Die Regierung schickt genügend Gespanne von Houston, um uns abzuholen. Unser Entschluß steht unverrückbar fest. Wir sind der Meinung, daß auf diese Weise die Aussichten, am Leben zu bleiben, etwas besser sind, als wenn wir hier auf dem Sand langsam verfaulen. Nur eine Frage noch: Wie steht es danach mit unsern Rechten im Grant? Bleiben sie uns erhalten?"

„Darüber kann nur der Generalkommissar entscheiden", antwortete Köchert. „Ich habe seit einiger Zeit keine Verbindung mehr mit ihm, doch verspreche ich Ihnen, alles für Sie zu tun."

Stumm drehten die Männer um. Vor der Schwere ihres verzweifelten Entschlusses wurden alle Worte klein.

Einige Tage darauf schon hielt ein langer Wagenzug vor dem Lager. Die Regierung hatte es eilig, denn sie brauchte nötig Soldaten. Wie eine Fahrt ins Glück kam ihre Abreise denen vor, die zurückblieben. Es mochten sechshundert Deutsche sein, die auszogen, um sich dem neuen Vaterland zu opfern. Die meisten von ihnen gingen unter, Zeit und Raum verschlangen sie; die nachfolgenden Geschlechter haben kaum nach ihnen gefragt. In Eilschritten stürmte die Entwicklung Amerikas vorwärtsdrän-

Fuß, sagen die Amerikaner. Ich nahm ihn mit. Wir ritten abwechselnd. Ich war zuvor noch mit zwei Deutschen zusammen, da es ihnen aber zu langsam ging, ritten sie ohne uns weiter."

Am andern Tag begegneten sie einem amerikanischen Geschirr. Scheller wurde mit dem Fremden einig und verdingte sich ihm für acht Dollar Monatslohn als Knecht. „Besser als nichts", sagte er, als er Abschied nahm. „Ich habe keinen Heller Geld und werde den Lohn meiner Frau schicken. Weiter kann ich nichts für sie tun."

Es regnete beinahe jeden Tag. Sörgel mußte öfter vorspannen, um den versinkenden Wagen aus dem Morast zu ziehen. Überall fanden sie schauerliche Spuren von Menschen, die vor ihnen den gleichen Pfad gezogen waren. Nach sechsundzwanzig Tagen kamen Blumberg und sein Begleiter in Neubraunfels an. Einen Teil des Gepäcks hatte er unterwegs zurücklassen müssen, da die Kinder eins nach dem andern an Ruhr erkrankten und in den Wagen gelegt werden mußten.

In der Stadt schien alle Vernunft ausgelöscht zu sein. Die Schreier und Radaubrüder führten das Wort: „Wir wollen weiter in den Grant! Wo ist der Generalkommissar? Durchgegangen wird er sein mit unserem Geld. Indianer werden ihn erschlagen und beraubt haben. Vielleicht sitzt er gar an der Riviera und verpraßt, was uns gehört! Laßt die Felder liegen! Wer soll ernten, wenn es weitergeht?"

Fertige und halbfertige Blockhäuser wurden für Trinkgelder verschleudert. Die Männer des Stoßtrupps hatte das Fieber bis auf wenige hingerafft. Grundbesitz wanderte von einer Hand in die andere. Arbeit, die in Monaten geleistet worden war, wurde gegen ein paar Schluck Schnaps verschachert. Die Schenken am Markt wurden nicht leer.

Zink hatte, um dem Drangen der Masse nachzugeben, Zettelgeld hergestellt. Es lief unter Zwangskurs von Hand zu Hand. Die Amerikaner in ihren Kaufläden kümmerten sich nicht darum und gaben ihre Waren drei-, viermal teurer her, als man sie in Deutschland kaufen konnte.

Ein neuer Schankwirt hatte sich aufgetan und machte Geschäfte. Graf von Donop nannte er sich. Dicht daneben eröffnete eine unheimlich dicke Köchin, die früher in einer fürstlichen Küche gestanden hatte, ein „Präriespeisehaus", das immer gut besetzt war. In bunt zusammengewürfelten Kleidern liefen die Menschen einher, toll und überheblich, als seien sie nicht mehr von dieser Welt. Jungen Burschen klirrten talergroße Sporenräder an hohen Stiefeln. Dolche, Pistolen und blinkende Messer steckten hinter phantastischen Gürteln. In den blassen Gesichtern wucherten wirre Vollbärte. Im Wechsel von Hitze und Kälte warfen sie sich grellfarbige Decken über die Schultern, andere trugen braune, zottige Büffelfelle. Alle schwärmten wie im Fieber von dem Glück, das sie machen wollten, nur wußte keiner, wo es zu packen sei. Aber eben darum war es so herrlich, sich daran zu erhitzen. Was waren dagegen die paar Fleißigen und Gewissenhaften, die sich treu blieben, stumm und verbissen schafften und ihr Ziel nicht aus dem Auge verloren?

Der Krankenschuppen füllte sich immer mehr. Er sah aus wie ein verlassenes Heerlager, in dem die Maroden und Verwundeten zurückgeblieben waren. Die Toten wurden schlecht begraben. Wölfe scharrten sie in den Nächten aus. Sie verpesteten die Luft. „Laßt uns das Leben heut genießen", schrien viele, „vielleicht sind wir morgen tot!"

Wie ein Apostel wagte sich Ervendberg in das wildeste Durcheinander und suchte den Weg zu den Seelen. Er trat an die Schanktische, zu den Glücksspielern, unter die Tanzenden und suchte zu retten. In die kleine Holzkirche an der Hauptstraße mit ihren leeren Fensterlöchern kam niemand mehr. Viele Stunden lag er auf den Knien vor dem Altar und rang mit Gott um Rettung und Besserung.

Aber das Verhängnis lief weiter. Die Seuche hatte den Weg von der Küste herauf in die Stadt gefunden und tobte sich nun aus. In einer hölzernen Bude am Markt wurde getanzt. Kranke, denen der Tod schon in den Gliedern saß, tollten in verzweifelter Ausgelassenheit umher und berauschten sich sinnlos. Weinreich saß auf einem erhöhten Platz in der Ecke; seine Klarinette quiekte und machte eine ohrenschmerzende Musik. Die Tänzer keuchten in der Hitze und stierten mit glasigen Augen schon in den Abgrund, der sie verschlingen wollte. Ein Totentanz taumelte über die Bretter des Raumes. Weinreich trank und heulte vor innerer Qual. Er stierte in das Gewühl der stampfenden Tänzer. Immer einmal schlug er das Ende seiner Klarinette jemand auf die Schulter und rief: „Du bist der nächste." Dabei lachte er meckernd. „Diese Nacht noch werd ich dich begraben! He, du! tanz, los!"

Die beiden Berliner hatten ihr Totengräberamt aufgegeben. Weinreich war mit noch ein paar andern gegen hohen Lohn ihr Nachfolger geworden. „Ne, Hein, det is nischt für uns. Die hat ja der Tod schon alle jeküßt. Laß uns graben. Aber keene Totenlöcher mehr. Wir missen tun, als jing uns det allens jar nischt an. Arbeeten woll'n wa, un zu wat komm'. Weeßt doch, so'n klennet Heischen. Haste jesehn, wat unsere drei Hiehner mit ihr'm Gockel sich anstreng'n? Mensch, vor so wat kenn wa uns doch nich blamieren. Die hier soll'n machen, wat se Lust ham; nur uns sollen se zufrieden lassen."

Die beiden gruben weiter. Und mit jedem Samenkorn, das sie in die Erde legten, war ihnen, als pflanzten sie sich selbst hinein.

„Een Tach um andern jehm wa dem Paster en Ei", meinte Wilhelm Piesicke. „Der Mann sieht schon so jeistreich aus. Wat soll denn aus die Kinder wern, wenn er sich nich mehr drum kümmern tut?"

Ervendberg sammelte die Waisenkinder. Tagelang war er unterwegs, wagte sich allein in die Prärie hinaus und brachte die Verlassenen in Sicherheit, die er auf dem Weg fand. Bis zum Ende des Jahres waren es sechzig, die er aufgriff und betreute. Und er hat sie gepflegt und erzogen die folgenden Jahre hindurch, bis sie sich selber weiterhelfen konnten.

Auf der Sophienburg saßen die führenden Männer voll Sorgen, doch mit wachen Sinnen. „Das ist die Reinigung", sagte Zink. „Sie muß sich durchsetzen. Der Schaum kocht über; das Gute bleibt. Ihm müssen wir uns zuwenden. Zweiunddreißig Kinder sind bisher in Neubraunfels geboren. Ihnen und den Müttern gilt unsere oberste Sorge. Deshalb ließ ich vor ein paar Tagen aus dem Markt einen Mann auspeitschen, der sich heimlich an den knappen Milchvorrat geschlichen hatte. Diese Kinder sind unsere Hoffnung. Wir sind nur Übergang, Koll; auf unsern Schultern stehen einmal die Stärkeren. Irgendwo in der Ferne liegt der Grant. Vielleicht werden sie ihn einmal erobern. Wir sind nur Weg und Werkzeug."

Blumberg trat ins Zimmer, in dem Zink, Koll und Wessel saßen. Wessel war mit Schmitz und Waldbär aus Karlshafen zurückgekommen, ohne Nachricht vom Generalkommissar.

„Er hat das vorausgesehen", meinte Koll, „jetzt wird mir manches seiner dunklen Worte aus der letzten Zeit klar."

„Meine Herren", begann der Kontor, „ich ließ mich hintrösten, bis heute. In dem Zusammenbruch da unten habe ich mir noch so viel Kraft bewahrt, daß ich weiter will. Sie versprachen mir eine Abschlagszahlung auf mein Guthaben beim Verein. Ich kann jetzt durch Vermittlung eines Amerikaners ein Paar Zugochsen kaufen und will weiter nach Friedrichsburg. Mir scheint der Ort sicherer; denn ich befürchte, Neubraunfels könnte in das Kriegsgebiet einbezogen werden."

„Glauben Sie, Blumberg, daß es am Pedernales besser steht als hier?"

„Das habe ich mit mir auszumachen. Sie versprachen mir dass Geld für den 1. Juli. Der ist heute, und nun will ich es mir holen."

„Was ich Ihnen gebe, nehmen Sie andern."

„Dann hätten Sie nichts versprechen sollen. Vielen da unten ist mit Geld nicht mehr zu helfen."

Er erhielt dreiunddreißig Dollar für ein zweites Paar Ochsen und fuhr am 2. Juli ab nach Friedrichsburg. Am 14. Juli durchquerte er den Pedernales. Er fand Entsetzliches dort vor.

Aufgewühlt und zerkratzt sah die Erde aus, als hätten Geschosse sie umgepflügt. Die Rodung war fast eingestellt, angefangene Blockhäuser standen in der Runde verstreut. Wimmern und Stöhnen klang aus den Laub- und Erdhütten, der ganze Ort war verseucht. Wilckes Zug hatte die Krankheiten der Küste ins Innere geschleppt; hier gab es weder Arzt noch Arznei. Mit gedunsenen, sieberglühenden Leibern, der Mund vom Skorbut faulend, verkamen die Kranken auf dem dürren Gras der Prärie. Die Lebenden teilten sich in den Besitz der Toten. Sechshundert Menschen harrten hier noch aus, zweihundert waren schon gestorben. Ein Ochsenkarren holte die Toten täglich aus Hütten und Zelten ab und fuhr sie in eine Grube vor der Stadt. Indianer machten in größeren Trupps die Umgegend unsicher; bis in die Hütten war ihr kreischender Gesang manchmal zu hören.

Wilcke, Beneh und Birkel hielten sich verzweifelt aufrecht, weil sie sich als die verantwortlichen Führer fühlten, in all dem körperlichen Elend und der geistigen Zermürbung.

„Wie das zu Ende geht, weiß ich nicht", sagte Wilcke, als

Blumberg um Zuteilung eines Landloses bat. „Wir sind froh, wenn das Heute nicht schlechter ist als das Gestern. Einmal muß das Sterben doch ein Ende haben. Was wissen Sie von Barbara Klappenbach? Seit Wochen haben wir alle Verbindung mit Neubraunfels und Karlshafen verloren." Mit brennenden, tiefliegenden Augen sah er Blumberg an.

Und der erzählte, was er von dem tapferen Mädchen wußte.

„Sie lebt, sie muß leben", brach es aus Wilckes Mund. „Nun ist alles gut, und ich weiß sicher, daß wir es überstehen."

Einigemal hielt Blumberg Gottesdienst unter den Bäumen. Er hatte eine besondere Art, allen Verzagenden und Schwachen Selbstvertrauen und Zuversicht wiederzugeben und wurde so den leitenden Männern ein wertvoller Helfer. Beneh führte die Geschäfte, Wilcke vermaß das Land und teilte es aus, Birkel besorgte die Verpflegung.

Blumberg hielt seine Familie wie in Neubraunfels abgesondert von der Menge, aber er konnte sich nicht entschließen, den Spaten in die Erde zu stoßen; eine bohrende Unruhe hielt ihn davon ab. Schlaflos wälzte er sich auf seinem Lager und kämpfte mit sich selber. Zuletzt sah er klar. Über allem standen ihm Frau und Kinder, jeden Schritt, den er bisher erkämpft hatte, ging er um ihres Wohles, um ihrer Sicherheit willen.

„Herr Beneh", sagte er eines Tages, „ich weiß nicht, ob ich zu früh oder zu spät nach Friedrichsburg gekommen bin. Aber ich bin nun entschlossen, wieder nach Neubraunfels zurückzuziehen. Vielleicht kann ich mich eines Tages ganz lossagen vom Verein."

Wilcke und Beneh suchten den Mann mit aller Überredungskunst zu halten. „Wie wird es auf die Leute wirken, wenn Sie uns verlassen? Hat nicht jeder klardenkende Mensch hier die Aufgabe, all der Schwäche und Verzagtheit ein Beispiel zu geben und durchzuhalten? Bleiben Sie, helfen Sie uns!"

Aber Blumberg gab nicht nach. „Auf wen wird man sich einmal am sichersten verlassen können, meine Herren? Nur auf die Familie. Weil ich das sehe, muß ich so handeln. Hier in der Fremde ist die festgefügte Familie mehr als irgendwo der Grundstein jeden Aufbaues."

Er lud den Rest seiner Habe mit Frau und Kindern auf den Wagen, schirrte die Ochsen und fuhr die neunzig Meilen zurück nach Neubraunfels. Mit festen Schritten, die Peitsche schwingend, ging er neben dem Ochsenwagen her, als sei er nie etwas anderes gewesen als Siedler an der Indianergrenze. Hinter aller Not und allen Irrfahrten sah er klar sein Ziel, und klug schätzte er den Einsatz an Kraft und Mitteln ab, den er wagen mußte, um sich durchzusetzen. Er war ein Mann, wie ihn das tückische Land brauchte.

Als er in Neubraunfels einfuhr, sah er einen Menschenhaufen dichtgedrängt sich den Berg zur Sophienburg hinaufschieben. Es roch nach Schnaps. Drohende Fäuste ragten über die Köpfe der Leute, Pistolen und Messer blitzten in der untergehenden Sonne. Das Palisadentor war geschlossen. Der Haufe staute sich davor.

„Weg mit dem Namen!" brüllten übernächtige, brüchige Stimmen. „Er ist unser Unglück und Elend! Neubraunfels ist erledigt! Wo sind die Herren, die auf unsere Kosten leben? He, ihr Feiglinge, ihr Sklavenhalter! Aufgemacht!!"

Fußtritte donnerten an das Tor. Es wurde von innen geöffnet. Julius von Koll trat heraus, unbewaffnet. Hochaufgerichtet ließ er seine Augen über die vordersten streichen. „Was ist los?" fragte er scharf und klar.

„Wir fordern, daß die Stadt von heute an nicht mehr Neubraunfels, sondern ‚Comale' heißt" riefen die Wortführer. Und: „Comale, Comale", johlte die Menge hinterdrein.

„So, das wollt ihr, und weiter habt ihr keine Sorgen? Dreht euch um! Seht ihr da draußen die Leute auf den Feldern? Warum kamen diese nicht mit euch? Mit ihnen will ich darüber reden. Mit euch nicht. Fürs erste bleibt's bei Neubraunfels. Und wem das nicht paßt, der gehe. Wir haben nichts an ihm verloren. Sollte um solcher jämmerlichen Dinge willen noch jemand mit Hetzen und Scharfmachen seine Zeit vertrödeln, dann werde ich denen, die es nicht lassen können, nichts zu essen liefern. Es bleibt dann mehr für die, die arbeiten und vorwärts wollen!"

Er trat zurück, das Tor flog zu. Die Menge starrte enttäuscht auf die wettergrauen Balken. Dann brach es los: „Betrüger! Mörder! Feiglinge!" In den Grant wollen wir und nicht hier verfaulen! Unser Recht fordern wir!"

Aber das Tor blieb geschlossen. Der Haufe bröckelte langsam

auseinander und verlief sich. Die Nacht über ging es hoch her in den Schenken.

Blumberg wurde mit seiner Familie von Sörgel aufgenommen. Die beiden Männer unterhielten sich noch lange. Der Buchhändler aus Eisleben war ein kluger und zuversichtlicher Mann.

„Langsam heben sich die Schwierigkeiten", meinte er. „Zuletzt werden die Krankheiten in dem weiten Lande verebben. Die Natur verschafft sich ihr Recht und setzt sich ins Gleichgewicht. Der Tod räumt auf mit aller Schwäche. Die Menschen schmelzen zu einer Zahl zusammen, die zu tragen möglich ist. Ich glaube, wir sind allmählich über den Berg!"

„So ist's recht, lassen Sie Sonne herein und den Lindenduft dazu", meinte der Marktapotheker. „Das tut wohl, man kann's gebrauchen!"
Die Wirtin vom Klosterkeller in Eisenach schlug die bunt verglasten Fenster ganz auf.

„Was so die Zeiten bringen! Immer etwas Neues, und hinterher läuft's meistens anders, als man es zuvor gedacht hat", brummelte der hagere Mann vor sich hin. „Da hinten beim Ofen, an dem kleinen Tisch, hat er gesessen. Ich seh' ihn noch wie heute. Reichlich zwei Jahre sind es her."

Die Wirtin strich die weiße Schürze glatt und fragte: „Wen meinen Sie denn, Herr Hofapotheker?"

„Den Köchert, Wirtin, den Schulamtskandidaten Köchert aus Stedtfeld. Man hört nichts Gutes über Texas. Wer hätte das gedacht? Ich möchte wissen, wie's dem Mann geht."

„Immer Texas, Texas und wieder Texas", seufzte die Wirtin, wird denn am Stammtisch seit zwei Jahren noch über etwas anderes gesprochen? Da streiten sich die Herren, kriegen rote Köpfe und sorgen sich um Dinge, die sie doch eigentlich nichts angehen. Von mir aus —" Sie machte eine gleichgültige Handbewegung und legte die Bierfilze zu einem regelmäßigen Haufen aufeinander.

Der Apotheker hatte einen Stapel Tageszeitungen vor sich liegen und blätterte sie suchend durch. Jetzt blieb sein Auge hängen.

„In diesem Frühjahr zogen Dampfschiffe lustig den Rhein hinab, gen Rotterdam. Es befanden sich auf denselben zweihundertfünfundsechzig Personen. Man bemerkte unter ihnen einen Pfarrer mit einer beträchtlichen Anzahl seiner Pfarrkinder. Freude war auf den Gesichtszügen aller Fahrgäste zu lesen; denn sie gingen einer glücklichen Zukunft in Texas entgegen, da man ihnen goldene Berge versprochen hatte. Ein Notariatsakt, der im Badischen aufgestellt wurde, sicherte ihnen beträchtliche Güter zu. Bearbeitete Felder, Wiesen und schöne Wälder erwarten sie, ja, Wohnungen sollen für sie bereitstehen."

Er blätterte zurück und suchte den Titel: „Der Unparteiische am Rhein."

„Hm, sonderbar, trotz allem immer noch diese Fanfaren."

Dann zog er sein Notizbuch aus der Tasche und nahm einige Zeitungsausschnitte heraus. „Der deutsche Adelsverein ist in seinen Versuchen, die Berge von San Saba zu kolonisieren, nicht glücklich gewesen. Ein Zug von hundert Wagen wurde auf dem Weg nach dieser Niederlassung von den Wilden angegriffen. Die deutschen Auswanderer, obwohl verzweifelt fechtend, wurden von der Übermacht bezwungen und ließen eine Menge Tote und Verwundete in den Händen der Indianer." „Weserzeitung", hatte der Apotheker an den Rand geschrieben.

Die Tür ging auf. Bedächtig, als stolziere er zwischen zwei Aktendeckeln hervor, kam der Akzessist Weibezahl herein und begrüßte den Apotheke. „Was gibt's Neues in Texas?"

„Nichts Gutes, mein Lieber. Allerlei Widersprüche. Die nachteiligen Meldungen überwiegen. Die Zeitungen wagen sich noch nicht mit Einzelheiten hervor. Aber zwischen den Zeilen steht genug für den, der lesen kann. Hier, bitte: ‚Immer zahlreicher werden die aus Texas gänzlich verarmt zurückkehrenden Auswanderer, welche den Mainzer Verein gerichtlich belangen wollen, da sie das versprochene Land, wofür sie dem Verein Zahlungen gemacht, nicht erhalten haben und selbst deponierte Gelder nicht wiedererlangen konnten.'"

„Nicht zu glauben", brummte Weibezahl.

„Aber auch nicht zu widerlegen", antwortete der Apotheker. „Das stand in der Kölner Zeitung."

Er breitete einen Ausschnitt nach dem andern vor Weibezahl aus und pickte aus jedem irgendeinen treffenden Satz: „‚Schon unglücklich in der Wahl des Landes, dessen Klima nicht paßt'... ‚daß die ganze Unternehmung, nachdem durch sie viele hundert leichtgläubige Deutsche ins frühe Grab oder ins bitterste Elend verlockt worden sind.' — Und hier, hören Sie: ‚Der Auswanderer ist für den Verein wie eine Ware, die er auf Schiffe lädt und verschickt.'"

Weibezahl hieb die Faust auf den Tisch und schnarrte aufgeregt mit seiner trockenen Stimme: „Genug, nichts als üble Demagogerei. Traurig, daß Sie so etwas glauben; daß das gedruckt werden darf!"

„Da habe ich noch ein Sätzchen", sagte der Apotheker höhnisch: ,In ihren Vorstellungen jämmerlich getäuscht, werden sie untergehen oder als zerlumpte Bettler zurückkehren.' Deutsche Allgemeine Zeitung. Genügt's? Das wird sicher die Wahrheit sein. Und wenn ich bedenke, wie vorsichtig unsere Zeitungen schreiben, dann mag in Wirklichkeit alles noch viel schlimmer aussehen."

„Hören Sie auf!" rief der pensionierte Akzessist Weibezahl mit puterrotem Kopf. „Wie sollte so etwas möglich sein?" Heftiges Niesen schüttelte ihn.

„Auch dafür gibt's Antworten, man muß nur alles gut hintereinanderbringen können", fuhr der Apotheker fort.

Sein Zeigefinger sprang über die Zettelreihen.

„Hier, bitte: ,Fast alle Übelstände, welche mit der Kolonisation des Mainzer Vereins verknüpft sind, können als eine Folge des zu späten Eintreffens und der Unzulänglichkeit der zu einem großen Unternehmen unentbehrlichen Geldmittel betrachtet werden. Hierin liegt der Fehler und die Schuld dieses Vereins.' Wenn Sie nun noch nicht begreifen, dann ist Ihnen nicht zu helfen, Herr Akzessist!"

„Aber das ist doch—" brauste Weibezahl auf.

Von der Tür her drang ihnen heftiges Stimmengewirr entgegen. Der Buchhändler Jakobi schwang ein Heft durch die Luft und rief aufgeregt: „Seien Sie doch vernünftig, Herr Konrektor! Wenn es ein Mann wie dieser Constant wagt, eine Broschüre gegen den Verein zu schreiben, dann muß er seiner Sache doch sicher sein. Sie können mit Redensarten nicht wegbeweisen, was der Schreiber mit eigenen Augen gesehen hat."

Schäfer schwang seine lange Pfeife wie einen Degen zur Abwehr. „Zum Donnerwetter, lassen Sie mich doch endlich auch mal zu Wort kommen. Irgendein gekaufter Schmierfink schreibt da Gift und Galle zusammen, und Sie glauben alles unbesehen! Hätte Sie für vernünftiger gehalten, Herr Hofbuchhändler. Die Prozesse möchte ich nicht zählen, die der Verein dem sauberen Herrn auf Grund dieses Schwärtchens an den Hals hängt!" Asthmatischer Husten schüttelte den aufgeregten Mann.

Hinter den beiden drängte sich der Klempnermeister Sauermilch in die Gaststube. Er schwitzte vor Aufregung und wischte sich den kahlen Kopf mit seiner grünen Schürze ab. „Was ist da zu sagen", keuchte er, „sowas, sowas! Nicht zu glauben. Du lieber Herrgott, was mag aus dem Köchert und seiner Frau geworden sein?"

Die dreie ließen sich am Stammtisch nieder und schlugen den Gruß mit der Faust hart auf den Tisch. Jakobi legte das Heft vor sich und las, im Innersten aufgewühlt, einige Sätze vor. „Eine edle Absicht lag zugrunde, die sich aber in den Mitteln täuschte und viele Menschen unglücklich machte. Die Schützlinge des Vereins irren verlassen am Meeresufer umher. Die Kolonisation im großen ist eine schwierige Sache. Es darf sich dabei nicht nur um Pläne auf dem Papier handeln. Die Masse wurde durch den Schein der Gewissenhaftigkeit getäuscht. Trotz der Sittenzeugnisse hat der Verein viel Lumpengesindel hergeschafft. Menschen, die noch Kraft und eigene Ziele haben, raffen den Rest ihrer Habe zusammen und verschwinden."

Je weiter der Buchhändler las, desto stiller wurde es am Tisch. Jeder Widerstand gegen die Glaubwürdigkeit des Heftchens verschwand vor der Wucht der Tatsachen.

„Auf dem Zug durch die Prärie wurden Tote und Sterbende von den Wagen geworfen." Jakobi sah auf. Keiner sagte ein Wort, erschrockene Augen drängten zum Weiterlesen. Die Wirtin fuhr sich mit dem Zipfel ihrer weißen Schürze über die Augen, als sie hörte:

„Ein Amerikaner fand am Tag darauf ein lebendes Kind in den Armen der toten Mutter. Er nahm es mit. – Die Menschen waren wie das Vieh gebettet und wurden genährt mit den Überresten von Schiffsproviant."

Der Schaum auf den Biergläsern, die die Wirtin vor die Männer hingesetzt hatte, war zergangen. Niemand dachte ans Trinken. Man hörte die Fliegen summen, als der Buchhändler das Heftchen zuschlug.

„Wer hätte das gedacht?" Der Konrektor holte aus seiner Brieftasche die Seite der Frankfurter Oberpostamtszeitung heraus, auf der das Programm des Vereins abgedruckt war, zerriß sie in Fetzen und sagte noch einmal: „Wer hätte das gedacht?"

So fragten sich damals viele Leute in der deutschen Heimat. Die Zeitungen wurden eifrig durchsucht auf Nachrichten über

Texas. Briefe gingen von Hand zu Hand, die von drüben gekommen waren und die Lage der Auswanderer schilderten. Von Ohr zu Ohr flogen die ungeheuerlichsten Gerüchte.

Man mußte vorsichtig sein, denn die Polizei war hellhörig und griff zu, wo sie konnte. Der Verein wachte mißtrauisch über die öffentliche Meinung, tat nach außen hin aber gleichgültig, trotz der langsam aufkommenden Unsicherheit bei einer ganzen Anzahl seiner Mitglieder. Eine führende Persönlichkeit schrieb in einem Brief: „Es ist doch klar, daß wir die Leute nicht auf Rosen betten konnten. Wir mußten also mit gewissen Rückschlägen rechnen. Und daß es bei so gemischtem Publikum unheilbar Unzufriedene geben mußte, damit habe ich von vornherein gerechnet. Mich kann das Volksgemurmel also nicht irremachen an unserer Aufgabe. Etwas ist doch tatsächlich erreicht: Wir sind gewisse Leute für immer los.

Ich schlage vor, daß irgendeiner der von uns besoldeten Männer des Vereins drüben in Texas beauftragt wird, eine Broschüre zu schreiben, die das tatsächlich Erreichte im besten Lichte zeigt und gebührend unterstreicht. Gegen entsprechendes Handgeld dürfte sich doch irgendeine amtliche texanische Dienststelle bereit finden, das Geschriebene zu beglaubigen. Über meinen Vorschlag müßte aber schnell entschieden werden, es richten einige Heimkehrer mit ihren Märchen schon großen Schaden an und stören unsere Arbeit."

Aus unbekannten Quellen tropften die Nachrichten über Texas immer dichter und nachhaltiger unter die Menschen. Machtmittel und Gleichgültigkeit reichten nicht mehr aus, die anschwellende Flut einzudämmen. Es mußte etwas geschehen.

Der „Mainzer Verein zum Schutz deutscher Einwanderer in Texas" berief für den 10. Juli 1846 eine Generalversammlung ein. In der Festungskommandantur richtete man sich auf einen großen Tag ein. Liebstöckl putzte die Messingstangen, die den langen, roten Läufer hielten; alle Türgriffe glänzten, nirgends lag ein Stäubchen. In der Küche verschwand Häberle, der Mundkoch, in Wolken von Dunst und Düften. Der Kammerdiener Seiner Gnaden, Sebastian Schmoller, stand vor der hohen Flügeltür und empfing die Herren.

Der Saal im ersten Stock füllte sich. Die Herren redeten leise miteinander, irgend etwas lag in der Luft, das freie, offene Worte unterdrückte. Ehe man in die eigentlichen Verhandlungen eintrat, wurde der Kanzlist Kagelmann vom Vorsitzenden mit Nachdruck auf seine Schweigepflicht hingewiesen, und trotz der sommerlichen Hitze blieben die Fenster des Saales fest geschlossen.

Graf Karl von Castell eröffnete die Versammlung. Zuerst gab er einen nüchternen Rechenschaftsbericht über den Stand der Geschäfte. Er schloß ihn mit den Sätzen:

„Die kaufmännischen Tugenden des Herrn von Meusebach sind nicht weit her. Ununterbrochen lag er uns bis zum Ende des Jahres 1845 in den Ohren und drang auf Erhöhung der laufenden Mittel. Der Finanzausschuß gab seiner Unerbittlichkeit in zwei Fällen nach und legte den regelmäßigen Geldüberweisungen ganz erhebliche Beträge zu. Unsere wiederholten Anmahnungen einer alle Einzelheiten umfassenden Rechnungsbelegung wurden bisher gleichgültig übergangen. Wir mußten deshalb sein Verfügungsrecht einschränken und bewilligten von Fall zu Fall immer nur zwanzigtausend Taler. Das verzögerte zwar die Geschäftsführung, gab uns aber die Möglichkeit, die Initiative in der Hand zu behalten und jede übereilte Ausgabe zu vermeiden.

Ich wüßte nicht, was den Herrn Generalkommissar daran hindern könnte, kaufmännische Sauberkeit und Ordnung zu pflegen. Er hat wahrlich Beamte genug in der Verwaltung. Und der Aufbau der Kolonie ist hier schon so gut vorbereitet worden, daß er sich nicht umzubringen braucht vor Arbeit. Unbegreiflich ist ferner, daß sich seinem letzten Bericht nach die Leute noch immer nicht im Vereinsgebiet befinden. Es wäre doch nun wahrlich an der Zeit. So außerordentlich sind die Verhältnisse nicht.

Ich gebe zu, die Gründung von Neubraunfels war notwendig. Sie verzögerte den Vormarsch. Aber warum läßt man das Gros nun nicht weitermarschieren? Wir haben bei unsern Vorbereitungen doch an alles gedacht. Der Generalkommissar braucht nur ab und weiter rollen zu lassen, was hier bis in die letzte Einzelheit ausgearbeitet wurde. Die Hauptsache leisteten wir! Das darf nicht vergessen werden, und ich möchte es ausdrücklich betonen. Ich kann mir nicht denken, daß zu irgendeiner Zeit ein

Siedlungsunternehmen besser vorbereitet wurde als unseres. Auch darauf weise ich mit Nachdruck hin.

Wer von uns würde mit gutem Gewissen hier sitzen, wenn er das nicht wüßte? Der Abgang weiterer Transporte während des Sommers hat aufgehört. Erst im Herbst fahren die nächsten ab. Demnach hat die Geschäftsführung in Texas Zeit genug, alles durchzuführen, wie es hier geplant wurde.

Unverständlich ist mir das Ausbleiben jedes weiteren Berichtes seit dem Ende des vorigen Jahres. Es wird einer der wichtigsten Punkte der Tagesordnung sein, dagegen etwas zu tun. Statt dessen mehren sich Gerüchte und Zeitungsschreibereien. Käufliche Skribenten geben sich dazu her, unsere Arbeit in den Augen der Öffentlichkeit herunterzusetzen.

Das zu unterbinden, wird ein wichtiger Gegenstand weiterer Beratungen sein. Es ist oft so gewesen: Je mehr ein gutes Werk sich erfüllt, desto größer wurde die Zahl der Neider und Kläffer. Erst die Nachwelt — — —„

Leise wurde die Tür aufgezogen. Der Graf Castell brach den letzten Satz schnell ab, alle Köpfe fuhren hoch. Sebastian Schmoller drückte sich durch den Spalt, ging auf den Fußspitzen um die Hufeisentafel herum und flüsterte dem Vorsitzenden etwas ins Ohr.

Der wurde einen Schein bleicher. „Das geht nicht! Sag' Er den Leuten, ich hätte keine Zeit, sie möchten morgen wiederkommen. Jede weitere Störung von Ihm aus hat zu unterbleiben!"

Der Kammerdiener verbeugte sich tief und sagte betreten: „Sehr wohl, wie der Herr Graf befehlen."

Als sei nichts geschehen, begann der Vorsitzende seinen letzten Satz noch einmal: „Erst die Nachwelt wird zu würdigen wissen, wie uneigennützig und — — —„

An der Tür entstand Lärm. Sie wurde aufgerissen und dann heftig zugeschlagen. Eine verärgerte Männerstimme war zu hören: „Das gibt es einfach nicht, wir müssen die Herren sprechen!"

Schmollers Livree zwängte sich für einen Augenblick von rückwärts in den Spalt. Man hörte ihn beschwichtigend flüstern. Die Versammlung horchte auf.

„Wir wollen unser Recht!" rief die Stimme draußen. „Und wer ein sauberes Gewissen hat, kann uns ohne Scheu anhören!"

Während dieser Worte drängte Altstädter herein und nach ihm die übrigen Heimkehrer aus Texas. „So finden wir die Herren beieinander, mehr Glück konnten wir wahrhaftig nicht haben!"

Mit glutrotem Kopf rief der Vorsitzende: „Was wollen Sie? Stören Sie uns nicht!"

„Die Wahrheit sagen, nichts weiter; unser Recht, nichts weiter, dazu das Recht all der Toten und Lebendigen, die nicht hier sein können!"

Einige der Herren sprangen auf und musterten die Eindringlinge mit mißbilligenden Blicken. Wer waren diese Männer mit den langen, wirren Haaren und Bärten, den gelben, eingefallenen Gesichtern? Breitbeinig standen sie hinter Altstädter und ließen ihre Augen anklagend über den Tisch schweifen.

Prinz Moritz von Nassau schlug mit der Faust auf einen Stapel Zeitungen und rief in die drückende Stille hinein: „Wer sind Sie, was wollen Sie hier?"

„Das sollen Sie bald hören", antwortete Altstädter kalt und fest. „Mit meinen Freunden komme ich über Rotterdam auf dem geradesten Weg aus Texas. So wie Sie uns sehen, zerschlissen und mittellos kommen wir aus dem großen Sterben und haben das Glück, die Herren beieinander zu finden, die daran schuld sind!" Er lachte hohl und machte mit dem Arm eine weite Bewegung von links nach rechts. „Das sind sie", sagte er dabei noch einmal und sah seine Begleiter an.

„Ich lasse die Polizei holen", schrie der Vorsitzende.

„Bitte", antwortete Altstädter. „Dann werde ich an anderer Stelle sagen, was gesagt werden muß. Nichts wird uns daran hindern. Einschüchtern lassen wir uns nicht!"

An der Hufeisentafel steckten sie die Köpfe zusammen und redeten aufgeregt miteinander. „Man sollte die Männer reden lassen", schlug Prinz Friedrich von Preußen vor.

Altstädter wartete einen Entscheid darüber nicht erst ab, sondern begann mit fester Stimme zu sprechen: „Ich will es mir versagen, die Gründe zu untersuchen, die Sie veranlaßten, das Siedlungswerk in Texas zu beginnen. Nehmen wir an, es seien wirklich menschenfreundliche gewesen, wenn auch manches dagegen spricht —"

Das Getuschel der Herren legte sich, sie sahen Altstädter mit empörten Blicken an und horchten unwillig zu.

Der fuhr fort: „Niemand von Ihnen wird behaupten, daß er das Land drüben kenne, das der Verein gekauft hat. Keiner Ihrer Agenten hat es je gesehen, auch Fischer nicht. Es ist trotz des Vertrags mit diesem Herrn noch heute im Besitz starker Indianerstämme. Alle Ihre Versprechungen waren übertrieben, die Erfüllung unmöglich. Den Plan für das Ganze legten Sie, an den vorhandenen Mitteln gemessen, viel zu großzügig an. Deshalb wurden weit mehr Menschen nach Texas verschifft, als, den tatsächlichen Verhältnissen entsprechend, untergebracht werden konnten. Fehlschläge waren in Ihre Berechnungen überhaupt nicht einbezogen worden.

Sie wollten nach papierenen Erwägungen eine deutsche Kolonie gründen. Aber Texas ließ sich vom grünen Tisch aus nicht zwingen, es hat sein eigenes Gesetz. Einige tapfere Männer setzten in der namenlosen Not ihr Leben ein und verhüteten das Allerschlimmste. Aber auch ihr Wille und ihre Kraft wurden an Grenzen geschoben, die nicht überschritten werden konnten. Sie können gar nicht abschätzen, was Sie diesen Männern zu danken haben; ihnen ist es zuzuschreiben, wenn das deutsche Ansehen in der Fremde nicht ganz in Grund und Boden getreten wurde."

„Mäßigen Sie sich, mein Herr", brauste Prinz Moritz von Nassau empört auf. „Sie werden Ihre Worte zu verantworten haben!"

„Mit Freuden!" rief Altstädter, „wahrhaftig mit Freuden. Dann wird alles offenbar werden! Mir ist jeder Weg recht, der der Wahrheit dient. Und der zu Ihnen ist nicht der einzige, den ich gehen werde!"

Der Vorsitzende schwang die Klingel. „Mäßigen Sie sich", rief er, „oder ich muß Ihnen das Wort entziehen. Ich verwarne Sie! Diese Herren könnten einmal bezeugen, was sie eben hörten!"

„Das wäre mir recht!" rief Altstädter und drehte sich um: „Hier sind meine Zeugen! Die Wahrheit ist auf dem Marsch und kann nicht mehr aufgehalten werden. Das sind wir denen schuldig, die ihre Armut und ihre Schwäche zwingt, in Texas zu bleiben. Wir kommen nicht, um uns zu rächen und Aufsehen zu erregen. Das würde nichts bessern. Recht und Hilfe fordern wir! An Ihnen liegt es, was wir weiter für Schritte unternehmen."

„Wollen Sie mit diesem Satz drohen?" fragte der Vorsitzende höhnisch. „Aufhören!" „Weiterreden lassen!" „Unerhört!" riefen die Herren durcheinander.

Altstädter ließ sich nicht irre machen. „Manche gaben uns ihre letzten Notpfennige, damit wir nach Mainz reisen konnten. Wir werden reden, wenn nicht hier, dann woanders. Auch wenn es Ihnen unangenehm ist. Die Fülle des Elends, das wir sahen, ist so ungeheuerlich, daß uns nichts zum Schweigen bringt. Es geht noch immer um das Leben von ein paar tausend Menschen."

Die Luft im Saal lastete bleischwer auf jedem.

„Im Mai brachen wir von Neubraunfels auf und gingen den Weg zurück, den wir Monate vorher mit vielen anderen voll Hoffnung ins Innere von Texas zogen. Wagen mit Kranken begegneten uns, Einzelgänger fanden wir zusammengebrochen am Weg, Gräber säumten ihn ein. Von Aasgeiern blankgefressen und von der Sonne gebleicht lagen Menschenknochen im hohen Gras der Prärie. An erloschenen Feuern hockten Tote, und wir sahen, wie Sterbende vor ihrem Ende noch einmal ihre Habe durchwühlten, als suchten sie Kraft aus den Dingen zu saugen, die sie als Rest von Heimat und Herkommen mit sich schleppten. Wäsche, Handwerkszeug und Küchengeräte waren umhergestreut. Für niemand hatte dies alles mehr Wert. Fieber, Ruhr und Skorbut brachen zuletzt auch den zähesten Willen. Was mögen manche gelitten haben, ehe ihr letzter Hauch im Glutatem der Steppe verwehte! Dies alles, Ihr Herren, stand nicht in Eurem Programm; davon hat niemand zuvor etwas gewußt!"

Düster wurde es im Saal. Altstädters Worte schlugen Presche auch in die überheblichsten Herzen. In bitterer Anklage schilderte er das furchtbare Geschick der deutschen Auswanderer, dumpf lauschte ihm die Versammlung.

Dann steigerte er seine Stimme zum Schluß: „Es ist zu spät nun und fördert nichts, jetzt von Schuld zu reden. Helfen Sie! Schicken Sie Geld und halten Sie Gesindel und Abschaum zurück! Viel gute deutsche Art ging unter am Beispiel der Entgleisten! Aber noch stehen einzelne und ganze Familien, opferbereit und tatkräftig drüben; Wenn alles Schlechte und

Hilflos untergegangen ist, werden sie das Siedlungswerk in die Zukunft tragen. Das soll sich der Verein aber niemals als Verdienst anrechnen. Sein Plan ist tot. Er hat nur noch Verpflichtungen."

Es dauerte lange, ehe der Vorsitzende es wagte, die lastende Stille zu durchbrechen. Mit leiser, gehemmter Stimme sprach er endlich: „Nach dem, was wir eben hörten, ist es notwendig, die Tagesordnung grundsätzlich zu ändern."

Stumm nickten die Herren an der Hufeisentafel.

Die Männer aus Texas sahen, daß ihre Aufgabe hier erfüllt war. Ehe sie den Saal verließen, rief Altstädter noch: „Wir werden unsere Ansprüche an den Verein vor ein ordentliches Gericht bringen; denn es ist wichtig für jeden Heimkehrer, zu wissen, wie sich das Recht zu ihm und dem Verein stellt."

Die Generalversammlung des Mainzer Vereins beschloß am 10. Juli 1846, einen Bevollmächtigten auf dem schnellsten Weg nach Texas zu schicken. Er sollte, mit entsprechenden Geldmitteln ausgestattet, die Lage des Unternehmens genau untersuchen und helfend eingreifen. Der Beschluß bezeichnete es als eine wichtige Aufgabe des Bevollmächtigten, Schuldige und Nachlässige in der Verwaltung festzustellen, zu maßregeln und, wenn nötig, zu entlassen.

Auf der Veranda der Sophienburg saßen Zink und Julius von Koll. Es war Sonntag, vom Markt herauf rief die Glocke zum Gottesdienst.

„Ich glaube, wenn dieser mörderische Sommer erst vorüber ist, sind wir aus dem Gröbsten heraus. Blicken Sie auf die Felder da draußen! Es werden ihrer immer mehr, und schon sieht man an Sonntagen Bauern zwischen ihnen hingehen und den Stand der Frucht betrachten, wie daheim.

Ich habe das sichere Gefühl, als hätten wir den Gipfel unserer Leiden überschritten. Wir haben beinahe schon vergessen, die jedem bisher so wichtige Frage immer wieder zu stellen: ‚Wo liegt der Grant?' Das ist gut; denn sie zog die Kräfte ab von dem, was hier unsere Aufgabe ist. Nur in Friedrichsburg steht es noch schlimm. Alle Last liegt auf Wilcke. Beneh ist den Verhältnissen nicht gewachsen. Aber auch dort wird die Natur das letzte Wort sprechen und nur die Brauchbaren und Tüchtigen übrig lassen."

Nach einer Weile sagte Koll: „Ich sehe die Entwicklung bis hierher so: Der dritte Teil der Leute, die aus Deutschland kamen, ist tot oder schwer krank. Das zweite Drittel löste sich vom Verein und verschwand; die Mehrzahl von diesen wird untergegangen sein, nur wenige werden geeignetes Land gefunden haben und es zu etwas bringen. Das letzte Drittel aber blieb hier und wird sich durchsetzen. Das sind nur Schätzungen, denn in Karlshafen liegen immer noch einige hundert Leute."

Die Glocke unten hörte auf zu klingen. Die beiden sahen hinüber zu dem ausgedehnten Lager der Kranken. „Was steckt in diesem Ervendberg für eine Kraft!" nahm Zink das Gespräch wieder auf. „Er hat das Großmaul Köster ganz beiseite geschoben und alles auf sich genommen, was dieser eigentlich leisten sollte. Der bäckt Brot, schenkt Schnaps aus und zieht dem Gesindel, das bei ihm verkehrt, die letzten Groschen aus der Tasche. Seine Apotheke ist ein Kramladen. Was wird sich Wilcke freuen, wenn er meinen Brief mit der Beigabe von Köchert erhält! Wenn ich mir das vorstelle: Ludwig Wilcke ist Vater geworden! ‚Ein kräftiger Junge ist es, und der Mutter geht es gut', schrieb Köchert. ‚Glücklich liegt Barbara in einer Ecke des Schuppens und hält das Kind in den Armen. Um sie herum krabbeln und wimmeln alle ihre Schützlinge; Kindervolk, das sie dem Tod entriß. Es haben sich noch viele für das texanische Heer anwerben lassen. Kläner hat, um uns zu helfen, schon einen Teil seines Privateigentums als Sicherheit für Kredite zur Verfügung gestellt. Ohne ihn wären wir verhungert.

Ich fing an, Schule zu halten. Sie müßten uns sehen und hören, wie wir schreiben, lesen und singen. Dabei spüre ich etwas in mir wieder wach werden, das verschüttet war. Was haben die Umstände aus mir gemacht! Sobald es die Lage gestattet, bringe ich den Rest der Leute, die noch hier liegen, auf den Marsch. Laster und Ausschweifungen aller Art, ebenso die körperliche und geistige Untätigkeit zersetzen Haltung und Selbstvertrauen. In den dumpfen Erdhütten gedeiht nichts Gutes. Wo ist der Generalkommissar?' — Das habe ich mir aus Köcherts Brief gemerkt."

„Ja, wo ist der Generalkommissar? Wie würde er sich zu der Wahl stellen, die wir heute nach dem Gottesdienst abhalten?" fragte Koll.

„Ich konnte dem Drängen der texanischen Behörde in Austin nicht länger ausweichen", antwortete Zink, „und ordnete alles so an, daß ich es vor jedermann verantworten kann. Sie wissen ja, man forderte für unsere Stadt die Einrichtung einer Gemeindeverwaltung nach texanischem Gesetz. An der Wahl dürfen nur die Männer teilnehmen, die mindestens sechs Monate hier sind. Dadurch werden alle die unsicheren Kantonisten, die die letzte Zeit über ankamen, ausgeschieden. Die Besetzung der verschiedenen Ämter mit Angestellten oder Beamten des Vereins lehnte ich ab, da ich beides, Verein und Gemeindeverwaltung, auseinanderhalten will. Die Gemeinde soll den Verein überleben.

Da die Deutschen nicht Englisch sprechen und schreiben können, schlug ich für die wichtigsten Posten einige unserer besten texanischen Mitbürger vor. Gewählt werden müssen Kreisrichter, Gerichtsschreiber, Sheriff, Friedensrichter, Leichenbeschauer und die Richter für Vormunds- und Testamentsangelegenheiten. Diese Wahl zieht den Schlußstrich unter die wilde Entwicklung bisher und ordnet uns ein in das texanische Staatswesen. Damit ist Neugermania endgültig begraben, und wir stehen wieder unter Recht und Gesetz. Dieser 13. Juli 1846 ist ein Wendepunkt unseres Geschickes. Er macht uns zu Texanern."

Der 15. Juli 1846 war außergewöhnlich heiß gewesen. Gewitter umlagerten den Rand des Himmels, aber keines kam zur Entladung. Neubraunfels lag wie unter einer glühenden Glocke; ausgedörrt und matt lechzte es nach Regen und Kühle. Auch die aufkommende Nacht brachte keine Erquickung.

Zink saß noch in der Schreibstube und arbeitete. Draußen warf Waldbär das Tor zu, legte den Sperrbalken dahinter und schob die Riegel krachend vor. Er hatte die Wache von zehn Uhr bis Mitternacht. Hart klangen seine Schritte auf dem festgetretenen Pfad hinter der Palisadenwand.

Die dräuenden Gewitter zogen langsam nach Osten und züngelten gelbe Flammen in den Nachthimmel. Schwefliges Licht zuckte durch die Schießscharten. Bleischwer stand die Stille über der Stadt.

Waldbär blieb stehen und lauschte. Plötzlich stutzte er und zog das Gewehr an. Hufgetrappel kam den Berg herauf. „Drei bis vier Pferde", dachte er. „Die Gäule scheinen müde und abgetrieben zu sein." Er hörte, wie sie stolperten. „Wache 'raus!" drang seine Stimme durch die Stille. Polternd krochen die Männer in der Wachtstube von den Pritschen und nahmen die Flinten; Schmitz steckte ein Licht in die große Windlaterne. Bald standen die sechs Wachtleute mit schußfertigem Gewehr hinter dem Tor, an dem die Reiter eben anhielten.

Zink war aufgestanden und an das offene Fenster getreten; seine Hand lag an der Pistole, die in seinem Gürtel steckte. Er hörte, wie draußen jemand vom Pferd sprang und der eiserne Klopfer einige Male hart gegen die Unterlage gestoßen wurde. Waldbär ließ sich Zeit, ehe er die Riegel zurückschob.

„Macht doch auf! Schwerenot! Euch sitzt wohl die Angst in den Hosen!" rief ungeduldig eine rauhe, tiefe Stimme, die jedem bekannt klang, wie ein Ruf aus der Heimat. Der Sperrbalken wurde zur Seite geschoben, das Tor flog auf.

Schmitz hob die Laterne, und Waldbär trat hinaus. „Herr Generalkommissar!" rief er erschrocken, als sähe er einem Gespenst ins Gesicht. „Sind Sie es wirklich?" Er packte Herrn von Meusebachs Hand. Die Laterne warf einen gelben Schein über die Gestalten der Angekommenen. Hinter dem Generalkommissar hielten zwei Frauen auf müden Pferden.

Zink eilte in den Hof: „Herr Generalkommissar! Sie leben? Gott sei Dank!" Die beiden schüttelten sich bewegt die Hände.

„Ja, Zink, warum denn so verwundert? Ich muß doch leben, es muß doch weitergehen! – Donnerwetter, war das ein heißer Tag!" Er mühte sich, fest zu bleiben. „Helfen Sie den Damen von den Pferden!" wandte er sich an die Wachtleute, die noch nicht begreifen konnten, daß der Totgeglaubte wirklich vor ihnen stand.

Die beiden Frauen ließen sich aus den Sätteln gleiten und traten in den Schein der Laterne. „Frau Elisabeth Stegner mit Fräulein Cordula, ihrer Tochter, Angehörige eines Freundes", stellte der Generalkommissar vor. „Sie werden so lange hierbleiben, bis Stegner, der in Louisiana siedelte und Unglück hatte, wieder etwas gefunden hat"

Die Nacht hindurch saß Zink mit dem Generalkommissar in dem großen Zimmer der Sophienburg zusammen. Die Qual von acht schweren Monaten brach aus der Tiefe seines Herzens, als Herr von Meusebach erzählte, was er durchgemacht hatte.

„Ich will mich nicht rechtfertigen, Herr Zink", sagte er gepreßt, „nur verstehen sollen Sie mich. In der ersten Zeit glaubte ich, es wäre möglich, unsere leere Kasse durch neue Kredite zu füllen. Alle Halsabschneider dieses weiten Landes suchte ich aus und schacherte mit ihnen um Geld. Bis Neuyork bin ich hinausgefahren. Aber Fischer, der gefährlichste aller Banditen, arbeitete gut; wohin ich auch kam, überall war die Saat seiner Hetze aufgegangen. Kaum so viel konnte ich auftreiben, daß ich mich selber über Wasser hielt. Fischer vernichtete planmäßig den letzten Rest von Ansehen, den der Mainzer Verein noch genoß.

Unter solchen Verhältnissen bei den Verhetzten das Eis des Mißtrauens mit der Schilderung der Leiden unserer Landsleute aufzutauen, das ging zuletzt über meine Kraft. Ich erreichte in vielen Fällen das Gegenteil; man verschloß sich noch mehr und verhöhnte mich. ‚Was ist schon mit solchen Menschen anzufangen?' spottete ein Geldmann in St. Louis. Dabei sah er mich über die Schulter an und lud mich nicht einmal zum Sitzen ein. ‚Was wollen Sie mit Dieben, Huren, Brandstiftern und Bankrotteuren, mit verkrachten Politikern, Fahnenflüchtigen und all dem andern Auswurf denn anfangen? Dafür kriegen Sie nirgends auch nur einen Cent geliehen. Von solchem Menschenbruch haben wir selber genug!'

Es war nichts zu machen. Und wie bei ihm, so ging es mir bei vielen. Meine Wertsachen versetzte ich, um leben zu können, und ich ertrug jede Demütigung, weil ich immer noch hoffte." Er machte eine Pause und sah aus weiten, blauen Augen Zink an, der mit pochendem Herzen zuhörte.

Der Generalkommissar fuhr fort: „Eines Tages änderte Fischer seine Taktik. Er ließ mich verfolgen und hetzte mir die Gläubiger auf den Hals. Die Polizei suchte mich, und einigemal entging ich nur mit knapper Not der Schuldhaft. Wie eine Fliege zappelte ich im Netz der Spinne. ‚Fischer, Fischer, Fischer!' schrie man mir überall in die Ohren. Ich floh von Farm zu Farm, Freunde und Bekannte verbargen mich. Eine Zeitlang war ich ganz in der Nähe auf der Nassaufarm. Die Verfolger verloren meine Spur. Da packte mich aber das gelbe Fieber. In wirren Träumen sah ich Unsere Leute in eine Mühle geschüttet, die nur das Beste wieder herausgab."

Er ging mit breiten Schritten im Zimmer hin und her. Zink sah die Spuren, die Kummer und Krankheit dem Generalkommissar ins Gesicht gegraben hatten. Dann blieb Herr von Meusebach stehen und sog die Luft in tiefen Zügen ein, die durch das offene Fenster hereindrang: „Es riecht jetzt anders, Zink, besser, gesünder! Es riecht nach Feld und Schweiß, nach Arbeit und Erfolg. Asche und Abfall hat es gegeben; ich weiß, ich weiß. Mir war in mancher Fiebernacht, als wäre ich für die da unten, ob sie nun tot sind oder noch leben, ans Kreuz geschlagen. Ein anmaßender Vergleich, Zink, aber es war so. Als ich nicht mehr weiterkam, habe ich in einer Flut von Brandbriefen die Vereinsleitung um Hilfe angerufen. Nach dem, was ich ihr schrieb, kann sie nicht mehr ausweichen. Jeden Tag müssen die angeforderten Mittel eintreffen. Diese Zuversicht gab mir die Kraft zur Rückkehr. Mag nun kommen, was will, schlimmer kann es nicht mehr werden!" Der Generalkommissar schloß das Fenster und drückte seine heiße Stirn an das Glas, wie damals, in der Nacht vor seiner Abreise.

„Aber warum haben Sie uns nicht eine einzige Nachricht gegeben?" fragte Zink. „Es wäre uns und Ihnen manches leichter geworden."

„Ich durfte nicht, Zink!" rief der Generalkommissar gequält. „Ich durfte nicht! Ich mußte Ihnen den Weg offen lassen. Nur so hätten Sie im Notfall jeden Tag beschwören können, daß Ihnen mein Aufenthalt und mein Schicksal völlig unbekannt seien."

Knapp und klar begann nun Zink seinen Bericht über die verflossenen Monate. Als er nach Stunden fertig war, nahm der Generalkommissar seine Hand und sagte fest und warm: „Haben Sie Dank, Herr Zink! Sie leisteten mehr als ich. Der Sommer wird vorübergehen, und danach muß der Tod seine Ernte einstellen. Die Lebenden haben dann gesiegt. Nach dieser Reinigung sind wir mit dem Land für alle Zeiten einig. Nun muß es uns leben lassen als gute Deutsche in Texas!"

Noch vor Mitternacht hatte sich einer der Wachtleute von Waldbär für eine Stunde beurlauben lassen und war in die Stadt hinuntergeeilt, um Thomas Schwab und einigen der Treuesten die Kunde von der Heimkehr des Generalkommissars zu bringen. Ehe es Tag wurde, flog sie von Hütte zu Hütte, von Lager zu Lager. In vielen Herzen richtete sie Mut und Zuversicht auf.

Furcht und Schuld rührten sich in manchem Gewissen. „Nun geht es aufwärts! Er wird es schaffen", dachten die meisten.

Herr von Meusebach übernahm sofort die Führung der Geschäfte. Am Stamm der breitschirmigen Ulme auf dem Marktplatz ließ er eine Bekanntmachung anschlagen, aus der jeder den frischen Wind spüren konnte, der nun wieder von der Sophienburg herunterblies:

Deutsche Landsleute!

Von heute an werden die Geschäfte des Vereins wieder von mir übernommen. Es sei hiermit allen denen herzlich gedankt, die sich trotz der Not für das Wohl der Stadt einsetzten. Ich rufe sie auf, uns auch weiterhin zu helfen.

Die wirtschaftliche Lage hat sich nicht gebessert. Trotz meiner Hilferufe ist in sechs Monaten kein Heller aus Mainz eingetroffen. Wir sind heute mehr denn je auf uns selber angewiesen. Das ist schwer. Aber es muß gesagt werden, damit sich niemand täuscht. Deshalb gebe ich bekannt:

1. Nur wer arbeitet, wird aus den Vorräten des Vereins verpflegt.

2. Wer das ihm zugeteilte Land nicht sofort kulturfähig macht, wird enteignet. Die Ernte im kommenden Jahr muß uns von jeder Zufuhr unabhängig machen.

3. Das Einfenzen der Grundstücke ist ohne Verzug zu beendigen, damit die Aufzucht von Schlacht- und Milchvieh in dem Maße vorgenommen werden kann, das der Größe unserer Flur entspricht.

4. Der Raubbau an den zum Vereinsgebiet gehörigen Wäldern hat sofort aufzuhören. Holzzuweisungen gehen in Zukunft nur über Herrn Zink. Ihm sind Zweck und Umfang jeder Holzforderung darzulegen.

5. Die Lieferungen über die dem einzelnen zustehende Holzmenge hinaus müssen entweder bezahlt oder mit öffentlichen Arbeiten abgegolten werden.

6. Sobald es die Witterung gestattet, werden mit dem uns zur Verfügung stehenden Fuhrpark die Leute herangeschafft, die noch in Karlshafen liegen. Dafür gibt es keine Entlohnung.

7. Ich bin gesonnen, mit Hilfe der neuen Gemeindebehörden rücksichtslos gegen alles Luderleben einzuschreiten. Frohsinn und Unterhaltung sollen unserem Herkommen gemäß würdig

und anständig gepflegt werden. Deshalb muß ich ein paar fragwürdige Kneipen schließen.

8. Unter Heranziehung aller verfügbaren Arbeitskräfte baut der Verein so schnell wie möglich ein Krankenhaus und eine Waisenanstalt. Beide Einrichtungen werden mit dem erforderlichen Grundbesitz ausgestattet.

9. Allen denen, die glauben, sich diesen Festsetzungen nicht unterordnen zu können, empfehle ich, das Vereinsgebiet zu verlassen.

Neubraunfels, am 16. Juli 1846.

von Meusebach
Generalkommissar.

Das schlug ein. Die Geister schieden sich. Wer sein Leben liebte, der mußte sich mit den Dingen abfinden, wie sie vor ihm standen. Widerstand und Empörertum verkapselten sich.

Viele Hände packten fester zu, und nur verstohlen fragten sich die Leute: „Was wird aus dem Grant?" Die Furcht vor der Energie und Entschlossenheit des Generalkommissars ließ bald manches fester und sicherer erscheinen, als es in Wirklichkeit war. Es ging vorwärts. Ein Blockhaus nach dem andern wurde fertig. Die Entwicklung des Gemeinwesens, so dürftig sie auch war, hatte doch schon eine gewisse Stetigkeit erreicht, die durch Rückschläge wohl gehemmt, aber nicht mehr aufgehalten werden konnte.

Sorge bereiteten dem Generalkommissar die Zustände in Friedrichsburg. Beneh hatte völlig versagt, und Wilcke konnte allein nicht durchkommen. Die Zerrüttung der Gemüter war in der Stadt am Pedernales bedenklich weit vorgeschritten, es mußte eingegriffen werden. Mit Herrn von Meusebach war der Arzt Dr. Schubert gekommen, ein Sonderling mit eigenartigen Heilmethoden. Mit Handauflegen und mystischen Sätzen versuchte er seltsame Wunderheilungen. Viele Kranke trugen ihm ihre letzte Hoffnung entgegen. Es hieß, er habe schon vor dem Unternehmen des Vereins versucht, eine deutsche Ansiedlung in Texas zu gründen, und man wollte wissen, daß seine eigenen Landsleute ihn dann davongejagt hätten. Mit dem Rest seiner Habe traf ihn Meusebach in Houston, brachte ihn nach Neubraunfels mit und ernannte ihn Ende Juli 1846 nun zum Direktor für Friedrichsburg. Damit bewies der Generalkommissar wenig Menschenkenntnis. Zink hatte nach ein paar Tagen des Zusammenseins mit dem Mann keine gute Meinung von ihm und sah ihn mit großen Bedenken zum Pedernales abziehen.

Die menschenmordende Hitze des Sommers klang ab, es wurde langsam Herbst. Der Friedhof in Neubraunfels war gewachsen, und das neue Krankenhaus immer noch bis auf den letzten Platz besetzt. Ervendberg kämpfte um jedes Leben. Ein junger Arzt, Dr. Keidel kam in den letzten Augusttagen aus Karlshafen an. Es war ihm gelungen, sich mit einigen jungen Männern durch die Prärie bis zum Comalebach zu Fuß durchzukämpfen. Er wurde dem Pfarrer ein willkommener Helfer.

Ende September brachte ein Bote einen eiligen Brief von Austin. Als ihn der Generalkommissar las, flog ein frohes Lächeln über sein Gesicht: Der Verein eröffnete ihm einen neuen Kredit von siebzigtausend Dollar. Aber im Weiterlesen gruben sich zwei tiefe Falten über der starken Nase in die Stirne. „Zum Teufel, was soll das nun wieder?" Er warf den Brief auf den Tisch und ließ Zink rufen.

„Da, lesen Sie, so ein Unsinn! Wie heißt der Mann, den sie uns da schicken? Kappes? Als wäre uns hier mit Revisionen, Kommissionen und Inspektionen etwas genützt! Geld brauchen wir, nur Geld, aber keine Schnüffler und Schwätzer." Er lachte höhnisch. „Wie steht in dem Brief? Geheimsekretär mit besonderen Vollmachten? Wahrlich, Zink, im Erfinden von Titeln und Hohlheiten sind die Leute groß. Der Herr Geheimsekretär Kappes kann mir gestohlen werden!"

An demselben Tag stieg der Sonderbeauftragte des Mainzer Vereins, Herr Kappes, in Galveston an Land. Die ganze Reise überließ er sich von den Hochgefühlen tragen, mit denen sein hoher Auftrag ihn verwirrte. Er war ein eitler Mensch in der Mitte der Dreißig.

„Herr Kapitän", hatte er eines Abends auf dem Schiff geprahlt, so wahr ich hier sitze, ich werde diesen Augiasstall ausmisten. Ich schone niemand und will den Herren in Mainz beweisen, wie richtig sie handelten, als sie mich nach Texas schickten. Die Pestbeule wird aufgestochen. Die Geschäftsführung hat kläglich versagt, und nun schiebt man uns in Mainz die Schuld in die Schuhe. Aber abgewartet! Von Kappes wird man noch einmal reden, das kann ich jetzt schon versichern!"

Diese Wichtigtuerei machte keinen Eindruck auf den Kapitän; er blies eine dicke Rauchwolke aus dem Mund und dachte sich sein Teil.

Kappes war weder Landwirt noch Kaufmann. Er sprach nicht Englisch und kannte keinen Paragraphen des amerikanischen Rechtes. Er war weder Soldat noch Techniker, er war nur eine Kreatur des Vorstandes in Mainz, von ihrer Eitelkeit getrieben.

Schon bald nach seiner Landung hörte Herr Kappes in allen möglichen Tonarten über den Generalkommissar reden. Seit der Ansprache, die Herr von Meusebach den Gläubigern des Vereins vor der Abreise des Prinzen in Neuorleans gehalten hatte, war er für die Meute der Krämer eine Größe geworden, mit der man rechnen mußte. Trotz aller Verschuldung und der Unsicherheit des ganzen Unternehmens empfanden die Amerikaner Zuneigung für den furchtlosen Draufgänger. Er entsprach ihrer Art und schien nach der Meinung mancher nur auf falschem Posten zu stehen. Wenn sie auch dem Verein den Kredit sperrten, dem Generalkommissar persönlich hätte mancher gern geholfen.

Der Herr Geheimsekretär horchte. Aber was er hörte, war ihm nicht angenehm. Alsbald mußte er einsehen, daß er mit Herrn von Meusebach nicht so aus dem Handgelenk fertig werden würde, wie er geprahlt hatte. Da er zu feige war für ein ehrliches Vorgehen, schlug er sich auf die Seite der offenen und versteckten Feinde des Generalkommissars und suchte sie für seine dunklen Absichten zu gewinnen.

„Ich bin der Verein", sagte er großspurig zu einigen Kaufleuten in Galveston. „Wer auf eine Regelung seiner Forderungen hofft, muß sich zu mir bekennen. Ich werde den Mist ausräumen und das Unternehmen gesund machen."

Es gelang ihm, eine Front gegen den Generalkommissar zusammenzubringen. Mit dem Instinkt des Hetzers machte er sich auch an Fischer heran. Die beiden trafen sich in Houston, zwei Füchse saßen da einander gegenüber.

„Das ist klar", meinte Kappes, „wenn der Grant nicht bis zum Sommer 1847 erreicht ist, geht er dem Verein verloren. Ich durchschaue den Mann ganz genau. Er zögert den letzten Vorstoß in die Kolonie so lange hinaus, bis der entscheidende Zeitpunkt verpaßt ist. Und damit gehen natürlich auch Ihre Ansprüche verloren, Herr Konsul."

„Ganz richtig, Herr Geheimsekretär", schmunzelte Fischer. „Der Vertrag sichert mir ein Sechstel des Gebiets im Grant als persönliches Eigentum zu, und ich habe nicht Lust, mich durch die Saumseligkeit dieses Herrn um meine Ansprüche bringen zu lassen."

„Meiner Meinung nach dürfte es nicht so schwer gewesen sein, das Vereinsgebiet zu erreichen. Geld und Leute waren genug da. Wir in Mainz haben es wahrhaftig an nichts fehlen lassen. Nur die Mißwirtschaft hier ist an allem schuld. Aber ich werde das Unternehmen gesund machen."

„Bravo, Herr Geheimsekretär, Sie sind der Mann, an dem es bisher fehlte. Warum hat man Sie nicht eher geschickt?"

Fischer ging planmäßig vor und nutzte die aufgeblasene Eitelkeit des Herrn Kappes geschickt zu seinem Vorteil aus. Er erkannte die Gründe sofort, aus denen sich ihm der Geheimsekretär näherte.

„Was gedenken Herr Geheimsekretär zunächst zu tun?" fragte er schmeichelnd.

„Es führen viele Wege nach Rom."

„Aber nur einer nach Neubraunfels", antwortete Fischer.

Kappes sah den Konsul fragend an. Der ließ ihn eine Weile zappeln, ehe er mit liebenswürdigem Lächeln meinte: „Vielleicht kann ich Ihnen helfen?"

„Ausgezeichnet, Herr Konsul. Ich möchte Sie zu meinem Sonderbeauftragten machen. Sie könnten in amtlicher Stellung vorausreisen und die Frage des Abmarsches in den Grant bis zu meiner Ankunft mit Meusebach regeln. Ich habe an der Küste noch eine Unzahl von Geschäften in Ordnung zu bringen. Das wird mich einige Zeit aufhalten. Sollten Sie einverstanden sein, stelle ich Ihnen sofort die notwendigen Vollmachten aus. Und das Unrecht, das der Prinz Ihnen zufügte, als er Sie entließ, ist damit wieder gutgemacht. Ich setze Sie in vollem Umfang in Ihre alten Rechte ein."

„Zu gütig, Herr Geheimsekretär. Wenn Sie meinen, ich könnte Ihnen nützlich sein, dann zählen Sie auf mich."

So kam Fischer wieder nach Neubraunfels. Als der Generalkommissar die Vollmacht gelesen hatte, sahen sich die beiden Männer ein paar Augenblicke durchdringend an.

„Ich glaube nicht, daß Herr Kappes bei den Leuten hier auf einen besonders guten Empfang zu rechnen gehabt hätte. Von mir ganz abgesehen. Deshalb schickt er Sie. Gut. Ich erkenne Ihre Stellung auf Grund der Vollmacht an und lasse Ihnen im Verwaltungsgebäude hier ein Quartier zurechtmachen. Essen können Sie mit den Vereinsbeamten am gemeinsamen Tisch. Was Sie mir zu sagen haben, bringen Sie bitte morgen vor, da ich heute beschäftigt bin."

Als Fischer eine Weile später zum Fenster hinaussah, ritt der Generalkommissar mit den beiden Damen den Weg zur Stadt hinunter. „Der Herr Generalkommissar ist allerdings sehr beschäftigt", dachte er. „Hier wird es hart auf hart gehen."

Dann trat er in den Hof hinaus. Zink lief an ihm vorüber ohne zu grüßen und übernahm einen Transport Lebensmittel, den amerikanische Kaufleute im Magazin ablieferten. Fischer suchte mit ihm in ein Gespräch zu kommen, aber Zink übersah ihn, als sei er nicht da.

Am andern Tag hatte Fischer die erste Aussprache mit dem Generalkommissar.

„Also, was wünschen Sie, Herr Konsul?"

Fischer forderte in weitschweifigen Ausführungen den sofortigen Aufbruch in den Grant. Dabei vermied er es, von seinen Rechten zu sprechen und tat, als seien seine Bemühungen um das Gebiet am oberen Kolorado nur der Sorge um die Deutschen entsprungen.

Meusebach musterte den bremischen Konsul scharf. „Sie werden mir nicht verargen, Herr Fischer, wenn ich Ihnen mit einer guten Portion Mißtrauen begegne. Sie sind durch Ihr Geschäftsgebaren mit schuld an den furchtbaren Ereignissen dieser zwei Jahre. Das bestimmt meine Haltung Ihnen gegenüber. Zugegeben, an dem im Kaufvertrag festgelegten Zeitpunkt erlösche die Konzession. Das wäre aber noch immer meine Sorge und nicht die Ihre. Glauben Sie, es gäbe hier einen vernünftigen Menschen, der das Unheil verantworten würde, das die Besiedlung des Grant mit sich bringen muß? Wir haben Lehrgeld genug bezahlt. Sehen Sie da hinüber; drüben am Hang liegt der Friedhof.

Ein paar Hundert Tote sind dort begraben. Davon geht etliches auf Ihr Konto."

„Ich habe Sie für härter gehalten, Herr Generalkommissar. Daß ein Unternehmen von diesen Ausmaßen Opfer kosten mußte, war jedem nüchtern Denkenden von vornherein klar. Die Übersiedlung in den Grant fordert aber dann die letzten!"

Der Generalkommissar sah Fischer hart an. „Ich weiß, was es heißt, über Menschenleben hinwegzugehen. Sie sitzen hier als Geschäftsmann und verheimlichen mir Dinge, die Sie mit menschenfreundlicher Sorge verdecken. Würden wir uns als Privatleute gegenübersitzen, dann wüßte ich Ihnen allerlei zu sagen. Sie haben am Leiden unserer Landsleute genug verdient. Und daß der Prinz Sie aus dem Unternehmen heraussetzte, ist eine von den wenigen seiner Leistungen, die ich anerkenne. Für mich sind Leute Ihres Schlages Menschenhändler im Großen und weiter nichts."

„Mein Herr!" fuhr Fischer auf.

„Keine Aufregung, Herr Konsul! Ich achte Sie als Beauftragten des Herrn Geheimsekretär Kappes. Aber Menschen wie Sie habe ich lieber zu Feinden als zu Freunden. Das nur um der Klarheit willen. Ehe ich einen allgemeinen Vormarsch in den Grant wagen würde, müßte erst eine Expedition erforschen, ob es sich überhaupt lohnt und ob wir nicht besser daran tun, hierzubleiben. Ihr Geschäftsgebaren, Herr Konsul unterscheidet sich nicht allzusehr von dem des Herrn Bourgeois d'Orvanne. Ich habe die Ehre."

In ohnmächtiger Wut blieb Fischer zurück. Er fand tagelang keine Gelegenheit, wieder mit Herrn von Meusebach zu sprechen. Aber er mußte etwas unternehmen. So schlich er sich an die Unruheherde in der Stadt heran. Geschickt wußte er die heimlich schwelende Glut zu hellem Brennen anzufachen. Als besorgter Biedermann verstand er es die Leute aufzuwiegeln mit dem Hinweis auf die Gefahr, den Grant zu verlieren. Mit heißen Köpfen saßen die Hetzer in der Schenke des Grafen. Ein Herr von Iwanowski führte das Wort, der als Nutznießer des Vereins jede geregelte Arbeit verabscheute. Fischer ließ dem Wirt stets genügend Geld zukommen, damit es den Versammelten nicht an Schnaps fehlte.

Man durchschnüffelte das Privatleben des Generalkommissars und warf sich zu Sittenrichtern auf „Wer sind die beiden Weiber, die er bei sich hat?" hieß es. „Sie leben auf unsere Kosten. Er muß vor der ganzen Gemeinde öffentlich zur Rechenschaft gezogen und dann mit Schimpf und Schande fortgejagt werden", forderten einige.

„Das ist er nicht mehr wert!" riefen andere. „Schießt ihn in Klumpen, dann sind wir frei!"

Fischer dämpfte dann geschickt und wußte aus dem Durcheinander Beschlüsse herauszupressen, die einmal als „Stimme des Volkes" der Öffentlichkeit übergeben werden sollten.

„Wenn Ihnen meine Absichten nicht zusagen, dann steht es Ihnen frei, Ihren Posten niederzulegen. Ich werde aus Friedrichsburg eine geistige Republik machen, die sich gläubig den Eingebungen der Stimmen fügt, deren Mund ich bin", sagte Dr. Schubert in salbungsvollen Tönen eines Tages zu Wilcke.

„Ich weiche keinen Millimeter! Den Auftrag, der mich hier festhält, bekam ich nicht von Ihnen. Er ist herausgewachsen aus dem Schicksal unserer Landsleute und wird beendet sein, wenn sie so weit gesichert sind, daß ich nicht mehr notwendig bin. Herr Beneh ließ sich herausdrängen. Mit mir werden Sie das nicht erreichen."

Schuberts Schwarm und Größenwahn rannte an Grenzen, die er nicht überschreiten konnte.

Seit der Ankunft des Wunderarztes hatte sich in Friedrichsburg manches geändert. Wie ein Apostel war der neue Direktor unter die leidenden Menschen getreten und hatte ihnen gepredigt, sie müßten sich in dieser Welt reinigen für ein besseres Dasein im Jenseits. „Nun bin ich als Gefäß eines höheren Willens erschienen, um euer Los zu mildern. Und nur blinder Glaube an mich und meine Aufgabe kann euch helfen", predigte er.

Dr. Schubert hatte von dem Generalkommissar einige Tausend Dollar aus der letzten Überweisung des Vereins erhalten. Auch das stieg ihm zu Kopf; der Mann, dem Texas bisher nicht gut getan hatte, meinte, das Geld könne nie alle werden. Er schuf sich einen Hofstaat von Kreaturen, die ihn verhimmelten, soweit sie Vorteil von ihm hatten.

In Reihen standen die Menschen jeden Morgen vor der Apotheke Dr. Schuberts, um seine Wundermedizinen, die er verschwiegen mischte, zu empfangen. Manchen taten sie wohl, weil ihnen nichts mehr geblieben war als der Glaube an die Kraft des neuen Mannes. Eine sonderbar schillernde Luft von Gläubigkeit, Hoffnung und Armut lagerte über dem ausgefieberten Gemeinwesen.

„Der Verein ist Satan", dröhnte Schubert, „aus seinem bösen Willen fließt euer Elend. Und dieses Stück Erde, das ihr Friedrichsburg nennt, ist ausersehen als Ort der Qual, verflucht und verdammt, solange ihr daraufsitzt. Schaut nach Westen! Dort hat euch der Himmel ein Paradies vorbehalten, das euch glücklich machen wird, dort liegt der Grant! Gott hat mich auserwählt, euch hinzuführen."

Augen glühten, wenn er so redete; Herzen schlugen schneller, und Hoffnung flog sehnsuchtsvoll nach Westen. Wunderheilungen wurden erfunden, um die Sendung Schuberts zu beweisen. Viele ließen sich anstecken von seiner Geisteskrankheit. Als Beneh nach Neubraunfels kam und die Kurpfuschereien des Friedrichsburger Direktors erzählte, schickte der Generalkommissar sofort Dr. Keidel ab.

Aber Schubert versagte ihm die Apotheke und machte ihm jede ärztliche Hilfeleistung unmöglich. „Ein Abgesandter Satans ist unter uns getreten. Geht ihm aus dem Wege!" Und wer seiner Vorteile sicher sein wollte, mußte Keidel meiden.

Am 17. Dezember 1846 zog Dr. Schubert in der Frühe mit fünfzehn Leuten nach Westen, seine Berufung zu erfüllen. Zwei leichte Wagen, mit Maultieren bespannt, trugen das Gepäck. Eine Kanone war im Zug, für die er eine große Kiste Pulver hatte ausladen lassen. Als Führer nahm er zwei Indianer mit, die sich einig waren, die Weißen unter keinen Umständen in ihre Jagdgründe zu bringen.

Granit- und Quarzberge wurden überschritten, es ging über kahle, unheimlich stille Hochflächen. Indianerspuren mehrten sich. Die Tage waren warm und die Nächte kalt. Die Einsamkeit drückte. Öfter wurde die Kanone abgeschossen. Ihr dumpfer Knall rollte fremd über die fremde Erde, und danach war es wieder um so stiller.

Eines Morgens waren die beiden Indianer verschwunden, sie hatten die besten Pferde mitgenommen. Dr. Schubert ließ die

Kanone abschießen, bis das letzte Körnchen Pulver in der durchsichtigen Luft zu Rauch geworden war. Dann sagte ihm eine innere Stimme, er müsse umkehren. Am 1. Januar 1847 traf die Expedition unverrichteter Dinge wieder in Friedrichsburg ein.

Nach diesem sonderbaren Unternehmen fing der Heiligenschein, den sich Dr. Schubert so eigenmächtig aufgesteckt hatte, an, langsam zu verblassen. Wilckes Einfluß stärkte sich wieder.

In Neubraunfels braute sich unter der Führung Fischers zur selben Zeit das Unheil zusammen. Wie auf Vereinbarung erschien Kappes, alles war vorbereitet für einen entscheidenden Schlag. Als der Geheimsekretär von Fischer über die Lage unterrichtet worden war, wagte er Herrn von Meusebach gegenüber immer verletzender aufzutreten.

„Sparen Sie sich alle weiteren Worte, Herr Kappes", sagte der Generalkommissar eines Tages zu ihm. „Dieser Winter und das nächste Frühjahr noch, dann leben wir von unserem Brot!"

„Ich lasse mich durch Ihre verschleppenden und ausweichenden Reden nicht täuschen", erwiderte Kappes spitz, „und fordere eine eingehende Darlegung der Geldverhältnisse."

„Nur Ruhe, junger Mann", antwortete der Generalkommissar, „das gerade verweigere ich Ihnen. Sie können uns höchstens aufhalten, aber nicht unterkriegen."

„Herr Generalkommissar, vergessen Sie nicht: Ich fordere als Beauftragter des Vereins Rechenschaft und nicht als Privatmann."

„Da ist mir eins soviel wert wie das andere. Ich stehe hier schon lange nicht mehr um des Vereines willen; mich hält nur die Verantwortung unsern Leuten gegenüber."

„Dann werde ich Sie absetzen!"

„Ich gehe, wann ich will und wann es soweit ist."

„Sofort sperre ich die Gelder, die meiner Verfügung unterstehen —"

„Und laden damit aus das Gebirge von Schuld, das die Herren in Mainz erdrücken müßte, noch eine neue. Tun Sie, was Sie nicht lassen können." Er lachte höhnisch.

„Gut, wenn Sie nicht anders wollen, werde ich die Hilfe eines texanischen Gerichtes anrufen"

„Recht so, Herr Kappes. Und ich hetze Ihnen die Meute unserer texanischen Gläubiger auf den Hals. Die werden Sie mit Schuldhaft bis zum ewigen Leben versorgen. Aber Sie löse ich nicht aus, das versichere ich jetzt schon."

Herr von Meusebach ließ jeden Angriff an sich abgleiten und wurde noch kühler und überlegener. „Machen Sie Schluß, Herr Geheimsekretär! Tun Sie, was Sie verantworten können, aber lassen Sie mich in Ruhe. Es hat immer käufliche Menschen gegeben, die einen Mangel an Gesinnung hinter wichtigen Worten zu verstecken suchten. Ich will mich ohne Not nicht in der Arbeit stören lassen." Er drehte sich um und ging.

Noch an demselben Tag hatte Kappes eine heimliche Unterredung mit dem Führer der Unzufriedenen, Herrn Leopold von Iwanowski.

„Es ist alles so weit", sagte der zu ihm. „Wir müssen nur den günstigsten Zeitpunkt zum Losschlagen abwarten. Meine Leute brennen darauf, den Tyrannen in die Hände zu kriegen. Selbstverständlich bin ich damit einverstanden, den Konsul Fischer als Nachfolger einzusetzen. Er hat es verdient. Ob wir Meusebach später, nach dem Urteil eines Volksgerichtes, erschießen oder aufhängen, kann abgewartet werden. Für alle Fälle verfügen wir über dreißig Gewehre und eine größere Anzahl Pistolen."

Nordstürme fegten über Neubraunfels hin. Es kamen kalte Nächte, in denen eine fingerdicke Eisschicht die Pfützen und Tümpel überzog; Weihnachten ging vorüber. Erinnerungen an die Heimat spannen zarte Fäden von Mensch zu Mensch. Die meisten spürten, daß der Boden fester geworden war unter ihren Füßen und das Leben gesiegt hatte.

In der Nacht vom 30. auf den 31. Dezember 1846 versammelten sich die Rädelsführer in der Schenke des Grafen, um die letzten Maßnahmen für den Ausstand zu besprechen. Für kurze Zeit huschten auch Fischer und Kappes herein. Ehe sie die Schenke durch eine Hintertür wieder verließen, drückten sie Iwanowski eine größere Summe in die Hand, die in Schnaps und Wein umgesetzt wurde. Der Mut stieg. Die lautesten der Helden auf Vorschuß unterschrieben nach Mitternacht einen von Iwanowski entworfenen Aufruf, der an den Stamm der Ulme auf dem Markt angeschlagen werden sollte. Es wurde bestimmt, daß sich der Haufe der Verschwörer nach einem Hornsignal um acht Uhr morgens an der Schenke zu versammeln habe. Von da würde der Sturm auf die Sophienburg seinen Ausgang nehmen"

Die Aufständischen tranken sich in immer wüstere Begeisterung. Sie erreichte Ihren Höhepunkt, als Iwanowski mühsam auf einen Tisch kletterte und den Wortlaut der Proklamation mit überschriener Stimme gröhlend verlas:

„Bürger von Neubraunfels!

Heute, am letzten Tag des Jahres 1846, des Jahres, in dem Hunderte von unsern deutschen Landsleuten als Opfer der schlechten Verwaltung des Vereins zum Schutz deutscher Einwanderer gefallen —" Ein Schlucken schüttelte ihn.

„—Einwanderer gefallen sind; heute rufe ich euch auf, die Fesseln von euch zu schütteln, die uns in das neue Vaterland begleiten und die täglich drückender und unverschämter ans Licht treten." Er schwankte bedenklich hin und her. Das große Stück Papier rutschte aus seinen Händen und rollte sich zusammen. Man reichte es ihm wieder hinauf. Er glättete es und las weiter:

„Alle unsere Landsleute in Deutschland wundern sich, wie wir uns hier durch einen einzelnen Mann, namens von Meusebach, niederträchtig und betrügerisch behandeln lassen. Alle Bürger von Texas und jeder Amerikaner belächelt den deutschen Knechtsinn, der klar erkennt, daß die einzige Pestbeule dieser Meusebach ist, und der es doch nicht wagt, sich mit Gewalt davon zu befreien."

Ein Beifallsturm brach los. Erst nach einer Pause konnte Iwanowski weitersprechen:

„Auf! Enden wir das alte Jahr mit Absetzung und Verjagung des Menschen, der nicht den Schutz, sondern das Verderben der Einwanderer will. Rufen wir vereint:

Es lebe und bestehe für immer der Verein!!

Aber Fluch dem Menschenschinder Meusebach!!!"

Ein ungeheures Getöse erhob sich. Leere Flaschen flogen an die Wände und zersplitterten. Iwanowski wurde von zwei Männern auf die Schultern genommen und durch den großen Raum getragen. Eine Weile später mußte der Graf Tinte und Feder bringen. Iwanowski forderte einige seiner Vertrauten auf, ihre Namen unter den Aufruf zu setzen; den eigenen schrieb er zuletzt.

„Das Komitee: C. W. Thomae, H. Bevenroth, Cr. Moesgen, P. Linnarz, Chr. Boeckel, C. Herber. Leopold von Iwanowsi."

Gegen vier Uhr wankten die letzten aus der Schenke und suchten ihre Schlafstellen auf. Als der Hornist am 31. Dezember 1846 etwas nach acht Uhr am Morgen fröstelnd und übernächtig den Aufruf an die Ulme nagelte und das verabredete Signal blies, wunderte er sich, daß von den Verschworenen noch keiner auf den Beinen war. Grell stach der Trompetenton in den Morgennebel Frauen und Kinder kamen gelaufen, und endlich rückten auch die ersten Stürmer an. Die Sonne kam herauf. Wo war Iwanowski?

Man wartete eine Weile. Der Haufen der Neugierigen wurde immer größer, sie umstanden wie eine Mauer die Helden der Frühe. Gegen neun Uhr wurde Leopold von Iwanowski aus dem Bett geholt. Erschrocken sah er auf die Uhr: „Donnerwetter, beinahe eine Stunde Verspätung!" Er nahm Gewehr, Dolch und Pistolen und eilte mit großen Schritten zum Versammlungsplatz. Dort hatte sich ein Teil der Verschwörer schon wieder still verdrückt. Iwanowski übersah die Lage sofort, ließ einige Liter Schnaps die Runde machen und gab dann Befehl, die Glocke neben der Kirche zu läuten.

Zur selben Zeit saß der Generalkommissar auf der Sophienburg mit Fischer und Kappes am Frühstückstisch. Keiner sprach ein Wort. Die beiden Anstifter lagen mit gespannten Sinnen auf der Lauer und sahen öfter nach der Uhr. Kappes war bleich, er spürte jedes Haar auf dem Kopf und Fischer trommelte mit den Fingern nervös auf der Tischplatte.

Die Sonne schien in das große Mittelzimmer. Ein wunderbarer Friede lag draußen über der Welt. Da ertönte die Glocke. Die beiden sahen sich an. „Endlich", dachte jeder. Der Generalkommissar trat ans Fenster. Ein wirrer Haufe Menschen, hundertfünfzig mochten es sein, drängten herauf zur Burg. Die Mehrzahl waren Frauen und Kinder.

Die Glocke läutete stürmischer. Herr von Meusebach öffnete das Fenster und fragte ins Zimmer zurück: „Was ist da los?" Kappes und Fischer zuckten die Schultern.

Drunten sprang Iwanowski aus dem Haufen und forderte die

Frauen und Kinder auf, umzukehren, da sie sonst erschossen werden könnten. Waffen blitzten in der Sonne, einzelne Rufe waren schon deutlich zu hören: „Mörder!"schrien gröhlende Stimmen. „Hängt ihn auf! Holt ihn heraus, den Lumpen, den Hurenkönig, den Dieb und Räuber! Er will uns um den Grant bringen!!"

Gewehre wurden drohend geschwungen und Hüte anfeuernd geschwenkt. Iwanowski hatte befohlen, nicht eher zu schießen, als bis man angegriffen würde; der Generalkommissar sollte lebendig gefangen werden.

Meusebach wandte sich um. Seine Blicke flogen prüfend über die beiden am Tisch; er ahnte die Zusammenhänge.

Dann rief er hinaus: „Wache!"

Waldbär kam gesprungen. „Herr Generalkommissar?"

„Den linken Flügel des Tores noch öffnen; die Leute hereinlassen. Nicht schießen bevor die andern damit beginnen. Die Wache zieht sich solange zurück!"

Iwanowski, das Gewehr unter dem Arm, trat als erster in den weiten Hof und sprang dann auf die Veranda vor dem Mittelzimmer. Von der Treppe aus brüllte er dem nachfolgenden Haufen zu: „Da drinnen im Zimmer sitzt er. Deutsche Landsleute, wir stehen am Ziel. Die Tage des Mörders Meusebach sind gezählt! Wir sind die Gerechtigkeit. Sie mag ihren unerbittlichen Weg zu Ende gehen!"

Die Menge brüllte Beifall.

Darauf lehnte er sein Gewehr an einen der Stützbalken, die das Verandadach trugen und verlangte Einlaß in das Zimmer.

Nichts rührte sich dort. Er klopfte heftiger. Meusebachs Augen lagen fest auf Kappes und Fischer. Die Faust draußen donnerte nun gegen die Tür. Fischer konnte sich nicht mehr beherrschen und sprang hinaus. Eben kamen die Mitglieder des Komitees auf die Veranda. Fischer redete eine ganze Weile auf sie ein.

An der Spitze des Komitees trat er dann wieder ins Zimmer. Der Generalkommissar stand auf und sah die Männer ruhig und wortlos an. Kappes fiel in sich zusammen. Endlich begann der Konsul: „Die hier durch diese Herren vertretene Einwohnerschaft von Neubraunfels läßt Ihnen folgende Forderungen vorlegen."

Meusebach musterte die Deputation und meinte: „Herr Konsul, da haben Sie sich für Ihre Sache nicht gerade die Besten ausgesucht. Eine schöne Stadtvertretung! Wo ist der Bürgermeister, warum kamen der Friedensrichter und andere Behörden nicht mit? Ich kenne das, was sich da draußen wichtig macht. Was wünschen Sie von mir? Aber fassen Sie sich kurz!"

Iwanowsi fühlte, wie die aufgeputschte Empörung in nüchternen Verhandlungen zu versanden drohte. Deshalb stampfte er mit dem Fuß auf und brüllte den Generalkommissar an: „Da draußen kocht die Volksseele und verlangt ihr Recht!"

Doch er konnte die Lage nicht ändern. Die Stürmer im Hof fröstelten, das lange Warten machte sie nachgiebig. Vier Forderungen schälten sich nach und nach aus den verworrenen Reden heraus:

1. Der Grant darf nicht verfallen. Den Einwanderern sind einzelne Anweisungen für die ihnen zugesagten dreihundertzwanzig beziehungsweise hundertsechzig Acker Land im Vereinsgebiet jetzt schon auszustellen.

2. Es hat eine Expedition sobald wie möglich in den Grant vorzudringen und die Ausmessung vorzunehmen.

3. Jeder, dem aus bestimmten Gründen, vor allem nach der Bekanntmachung vom 16. Juli das zu beanspruchende Land im Stadtgebiet vorenthalten wurde, muß es sofort zugeteilt bekommen.

4. Herr von Meusebach legt sein Amt nieder, führt es aber bis zur Ankunft eines neuen Generalkommissars weiter."

„Ich habe nichts dagegen, wenn Sie diese Forderungen an mich stellen", erklärte der Generalkommissar kühl.

Fischer eilte hinaus und las dem Rest der Harrenden die Forderungen vor. Die Leute stimmten zu, verstreuten sich bald und feierten im Wirtshaus des Grafen ihren Sieg.

Als Fischer in das Zimmer zurückgetreten war, sagte der Generalkommissar mit Schärfe: „Ich betone ausdrücklich, das bleiben nur Forderungen, deren Erfüllung ich mir nach eigenem Ermessen vorbehalte!"

Kappes und Fischer mußten mit Schrecken einsehen, daß sie eine Dummheit gemacht hatten.

Überlegen lächelnd fuhr der Generalkommissar fort: „Eine

Forderung könnte sofort erfüllt werden: Ich trete zurück, wenn Herr Kappes meine Stelle übernimmt."

Die Augen der Männer des Komitees lagen fragend auf dem Geheimsekretär. „Das geht nicht; ich habe höhere Pflichten und muß den Antrag ablehnen", erklärte der salbungsvoll.

Ein paar Tage darauf reisten Fischer und Kappes ab. Sie suchten nach diesem Fehlschlag andere Wege, um Meusebach zu beseitigen und ihre Ziele zu erreichen.

So endete der „Sturm auf die Sophienburg" am 31. Dezember 1846.

„Nun ist es soweit. Am 14. Januar denke ich aufzubrechen." Der Generalkommissar sah hinunter auf die Stadt. Zink bückte sich über ein Zeichenbrett.

„Für den Fall, daß mir etwas passieren sollte, lasse ich Ihnen den Schlüssel zurück für den Kasten in meinem Schreibtisch. Dort finden Sie alles, was ich über den Verein und mich zu sagen habe. Die Regierung von Austin benachrichtigte ich von der Expedition in den Grant. Ich glaubte nicht, daß sich so viel junges Volk zur Teilnahme melden würde, die Tüchtigsten konnten ausgesucht werden.

Bezeichnend für den Sturm vom 31. Dezember ist die Tatsache, daß sich keiner jener Helden zur Verfügung stellte. Es ist schnell still geworden um diese Leute.

Herrn Meriwether aus Virginia teilen Sie bitte mit, er könne auf seine Kosten eine Mahl- und Sägemühle am Comalebach errichten. Es ist traurig, daß es uns nicht möglich war, die vom Verein gestellten beiden Mühlen von Karlshafen nach Neubraunfels zu bringen. Aber das Vereinseigentum wurde in der Gefahr stets zuerst von den Wagen geworfen. Dann ist ein Brief von einem Dr. Roemer eingegangen. Der Mann kommt aus der Heimat, hält sich gegenwärtig in Austin auf, hat dort von meiner Absicht, das Vereinsgebiet aufzusuchen, gehört und bittet nun, sich dem Zug anschließen zu dürfen. Er ist Naturwissenschaftler, Geograph und Geologe; seine Mitarbeit kann uns recht nützlich werden. Schreiben Sie ihm, er solle nachkommen."

In diesen Tagen sprach kaum jemand von anderem als dem

Zug in den Grant. Noch einmal leuchteten die alten Träume und Hoffnungen auf.

Im Nordwesten sollte das so heißersehnte Paradies liegen, unvorstellbar fast an Fruchtbarkeit und Lieblichkeit. Die Augen glänzten, wenn die Auswanderer aufgeregt, heimlich und leise von dem freudevollen Leben redeten, das man dort wohl führen könne. Aber vielen war es, als sprächen sie von etwas Unerreichbarem. Sie sahen den Abziehenden nicht mehr mit Neid und Mißgunst nach, sondern wünschten ihnen nur alles Gute und gesunde Heimkehr.

In getrennt marschierenden Trupps wurde die vierzig Mann starke Expedition zunächst nach Friedrichsburg vorgeschoben, von da aus sollte es in geschlossenem Zug weitergehen.

Der Generalkommissar ritt am 20. Januar 1847 von Neubraunfels nach Friedrichsburg ab. Dort musterte er ein letztes Mal Menschen, Tiere und Bestände. Einige begüterte junge Männer von Bildung hatten sich dem Zug aus Abenteuerlust angeschlossen; die übrigen, gutbewaffneten Leute wurden vom Verein besoldet. Mit Umsicht und, Bedacht waren die Vorräte zusammengestellt worden, viel Platz nahmen die Geschenke für Indianer ein.

Die Vorhut führte der Generalkommissar selbst, er stellte sie aus alten Soldaten zusammen: Ludwig Wilcke gehörte dazu, Beneh aus Wehlar und ein Leutnant von Plewe. Im Sommer 1846 war der Sohn des von den Indianern ermordeten Hauptmanns von Wrede mit einem Leutnant Zenner aus Berlin eingetroffen. Auch sie kamen zur Vorhut, dazu noch Schmitz und Waldbär.

Zur Expedition gehörten außerdem noch die beiden amerikanischen Landvermesser Hovard und Tivg. Sie waren besonders gut bewaffnet, da sie von den Indianern als Männer, die ihnen das Land stahlen, mehr als andere gehaßt und verfolgt wurden. Die Jahreszeit forderte warme Kleider. Deshalb hatte man auf die Wagen einen großen Vorrat an wollenen Decken und Büffelfellen verstaut.

Ein stattlicher Zug von Reitern, Tragtieren und Fuhrwerk verließ Friedrichsburg anfangs Februar 1847. Über unfruchtbare Höhen, die mit riesigen Kakteen besetzt waren, drang die Expedition nach Nordwesten vor. Die täglichen Marschleistungen waren wegen der Schwierigkeiten des Geländes gering, die amerikanischen Pferde waren sehr empfindlich. Mit Axt, Schaufel und Hacke mußten die gefährlichsten Stellen des Weges passierbar gemacht werden. Endlich sahen sie in der Ferne Wald. Ein Tal tat sich auf. Aus dem Grund hoben Eichen und Mezquitebäume ihre Wipfel dem stahlgrauen Himmel entgegen. Ein Fluß glänzte zwischen den Bäumen hervor.

„Der Llano", fagte der Generalkommissar, „wir sind an der Grenze des Grants, aber auch in den Jagdgründen der Indianer."

Es wurde gerastet. Der Generalkommissar ließ das Lager befestigen und verstärkte Wachen mit zweistündiger Ablösung aufstellen.

Am Abend ritten sechs Comanchesindianer in den Wald. Sie wurden von der Wache angehalten und verlangten den Häuptling mit den brennenden Haaren zu sprechen. Der Generalkommissar hatte einen Dolmetscher, den Mexikaner Lorenzo di Noza mitgenommen. Der fragte die Rothäute nach ihren Wünschen. Karg und mißtrauisch gaben sie Auskunft. „Wir wollen wissen, was die weißen Männer suchen."

Hinter ihren Worten zitterte große Erregung. Der Wortführer verriet sich einmal mit dem Satz: „Wir sind zum Kampf bereit."

Herr von Meusebach versicherte den friedlichen Zweck der Reise. Er sparte nicht mit Geschenken und schlug vor, die Comanches möchten mit ihm einen feierlichen Frieden schließen.

Er lud die Boten zum Essen ein, die sich wie hungrige Raubtiere auf die Vorräte der Expedition stürzten. „Ausgehungert sind die Burschen. Es scheint ihnen nicht gut zu gehen. Wir werden uns vorsehen müssen", meinte Wilcke, als er das sah.

Am 9. Februar kletterte die Expedition nach einem zermürbenden Marsch über Sandstein und Granit hinunter in das Tal des San Saba. Öfter hatten sie Bergkristalle gefunden, und manche meinten, es seien Diamanten.

Der Generalkommissar lachte, als man sie ihm zeigte. „Wenn das Diamanten wären, dann hätten die Freibeuter der ganzen Welt diese Einöde schon längst durchwühlt, und wir Deutschen kämen, wie so oft, zu spät."

Eine liebliche Mulde mit weiten Wiesenflächen nahm sie auf. Einer von den Männern der Vorhut meinte, als sie um die Lagerfeuer saßen: „Was ich bis jetzt gesehen habe, war nicht viel wert. Dürre Hochflächen, nackte Berge und dazwischen verstreut ein paar enge, mehr oder weniger fruchtbare Täler. Wenn der Segen nicht bald kommt, dann können wir froh sein, unsere Landsleute nicht hierhergebracht zu haben. Fischer hätten wir mitnehmen sollen, um ihn hier an Ort und Stelle für seinen Handel verantwortlich zu machen."

Purpurrot stand die Sonne über der linken Talwand des San Saba. Der Generalkommissar blickte auf die Truthähne, die an den Bratspießen steckten. „Sie haben Recht, Beneh", meinte er, „für größere Ansiedlungen ist das Land ungeeignet. Einzelne Farmer fänden wohl genug brauchbaren Boden. Aber die Einöden zwischen den Flussläufen, die ausweglose Weite, die Indianergefahr – keiner würde es leicht haben. Vorhin dachte ich: Wenn ich einmal fertig bin mit allem, dann könnte ich mich aus lauter Menschenfreundlichkeit in diese Stille zurückziehen, um wieder zu mir selber zu kommen."

Waldbür pfiff. „Wache!" rief er.

Sie fuhren hoch. Auf dem rechten Talrand hielten, übergossen von der Glut der untergehenden Sonne, fünf Reiter. Der Generalkommissar ließ Signal blasen, hell hallte das Echo von den Talwänden. Die Reiter schwenkten die Hüte und setzten sich in Bewegung. Die Hunde schlugen an.

Der Generalkommissar ging ihnen entgegen. Langsam tasteten sich die Fremden ins Tal herunter. Sie stiegen von den Pferden und stellten sich vor: „Dr. Roemer[28], Major Neighbours[29] mit einem Assistenten. Dazu der Delawarenhäuptling Jim Shaw als Dolmetscher mit einem Mann seines Stammes."

„Endlich haben wir Sie gefunden, Herr Generalkommissar", sagte Neighbours, zog einen Brief aus der Satteltasche und gab ihn Herrn von Meusebach, der ihn sofort las.

„Folgende Gründe veranlassen mich, Sie vor dem Einmarsch in das Vereinsgebiet und vor seiner Inbesitznahme zu warnen: Die Grenze gegen Mexiko befindet sich immer noch unter Kriegszustand. Es wäre möglich, daß Sie zwischen die Fronten gerieten. Der Krieg hat die Indianer gehindert, ihr Jagdgebiet in vollem Umfang auszunützen. Außerdem ist durch militärische Maßnahmen gegen Mexiko über weite Landstriche hin alles Wild vernichtet oder vertrieben worden. Die Rothäute leiden Hunger und werden unter Umständen, da sie in den Deutschen

Eindringlinge und Landräuber sehen, alles daransetzen, Sie und Ihre Landsleute aufzureiben. Trauen Sie ihnen nicht!

Ich bin nicht in der Lage, Ihnen irgendwelchen Schutz angedeihen zu lassen, da alle unsere Kräfte durch den Krieg beansprucht werden, und rate Ihnen, einen günstigeren Zeitpunkt abzuwarten.

In Begleitung des Herrn Neighbours befindet sich der Delawarenhäuptling Jim Shaw. Er kennt die Lage und wird Ihnen Aufschluß geben."

Das schrieb der Gouverneur aus Austin. Der Generalkommissar sah auf. „Haben Sie Dank, Herr Major, daß Sie sich die Mühe machten, uns zu suchen." Er schüttelte ihm noch einmal die Hand. „Und im übrigen, meine Herren, haben Sie Glück; das Abendessen ist fertig. Seien Sie unsere Gäste!"

Wilcke schlief mit dem Generalkommissar in einem Zelt. Ehe er die Kerze auslöschte, sagte er nachdenklich: „Ich weiß nicht, Herr Baron, an der ganzen Geschichte gefällt mir etwas nicht. Die Vorsorge der texanischen Regierung erscheint mir zu großmütig, als daß ich sie ganz ernst nehmen könnte."

„Wieso?"

„Nach dem, was wir seit 1845 erlebten, haben wir die Pflicht, gegen alles Hiesige mißtrauisch zu sein. Vielleicht hätten wir mit etwas mehr gesundem Mißtrauen als Grundhaltung uns manches leichter machen können. Daß wir es nicht waren, beweist, wie gut deutsch wir gewesen sind."

„Und weiter?"

„Der Gouverneur hat ein Interesse daran, daß wir den Grant nicht erreichen und besiedeln. Ihm ist es erwünscht, wenn das Gebiet an den Staat zurückfällt. Dann kann es von neuem verkauft werden. Trau einer diesen Krämerseelen! Kaum sehen sie, wir machen Ernst, sind sie schon da, um uns mit Schreckschüssen Angst in die Knochen zu jagen. Ich traue den Leuten ohne weiteres zu, daß sie die Indianer gegen uns scharf machen."

Der Generalkommissar zog das Büffelfell über sich und meinte. „Na, so schwarz braucht man nun ja auch nicht gleich zu sehen: Warten wir ab! Vielleicht wird alles einmal einfacher, als es Ihnen jetzt erscheint. Also Gute Nacht."

Fröstelnd krochen die Männer am Morgen aus den Decken. Dichter Nebel lag über dem Lager. Emsig wurden die Feuer geschürt. Die Sonnenstrahlen stachen scharf in das graue Gewoge, bis sie es zu Boden gezwungen hatten.

Auf der Spitze eines freistehenden Berges flatterte eine weiße Fahne. Waldbär ließ die Wache unter Gewehr treten. Der Generalkommissar setzte sein Fernrohr an.

„Indianer", sagte er. „Der Berg wimmelt von ihnen, als sei ein ganzes Volk unterwegs. Signal blasen!"

Der Hornton klang das Tal entlang.

„Es lösen sich einzelne Gruppen aus dem Gewirr und reiten zu uns herunter!"

Der Generalkommissar ritt den Rothäuten mit einigen Begleitern entgegen. Auf hundert Schritt Entfernung ließ er die Gewehre in die Luft abschießen. Aus den Steinschloßflinten der Indianer krachte Antwort. In gestrecktem Galopp brausten die Rothäute auf den Generalkommissar und seine Leute zu. Hände streckten sich den Deutschen entgegen, es waren Bekannte, Leute Büffelhöckers, die sie begrüßten. Sie luden die Deutschen ein, sie zu besuchen.

Die Gewehre schußfertig über den Sattel gelegt, folgten der Generalkommissar und seine Leute den Rothäuten. „Es scheint ihnen tatsächlich nicht gut zu gehen, dachte Beneh. Der Gouverneur hat recht. Verhungert sehen die Burschen aus."

Neighbours meinte: „Sie leben vom Pferde- und Kinderdiebstahl. Ihre Raubzüge gehen meist nach Mexiko, der Krieg hat sie daran gehindert. Gegen hohe Lösegelder geben sie die entführten Kinder an ihre Angehörigen zurück oder verkaufen sie unter sich als Sklaven. Wir wollen sie um Wild bitten, dann werden wir hören, wie es um sie steht."

Gegen sechshundert Krieger mochten im Lager versammelt sein, dazu noch ein Heer von Frauen und Kindern. Von den alten Häuptlingen war keiner dabei.

Nach der üblichen feierlichen Begrüßung durch einen jüngeren Häuptling bat Herr von Meusebach um Fleisch.

„Die weißen Männer haben bessere Gewehre", ließ der Häuptling erklären. „Ihr Pulver ist trocken und kräftiger. Das Wild hat sich verzogen, seit die weißen Männer die Jagdgründe der Comanches betraten. Wir haben für uns selber nicht genug."

Es wurde eine Beratung für den andern Tag vereinbart; zwiespältig und unklar waren alle Antworten des Häuptlings.

„Wir müssen uns vorsehen", sagte der Generalkommissar, als sie zurückritten. „Auf keinen Fall dürfen die Kerle unsere wahren Absichten erfahren, sie sind reizbar. Ich hatte das Gefühl, als trachte mancher nach einem unserer Haarbüsche."

Hinter den Deutschen her fluteten die Indianer in Wellen auf ihren hageren, flinken Pferden den Hang herunter, dem Lager im Tal entgegen, wohin sie Herr von Meusebach eingeladen hatte. Die Expedition verschwand fast im Gewimmel der Rothäute. Gefräßig stürzten sie sich ans alles Eßbare.

Am andern Morgen fehlten die besten drei Pferde, darunter das des Generalkommissars. Wilcke ritt, gedeckt von guten Schätzen, hinauf in das Indianerlager und forderte die Tiere zurück. Es war nicht leicht, mit den Indianern ins Reine zu kommen, hartnäckig leugneten sie den Raub. Erst Drohungen und Geschenke machten den Häuptling gefügig.

Am Nachmittag ritt Herr von Meusebach mit großem Gefolge zu Verhandlungen ins Indianerlager. Er erzählte den Rothäuten dieselbe Geschichte wie damals am Pedernales. „Wir kommen auf dem weißen Pfad und wollen das alte spanische Fort am San Saba aufsuchen. In seiner Nähe sollen Silberminen sein. Wir wollen uns überzeugen, ob das wahr ist. Und je nach dem Ergebnis wird sich herausstellen, was die weißen Männer weiter vorhaben. Das möge den großen Häuptlingen ‚Büffelhöcker', ‚Santa Anna', und ‚Alte Eule' berichtet werden."

Der junge Häuptling sagte ihnen seine Meinung: „Beunruhigt sieht das Volk der Comanches dem unaufhörlichen Eindringen der weißen Männer zu. Das San-Saba-Tal ist unser Winteraufenthalt. Immer weiter weicht das Wild zurück. Wir leiden Hunger. Der Krieg macht es uns fast unmöglich, nach Mexiko zu kommen. Die Leute sind schwer in Ordnung zu halten; die weißen Männer sollten sich vorsehen und nicht zu viel wagen."

Der Generalkommissar wußte alles Mißtrauen der Rothäute zu zerstreuen und verteilte eine Menge von Geschenken.

Die Indianer versicherten unter feierlichen Beteuerungen, sie wollten die Deutschen ungestört ziehen lassen. Der Generalkommissar seinerseits versprach, er werde nach seiner Rückkehr vom Fort mit den großen Häuptlingen Rat halten und ihnen sagen, was das Ergebnis der Reise sei.

Das spanische Fort lag, alten Berichten nach, im Quellgebiet des San Soba, auf der Reise dahin bot sich Gelegenheit, das Innere des Grant zu erforschen. Eines Tages kam ein Bote der großen Häuptlinge, um sich nach dem Stand des Unternehmens zu erkundigen. Der Generalkommissar ließ ihnen sagen, die Deutschen fühlten sich sicher im Frieden mit den Comanches und lud ihm eine Last Geschenke auf.

Immer schwieriger wurde das Gelände. Es gab Achsenbrüche, Zugtiere stürzten und mußten abgeschlachtet werden. Die Vorräte waren zusammengeschmolzen.

„Ihre Expedition ist zu schwerfällig", sagte Major Neighbours zu Wilcke. Sie waren den Tag über kaum ein paar Meilen vorwärts gekommen. „Es gibt zu wenig Futter für die Tiere, sie magern zusehends ab. Wir sind noch nicht am Ziel und haben dazu den ganzen Weg wieder zurückzumarschieren. Ich sehe kein gutes Ende, wenn sich der Generalkommissar nicht entschließt, das Unternehmen umzustellen und den wirklichen Verhältnissen anzupassen."

Mißtrauisch horchte Wilcke auf diese Worte.

Der Generalkommissar überlegte lange, als ihm Ludwig Wilcke die Besorgnis Neighbours darstellte. „Wenn der Mann ehrlich ist, stimmt es, was er sagt. Und wenn er unehrlich ist, hat er auch recht. Ich will annehmen, daß er ehrlich ist", meinte er schließlich.

Am 14. Februar wurde die Mehrzahl der Freiwilligen und der Fuhrpark nach Friedrichsburg zurückgeschickt, Waldbär übernahm die Führung. Siebzehn Personen zogen weiter. Sie waren außer den beiden mexikanischen Maultiertreibern beritten. Die Reisegesellschaft verstärkte ihre Wachsamkeit, um sich vor Überrumpelungen zu sichern.

Einmal ging es über ein nacktes Tafelland, dann wieder wand sich der Zug zwischen zackigen Felsschroffen hindurch. Die Pferde litten auf dem gefährlichen Weg, besser hielten die Maultiere durch. Jeder Marschtag war eine Kraftprobe für Mensch und Tier.

Eines Abends lagen die Männer, schweigend vor Müdigkeit, in einem engen Felsental, dessen Wände fast senkrecht in die Höhe stiegen, auf ihren Decken. Jeder ließ seinen Gedanken freien Lauf.

„Das also ist der Grant, das Paradies der Deutschen, der Garten der Welt, von dem Tausende träumen und träumten", grübelte der Generalkommissar. Er spürte die Last der Enttäuschung, die alle bedrückte und jeden Mund schweigen ließ.

Er richtete sich auf: „Meine Herren", rief er, „nicht so schwarz gesehen! Sag' doch einer irgend etwas! Schmitz!"

Der Diener stand auf. „Herr Generalkommissar?"

„Wir müssen es den Tieren leichter machen, sie tragen zu schwer. Vier Fäßchen Wein haben wir? Rücken Sie zwei davon in die Runde! Becher heraus! Ein Schluck Wein wird uns gut tun. Holz auf die Feuer! Leben will ich sehen! Herausgekrochen aus Trübsal und Enge. Wir wollen eins singen!"

Und wie die Männer tranken, wuchs die Kraft ihres Gesanges. Die alte Zuversicht kam ihnen wieder. Als der Generalkommissar die letzten Becher füllen ließ, standen sie auf und sangen inbrünstig Ernst Moritz Arndts Lied, das Preußen seit 1841 verboten hatte:

> „Was ist des Deutschen Vaterland?
> So nenne endlich mir das Land!
> So weit die teutsche Zunge klingt,
> Und Gott im Himmel Lieder singt,
> Das soll es seyn!
> Das, wackrer Deutscher, nenne dein!"

Am 16. Februar erreichte man das Fort. Das Tal des San Saba stieg aus Schlucht und Enge weich aufwärts auf eine weite Hochebene. Der fruchtbare Boden trug Wald und Wiesen. Aber überall da, wo er in die Hochfläche überging, wurde er karg und steinig.

Das Fort lag auf einer Terrasse über dem linken Ufer. Die Jahrhunderte hatten es zerfressen und zerbröckelt. Klotzig hockten die Überreste auf den Felsen.

„Da haben vor ein paar hundert Jahren Europäer gehaust. Die Zeit verschlang alles, was an Erinnerung daran einst lebendig war," sagte Beneh leise zu Wilcke, als sie hinaufritten.

Zwanzig Fuß stiegen die Mauerreste an einzelnen Stellen in die Höhe, abgeschliffen von Wind und Wetter, stumm und trotzig. Sie gingen durch das Gemäuer. Zellenartig waren die Räume abgeteilt. Spanische Soldaten hatten ihre Namen in die Wände gekratzt, sie waren noch deutlich zu lesen. Auch die

Reste einer Kirche erkannte man im Ring der Befestigungen. Aber von Silberminen nirgends eine Spur. Der Generalkommissar ließ graben, die nächste Umgebung wurde Schritt für Schritt abgesucht, doch ohne Ergebnis. Die Einöde ließ sich ihre Geheimnisse nicht entlocken.

Ein schmaler Weg verlor sich oberhalb des Forts in der rätselhaften, unerforschten Ferne. „Der rote Pfad, der Kriegspfad der Indianer nach Mexiko", erklärte Jim Shaw, der Delawarenhäuptling, und schlug dabei mit seinem Arm einen Bogen von Sonnenaufgang nach Sonnenuntergang.

Dr. Roemer malte einen breiten, gelben Fleck in die Karte, die er von Tag zu Tag ergänzt hatte. „Auf dieser Hochfläche haben alle größeren Flüsse von Texas ihren Ursprung. Der Abfall des Landes nach dem Meer gibt ihnen die Richtung", sagte er zu dem Generalkommissar.

Am 19. Februar wurde die entbehrungsreiche Rückreise angetreten. Es fehlte an Futter, die Tiere schleppten sich matt und mühsam vorwärts. Zerschlagen lagen die Männer abends am Feuer, an jedem fraß die Enttäuschung über den Grant, der sich ihnen in seiner ganzen Armut bot. Eines Tages fand Neighbours einen Bienenbaum. Eine alte, hohle Eiche war gefüllt mit köstlichen Waben. Sie schlugen das mehlige Holz auseinander, goldgelb quoll ihnen der Honig entgegen.

Nachdem einige kleinere, fruchtbare Täler durchquert waren, stießen sie auf das Hauptlager der Comanches mit den drei großen Häuptlingen. „Jetzt können die Rothäute beruhigt sein", sagte der Generalkommissar, der mit Dr. Roemer an der Spitze des Zuges ritt. „Wir werden ihnen dieses Dorado nicht mehr streitig machen."

Er ließ halten und die Zelte aufschlagen. Die drei großen Häuptlinge machten ihren ersten Besuch im Lager der Deutschen. Nach den Erfahrungen der Reise waren die Wünsche des Generalkommissars bescheiden geworden, als er mit den Indianern zur Beratung zusammensaß. Major Neighbours verlas das Anliegen der Auswanderer. Herr von Meusebach bat um die Überlassung einiger Landstrecken am Llano und San Saba. Man wolle dort einzelne deutsche Farmen gründen. Es wurden tausend spanische Taler geboten. Die Feldmesser sollten bei ihrer Arbeit nicht gestört werden.

Nach zweitägigen Verhandlungen nahmen die Comanches dieses Angebot an. Die Indianer erhielten das Recht zugesichert, mit den Niederlassungen Tauschhandel zu treiben. Sie versprachen dafür, die Deutschen zu schützen, wenn sie von andern Stämmen angegriffen würden. Für das Festmahl opferte der Generalkommissar den letzten Sack Reis und den ganzen Vorrat an Hirschfleisch, das sie unterwegs getrocknet hatten.

Am 7. März traf die Expedition, begleitet von den Indianern, wieder in Friedrichsburg ein. Die Stadt stand mitten in der Krise. Viel Vieh war den Winter über verhungert, Skorbut, Ruhr und Wechselfieber forderten ihre Opfer. Dr. Schuberts eigensinnige Verwaltung hatte alles noch verworrener gemacht.

Ein paar Tage vor der Ankunft des Generalkommissars war eine wilde Schießerei ausgebrochen, es gab Streit um ein Mädchen. Der Amerikaner Reynolds wurde vom Tanzplatz geworfen. Er suchte sich darauf an seinem Rivalen Martin aus Frankfurt zu rächen, wurde aber von dessen Freunden vertrieben. Der Amerikaner schlich sich nun in der Nacht an Martins Blockhaus, lauerte ihm auf und erschoß in der Dunkelheit dessen Freund Heimann, den er für Martin hielt. Darauf floh er in die Wälder. Bluthunde und Indianer fanden seine Spur, er wurde gefangen. Das empörte Volk sperrte ihn zwei Tage mit dem Toten zusammen ein und hängte ihn dann.

„Dr. Schubert, es wäre Ihre Pflicht gewesen, dieses unwürdige Ende aufzuhalten und den Mann einem texanischen Gericht zuzuführen. Wir sind über die wildeste Zeit unserer Entwicklung hinaus. Ich will, ehe ich aus den Diensten des Vereins ausscheide, Ordnung schaffen. Es muß der Tag kommen, an dem die Gemeinde von jeder Bevormundung durch den Verein frei wird. Da die Verantwortung mir keine halben Lösungen erlaubt, muß ich Sie entlassen; wenn ich Ihnen persönlich weiterhelfen kann, will ich gern das Mögliche tun."

Der Generalkommissar war fest entschlossen, die letzte Zeit seiner Amtsführung zu benutzen, um Neubraunfels und Friedrichsburg so gesund und stark zu machen, wie es die Umstände erlaubten. Verlassen von allen seinen Nutznießern ritt Dr. Schubert einige Tage darauf von Friedrichsburg ab.

„Da Sie, lieber Wilcke, am Llano siedeln und sich dort mit Frau und Kind niederlassen wollen, kann ich leider nicht mehr auf Ihre Hilfe rechnen. Sonst hätte ich Sie gebeten, hier die Verwaltung zu übernehmen. Vielleicht findet sich Koll bereit." Wehmütig klangen diese Worte des Herrn von Meusebach.

Eine Nacht lang saß er im Verwaltungsgebäude und arbeitete den Bericht über das Ergebnis des Vorstoßes in den Grant an die Herren in Mainz aus. Zusammenfassend schrieb er am Ende:

„Das Gebiet eignet sich also nicht zur Ansiedlung größerer Menschenmengen in geschlossenen Gemeinden. In dem ganzen, weiten Land von der Größe eines deutschen Königreiches fanden wir keine ausgedehnteren Strecken von gleichmäßiger, günstiger Bodenbeschaffenheit. Die Entfernungen zwischen den wenigen, wirklich brauchbaren Landstrichen sind zu groß. Ein geregelter Güteraustausch ist deshalb nicht möglich.

Die Indianer bleiben immer eine Gefahr für die geringe Zahl der Weißen, die sich niederlassen können. Alles in allem: Das Gebiet entspricht nicht den Erwartungen, die man darauf setzte. Der Verein ist durch den Konsul Henry Fisher betrogen worden.

Die beiden Städte Neubraunfels und Friedrichsburg bleiben das einzige Ergebnis des Unternehmens. Diesen muß in Zukunft alle Fürsorge gelten; sie sind das Äußerste, was durch Menschen und Material unter den gegebenen Umständen erreicht werden konnte. Da sich im Lauf dieses Jahres die Verhältnisse weiter festigen werden und meine Arbeit deshalb immer weniger wird, bitte ich um meine Entlassung. Ich werde mir am Comanchespring ein Anwesen gründen."

Als der Generalkommissar mit seinen Leuten nach Neubraunfels weiter ritt, freuten sich alle auf die Rückkehr. Die Stadt am Comale war ihnen Heimat geworden, das hatten sie in der Ferne gespürt. Haus, Herd, Familie, Freunde, Feld und Wiese zogen sie mit heimlichen Kräften zurück aus dem Abenteuer in die Sicherheit.

„Es wird wohl so sein, Zink", sagte der Generalkommissar, als sie zum erstenmal wieder im großen Mittelzimmer der Sophienburg beieinandersaßen, „es gibt kein deutsches Glück in Texas, hoffentlich aber einmal glückliche Deutsche! Daß man mit Neugermania das erste wollte, war der furchtbare Irrtum. Wenn wir aber das zweite erreichen, dann erhält das große Opfer einen tiefen, ewigen Sinn."

Ausklang

Das Frühjahr 1847 lockte die Deutschen zeitig aus Häusern und Hütten. Die Sonne goß ihr belebendes Licht über den texanischen Westen. Auf den Feldern begannen sie mit rüstigem Mut zu ackern, zu säen und zu pflanzen. Jetzt war niemand mehr im Zweifel über seine Pflichten.

Unter dem Druck der Öffentlichkeit in Deutschland hatten die Herren in Mainz eine bedeutende Geldsumme zur Verfügung gestellt. Die Verpflegung wurde besser und das Leben im ganzen sicherer. Erde, Sonne und Mensch hatten sich zusammengefunden. Es gab zwar noch Kranke, Verzagte und Hilflose, aber die Gesunden und Zielstrebigen wußten, daß sie gesiegt hatten. Die Kraft der neuen Heimat stieg aus Wäldern und Ackerfurchen, aus Gärten, Werkstätten und Wohnstuben. Sie stärkte die Herzen und richtete den Willen aus.

Hermann Köchert in Karlshafen erhielt ausreichende Geldmittel angewiesen. Er ließ in den Nordstaaten Ochsen, Kühe und Wagen kaufen, und nun ging ein Zug nach dem andern ab nach Neubraunfels und Friedrichsburg. Das Lager leerte sich, es wurde still in dem Hafen am blauen Meer.

In der Nachbarschaft gründeten amerikanische Unternehmer den Hafen Indianola. Sie witterten Geschäfte, weil ihnen klar war, daß sich die Deutschen durchgesetzt hatten. Sie wußten, der Verein werde auslöschen wie ein Licht, aber die Kraft der Deutschen würde wachsen und aus dem Aufbau des jungen Staates nicht mehr wegzudenken sein. Deshalb sicherten sie sich das Tor in die Zukunft.

Im Sommer kam noch einmal ein Schwarm junger Intellektualisten über das Meer. Retten, helfen und grundsätzlich umbauen wollten sie. Nach ihrer Meinung war bisher niemand fähig und würdig gewesen, Neugermania wirklich zu gründen. Sie hatten sich in Darmstadt zusammengefunden, Dr. von Herff, der Sohn des hessischen Staatsministers, führte die Schar. Nach der Lehre des hessischen Pfarrers Weidig, auf kommunistischer Grundlage wollten sie den Samen legen für eine bessere Welt und den Pfuschern in Texas die Ursachen ihres qualvollen Erlebens aufzeigen. Rasch und geräuschlos ging dieses Unternehmen zu Ende. Die Jünglinge ließen unter dem Zwang der Wirklichkeit von ihren Theorien, liefen auseinander und fanden einzeln hier und da ein Stück Land, das sie still mit ihrer Hände Arbeit bestellten.

Mit ihnen war der Nachfolger des Herrn von Meusebach, Forstkandidat Spieß[30] aus Darmstadt, eingetroffen. Auch sein Kopf war voll von dem Nebel großer Pläne. Er verstrickte sich nur zu bald übereifrig in unkluge Händel und nach einer unrühmlichen Schießerei auf der Nassaufarm verschwand er alsbald spurlos in dem weiten Land.

Im Sommer, als das Lager fast leer stand, schirrte Köchert für Barbara Klappenbach die beiden letzten Ochsenwagen. Unter der Bedeckung einiger Männer konnte sie endlich die Fahrt zu dem Mann antreten, den sie liebte und dem sie nun Hausfrau werden wollte. Zweiunddreißig Waisenkinder nahm sie mit, denen sie bisher Mutter gewesen war, dazu den eigenen Sohn Ludwig, der schon zu laufen begann.

Hermann Köchert gab ihr ein ganzes Stück das Geleite, erst am Abend kam er in das verödete Lager zurück. Das Herz wollte ihm zerspringen vor Weh. Zwischen Anfang und Ende hatte er nie Zeit gehabt, an sich zu denken. Ärmer als er gekommen war, stand er nun unter dem nachtdunklen Himmel, einsam und verwundert. Er ging hinauf zu Luises Grab. Es war fast eingeebnet; der lockere Sand zerstieb nach jedem Aufschütten. Dahinter wellte es sich in langen Reihen, Hügel neben Hügel: Die Opfer der Deutschen im Kampf um eine neue Heimat.

Ein fremder Mann hatte im Schuppen einen knorrigen Knotenstock stehen lassen. Dieser Stock, Luisens kleine Andenken an die Heimat und seine eigene, geringe Habe waren alles, was der Schulamtskandidat Hermann Köchert aus Stedtfeld bei Eisenach am andern Morgen aus dem Lager hinaustrug. Er wurde Soldat, verdingte sich dann als Knecht, spielte Orgel und Flöte, war Baumwollpflücker und Frachtfuhrmann. Auf dem Weg nach Kalifornien schrieb er den letzten Brief nach Hause. Es war ein sonderbares Schriftstück, mit dem seine Angehörigen nicht viel anzufangen wußten. Am Schluß hieß es:

„Vielleicht ist die Menschheit bestimmt, die vier Jahreszeiten ihres Daseins in den verschiedenen Weltteilen auszuleben. Asien war die Wiege des menschlichen Geschlechtes. Europa sah die Lust, die Kraft, den Übermut ihrer Jugend; in Amerika entwickelte sich die Fülle und Weisheit des männlichen Alters, und nach Jahrtausenden erwärmt die greise Menschheit ihre kalten, zitternden Glieder in Afrikas Sonne, um endlich als Staub in Staub dahinzusinken."

Dem Mainzer Verein zum Schutz deutscher Einwanderer wurde im Jahr 1852 unter kräftiger Mithilfe der texanischen Gläubiger das Lebenslicht ausgeblasen. Er liquidierte und verlor alles. Papier und Tinte unterlagen der Wirklichkeit.

1848 zeigte der Stiehlersche Handatlas auf der Karte von Texas ein großes Gebiet in Gelbdruck. Darin stand: „Deutsche Kolonie des Mainzer Vereins." In der nächsten Ausgabe schon fehlte diese Eintragung. Aber die Namen der beiden deutschen Städte Neubraunfels und Friedrichsburg sind seitdem in jedem größeren Atlas zu finden. Und dazu noch manche andere: Weimar, Neu-Ulm, Dresden, Castell, Leiningen, Metz, Minden, Berlin.

Die Deutschen in Texas haben ihre Abstammung nie vergessen. Auch in den Stürmen des Weltkrieges nicht. Sie pflegen deutsche Art, lesen ihre eigenen deutschen Zeitungen und nehmen mit brennendem Herzen Anteil am Schicksal ihres Vaterlandes.

Wenn diese Geschichte dazu beiträgt, die Bande herüber und hinüber fester zu knüpfen, dann ist sie nicht umsonst aufgeschrieben worden.

Quellenverzeichnis - Bilder

Fig. 1: Vermessungskarte von H. Wilke gezeichnet. Mit Erlaubnis: https://www.raremaps.com/gallery/detail/32972?view=print.

Fig. 2: Karl Friedrich Wilhelm Emich Fürst zu Leiningen. By Josef Kriehuber (1800 -1876) [Public domain], via Wikimedia Commons.

Fig. 4: Sam Houston in 1861. By Mathew Brady - http://oldphotos.blogspot.com/2009/07/general-sam-houston.html, Public Domain, https://commons.wikimedia.org/w/index.php?curid=7697111.

Fig. 3: Friedrich Ludwig Weidig. Von Unbekannt - http://www.xlibris.de/Autoren/Buechner/Buechner-Bilder/16g.jpg, Gemeinfrei, https://commons.wikimedia.org/w/index.php?curid=5082886.

Fig. 5: Carl Prinz zu Solms-Braunfels (1812-1875). By Unknown - Privatbesitz von Aldina de Zavala (Texas), German Wikipedia, Public Domain, https://commons.wikimedia.org/w/index.php?curid=969353.

Fig. 6: Das Logo des „Mainzer Adelsvereins". Gemeinfrei, https://commons.wikimedia.org/w/index.php?curid=2901212.

Fig. 7: St Louis in 1846, Painted by Henry Lewis (1819–1904) - Own work by QuartierLatin1968, 2011-05-27, Public Domain, https://commons.wikimedia.org/w/index.php?curid=15393386

Fig. 8: Deutsche auf dem Weg nach New Braunfels. Bundesarchiv, Bild 137-005007 / CC-BY-SA 3.0 [CC BY-SA 3.0 de (http://creativecommons.org/licenses/by-sa/3.0/de/deed.en)], via Wikimedia Commons.

Fig. 9: Das Farmhaus des Nicolaus Zink bei Comfort, in dem er 1887 starb. Von Unbekannt-http://www.rootsweb.com/~txkendal/mark.htm, Gemeinfrei, https://commons.wikimedia.org/w/index.php?curid=706954

Fig. 10: Reiseroute. Adaptiert durch den Herausgeber.

Fig. 11: Georg Jochim Jacob Friedrich A. Klappenbach, 1860s. http://sophienburg.com/blog/wp-content/uploads/ats_20130504_klappenbach.jpg

Hinweise

1 **Karl Friedrich Wilhelm Emich Fürst zu Leiningen** (* 12. September 1804 in Amorbach; † 13. November 1856 auf Schloss Waldleiningen bei Amorbach) war der dritte Fürst zu Leiningen und entstammte der Linie Leiningen-Dagsburg-Hartenburg. Er diente als bayerischer Generalleutnant, war erster Ministerpräsident der zur Frankfurter Nationalversammlung gehörenden Reichsregierung der Provisorischen Zentralgewalt und erster Vorsitzender des Mainzer Adelsvereins. (wikipedia.de).

2 Ed.: Am 3. Juli und 6. Juli 1842 wurden zwei ‚Grants' (Landzuteilungen) an **Alexander Bourgeois d'Orvanne** und Armand Ducos zur Besiedlung von 1.700 Familien an den Uvalde-, Frio- und Medina-Flüssen erteilt. Am 7. April 1844, nachdem ihre Kolonisierungsbemühungen erfolglos waren, verkauften Bourgeois und Ducos ihren Zuschuss an den Adelsverein, vorausgesetzt, dass Alexander Bourgeois d'Orvanne der Kolonialdirektor war.

3 **Samuel „Sam" Houston** (* 2. März 1793 im Rockbridge County, Virginia; † 26. Juli 1863 in Huntsville, Texas) war ein US-amerikanischer Politiker und General. Er war der erste Präsident der unabhängigen Republik Texas und diente dem daraus hervorgegangenen US-Bundesstaat später als Senator und Gouverneur. Houston, die viertgrößte Stadt der USA, und weitere Orte wurden nach ihm benannt. (wikipedia.de).

4 **Bernhard II. Erich Freund Herzog von Sachsen-Meiningen** (Herzog Bernhard Erich Freund – „Freund seiner Untertanen") (* 17. Dezember 1800 in Meiningen; † 3. Dezember 1882 Meiningen) war von 1803 bis 1866 Herzog von Sachsen-Meiningen. (wikipedia.de).

5 **Friedrich Ludwig Weidig** (* 15. Februar 1791 in Oberkleen; † 23. Februar 1837 in Darmstadt) war ein deutscher evangelischer Theologe, Pädagoge, Publizist und Turnpionier. Er wirkte vornehmlich als Lehrer in Butzbach, kurzzeitig als Pfarrer in Ober-Gleen. Im Gebiet des heutigen Hessen und des angrenzenden Mittelrheins war er einer der maßgeblichen Protagonisten des Vormärz und Wegbereiter der Revolution von 1848. Seit 1818 wurde Weidig von den Behörden wegen politischer Betätigung im Schulunterricht, in den Predigten und privat überwacht. Weidig gehörte zu den Liberaldemokraten,

Hinweise

die ein vereinigtes Deutschland als demokratischer Nationalstaat anstrebten. Deshalb reiste er 1832 nach Südwestdeutschland und half bei den Vorbereitungen des Hambacher Fests, an dem er aber aufgrund der behördlichen Überwachung nicht teilnehmen konnte.

1833 wurde Weidig zum ersten Mal inhaftiert; trotzdem veröffentlichte er 1834 illegal vier Ausgaben des „Leuchter und Beleuchter für Hessen (oder der Hessen Notwehr)". Im selben Jahr traf er erstmals mit Georg Büchner zusammen. Weidig arbeitete ein von Büchner vorgelegtes Manuskript zur ersten Druckfassung des „Hessischen Landboten" um. Auch die Verteilung der illegalen Flugschrift wurden maßgeblich durch Weidig und seine Schüler organisiert. (Das Original von Büchner ist verloren und er distanzierte sich nachträglich von Weidigs Änderungen.)

Seit dem 5. April 1834 war Weidig vom Dienst suspendiert.
Er wurde als Pfarrer in das Dorf Ober-Gleen, das heute zu Kirtorf gehört, im Vogelsberg strafversetzt. Als das Projekt des „Hessischen Landboten" im Sommer 1834 verraten wurde, flüchtete Büchner nach Straßburg, während Weidig sich weigerte, mit seiner Familie in die Schweiz zu emigrieren. Aufsehen erregte seine Predigt in Ober-Gleen am 7. September 1834, mit der er den Christus der Armen verkündete, „der da Unrecht und Heuchelei der Mächtigen seiner Zeit bekämpfte" — eine Theologie der Befreiung avant la lettre. Bald darauf wurde Friedrich Weidig erneut verhaftet, in der Klosterkaserne zu Friedberg festgesetzt und im Juni 1835 ins Arresthaus nach Darmstadt verlegt, wo er am 23. Februar 1837 vermutlich Selbstmord beging, nachdem er zwei Jahre lang von den Untersuchungsrichtern (insbesondere von Konrad Georgi, der als Alkoholiker bekannt war) gequält und körperlich misshandelt worden war. Die Briefe, die der kranke und verzweifelte Mann aus dem Gefängnis an seine Frau geschrieben hatte, wurden noch viele Jahre nach seinem Tod „aus staatspolizeilichen Gründen" zurückgehalten. Der Grabstein auf dem alten Friedhof von Darmstadt (Grabstelle: I F 141b), auf dem seine Freunde vermerkt hatten, dass er ein Kämpfer für die Freiheit gewesen sei, wurde auf Befehl der Regierung vermauert.

Hinweise

6 **Karl Georg Büchner** (* 17. Oktober 1813 in Goddelau, Großherzogtum Hessen; † 19. Februar 1837 in Zürich) war ein hessischer Schriftsteller, Mediziner, Naturwissenschaftler und Revolutionär. Er gilt trotz seines schmalen Werkes – er starb bereits im Alter von 23 Jahren – als einer der bedeutendsten Literaten des Vormärz. Teile seines Werkes zählen zur Exilliteratur. (wikipedia.de)

7 **Friedrich Wilhelm Carl Ludwig Georg Alfred Alexander Prinz zu Solms-Braunfels**, genannt Texas-Carl (* 27. Juli 1812 in Neustrelitz; † 13. November 1875 auf Schloss Rheingrafenstein bei Kreuznach) war k.u.k. österreichisch-ungarischer Feldmarschalleutnant und Gründer der Siedlung New Braunfels, Comal County in Texas (USA). Solms entstammte dem edelfreien Geschlecht der Prinzen zu Solms-Braunfels, einer Linie des Adelsgeschlechts Solms, und war der jüngste Sohn des Friedrich Wilhelm Prinz zu Solms-Braunfels (1770–1814) und der Friederike von Mecklenburg-Strelitz (1778–1841).

Er heiratete 1834 heimlich in einer morganatischen Ehe Louise Beyrich, trennte sich aber – wohl auf Druck der Familie – Anfang 1841 wieder von ihr und bewirkte (mitsamt Apanage) ihre Erhebung als Louise von Schönau in den großherzoglich hessischen Adelsstand (Darmstadt am 25. März 1841). Mit Louise hatte er die drei Kinder Marie (* 1835), Karl (* 1837) und Melanie (* 1840). Sohn Karl wurde am 20. März 1912 in der königlich bayerischen Adelsklasse immatrikuliert als Karl von Schoenau, Privatier in München.

Aus Texas zurückgekehrt, heiratete Solms am 3. Dezember 1845 in Bendorf am Rhein (Rheinland-Pfalz) Sophie Prinzessin zu Löwenstein-Wertheim-Rosenberg (* 9. August 1814 in Neustadt am Main, Unterfranken, Bayern; † 9. Januar 1876 in Kreuznach), verwitwete Prinzessin zu Salm-Salm, die Tochter des Constantin Fürst zu Löwenstein-Wertheim-Rosenberg und der Maria Kreszentia Gräfin von Königsegg-Rothenfels, und hatte mit ihr zwei Söhne und drei Töchter. Prinzessin Sophie hatte zuvor in erster Ehe am 24. März 1841 in Kleinheubach (Landkreis Miltenberg, Bayern) Franz Josef Prinz zu Salm-Salm (* 5. Juli 1801 in Herten, Kreis Recklinghausen, Nordrhein-Westfalen; † 31. Dezember 1842 in Bonn) geheiratet.

Solms ließ sich für ein Jahr von der Armee beurlauben und ging im

Hinweise

Auftrag dieses Vereins als dessen erster Generalkommissar in die USA. Zunächst reiste er mit seiner Begleitung - hierzu gehörte auch der 19-jährige Husaren-Offizier Hans von Specht - nach Liverpool (England), das er am 19. Mai in Richtung Nordamerika verließ. Am 31. Mai erreichte er Boston in Massachusetts. Entlang des Ohio Rivers und des Mississippi Rivers kam der Tross nach New Orleans (Louisiana) und erreichte schließlich am 1. Juli 1844 Galveston in Texas. Solms hatte den Auftrag, in Texas Land zu beschaffen. Er gründete in der Matagorda Bay einen für die Ankunft der Siedler gedachten Hafen namens „Carlshafen", der später den Namen Indianola bekam. Im Dezember empfing Solms dort bereits die ersten 200 Familien, die nach 10-wöchiger Überfahrt eingetroffen waren; viele der Passagiere hatten allerdings die Strapazen der Reise nicht überlebt. Zu allem Unglück gab es auch noch kein Land. Erst am 18. März 1845 kaufte Solms 500 Hektar Land direkt am Zusammenfluss vom Comal River und Guadalupe River an der Straße von San Antonio nach Austin, auf dem dann endlich bei Ankunft des ersten Siedlertrecks am 21. März die Ortschaft Neu-Braunfels (New Braunfels) gegründet werden konnte - in den 1850er Jahren schon die viertgrößte Stadt in Texas.

Solms kehrte am 15. Mai 1845 nach Deutschland zurück, nachdem er durch Otfried Hans Freiherr von Meusebach erfolgreich ersetzt worden war, und trat wieder in die Armee ein. Ein Jahr später (1846) verließ er die österreichische Armee und wechselte als Oberstleutnant zur großherzoglich hessischen Armee. Doch schon 1850 kehrte er zur österreichischen Armee zurück und wurde 1859 Kommandeur einer Dragoner-Brigade am Bodensee. Im Deutschen Krieg von 1866 kämpfte Solms als österreichisch-ungarischer Generalmajor und Brigade-Kommandeur der 1. Reserve-Kavallerie-Division im 10. Armee-Korps unter dem Kommando von Feldmarschall Ludwig Freiherr von Gablenz und nahm am 27. Juni 1866 an der Schlacht bei Wysokow (heute: Vysokov, Tschechien) teil. (wikipedia.de).

8 **Ludwig Joseph Graf von Boos zu Waldeck und Montfort**, auch kurz Boos-Waldeck genannt (* 26. November 1798 in Koblenz, Rheinland; † 1. Oktober 1880 in Aschaffenburg, Bayern) war herzoglich-nassauischer Oberstleutnant und Stallmeister sowie Mitbegründer des „Mainzer Adelsvereins".

Hinweise

Boos-Waldeck begann seine militärische Laufbahn als Offizier im ersten Karlistenkrieg in der Armee Carlos María Isidro de Borbón. Danach wechselte er in die preußische Armee und war Leutnant im 5. Ulanen-Regiment. Im Jahr 1832 wechselte er aber als Major à la suite und Flügeladjutant zum späteren (1839) Herzog Adolf von Nassau. Am 17. März 1837 wurde er zum Oberstleutnant der Herzoglich Nassauischen Armee befördert. Am 20. April 1844 wurde er zum Oberstallmeister ernannt.

1831 bis 1832 war er als Vertreter des Fürsten zu Wied Mitglied der ersten Kammer der Landstände des Herzogtums Nassau.

Im April 1842 gründete er mit anderen 20 Adligen in Biebrich den „Mainzer Adelsverein", um die deutsche Auswanderung nach Texas (USA) voranzutreiben und zu unterstützen. Am 19. Mai desselben Jahres wurde er in Mainz offiziell zum Bevollmächtigten ernannt und erhielt den Auftrag, zusammen mit Viktor Graf zu Leiningen-Westerburg-Altleiningen nach Texas zu gehen und dort im Auftrag des Adelsvereins Land zu kaufen.

Schon bald nach ihrer Ankunft Ende August 1842 in Galveston (Texas) suchten beide kurz den texanischen Präsidenten Sam Houston in seiner Stadt Houston auf und schilderten ihm ihr Vorhaben und die Ziele des Adelsvereins. Im Oktober reisten beide nach Columbia, San Felipe de Austin, zur deutschen Siedlung "Rödersmühl" (heute Shelby), zu Mill Creek im Austin County und kamen schließlich im November ins Washington-on-the-Brazos, wo damals der Kongress der Republik Texas tagte.

In der damaligen Hauptstadt trafen sie sich nochmals mit Präsident Houston, um über einen Landkauf zur Ansiedlung deutscher Siedler zu verhandeln. Houstons konkretes Angebot lehnten sie allerdings ab, als sie erfuhren, dass es sich um ein Grenzgebiet und zudem Siedlungsgebiet feindseliger Indianer westlich von Austin (Texas) handelte. Stattdessen erwarb Boos-Waldeck für 70.000 Gulden 1.780 Hektar Land im Fayette County in der Nähe der Siedlung Industry (Texas), wo sich schon der Einwanderer Friedrich Ernst mit Familie (siehe: Caroline Ernst) und anderen Deutschen niedergelassen hatte. Boos-Waldeck nannte das Land „Nassau-Farm" zu Ehren seines

Hinweise

Freundes, Dienstherrn und zugleich Vorsitzenden des „Mainzer Adelsverein". Später wurde die Siedlung nach ihrem Gründer Waldeck (Texas) genannt. Leiningen verließ Texas im Januar 1843 nach Deutschland, während Boos-Waldeck ein ganzes Jahr zur weiteren Entwicklung und Vorbereitung des Landes für kommende Siedler zurückblieb. Von Sklaven ließ er Hütten bauen, ein größeres Haus für den Aufseher, ließ das Land kultivieren und Mais, Baumwolle, Zuckerrüben, Kartoffeln und Tabak anbauen. Außerdem ließ er ein größeres, zweistöckiges Blockhaus als künftigen Sitz des Adelsvereins errichten. Zwei Jahre später, im Mai 1845, berichtete der deutsche Geologe Ferdinand von Roemer, dieses Blockhaus sei eines der bestgebauten und komfortabelsten, das er in Texas je gesehen habe, das Land sei umzäunt und kultiviert und die Farm beschäftige 19 Sklaven, wobei eine Sklavenfamilie als Hauspersonal diene.

Im Gegensatz zum Rapport Leiningens empfahl Boos-Waldeck in seinen nun folgenden Berichten an den Adelsverein, zunächst die notwendigen Voraussetzungen zu schaffen und erst dann die Besiedlung schrittweise vorzunehmen, doch wurde seine Empfehlung ignoriert und ein wahrer „Texas-Boom" begann. Die Gefahren einer derart unbedachten und unvorbereiteten Besiedlung vor Augen, trat Boos-Waldeck zusammen mit seinem Bruder Anton im April 1844 aus dem „Mainzer Adelsverein" aus.

Im Jahr 1843 ernannte ihn der Herzog, während Boos-Waldeck noch einmal in Texas war, zu seinem Stallmeister und Adjutanten. In dieser Position verblieb er, bis er 1846 auf eigenen Wunsch aus dem Militärdienst ausschied. Sein Nachfolger wurde Carl Graf zu Castell-Castell. Im Jahr 1850 gewährte der Herzog dem Grafen Boos eine jährliche Pension von 4.000 Gulden in Anerkennung seiner besonderen Dienste. Seinen Ruhestand verlebte Boos-Waldeck im bayerischen Pielenhofen bei Regensburg, stand aber bis zu seinem Tod in ständigem Briefkontakt mit seinem Freund und früheren Dienstherrn. (wikipedia.de).

9 **Carl Friedrich Christian Graf zu Castell-Castell** (* 8. Dezember 1801 auf Schloss Castell bei Würzburg, Unterfranken, Bayern; † 2. März 1850 in Wiesbaden, Hessen) war Mitbegründer, Vizepräsident und Geschäftsführer des „Mainzer Adelsvereins" sowie herzoglich

Hinweise

nassauischer Oberst im Kriegsministerium.

Animiert durch verschiedene Bücher über Texas und durch den texanischen Unabhängigkeitskampf, gehörte er am 20. April 1842 nicht nur zu den Mitbegründern des „Mainzer Adelsvereins" in Biebrich bei Wiesbaden, sondern wurde auch gleich zum Vizepräsidenten und Geschäftsführer gewählt. Unter seiner Führung wurde der „Adelsverein" im März 1844 in eine Aktiengesellschaft umgewandelt.

Doch Mitte der 1840er-Jahre geriet der Verein in größte finanzielle Not, die nicht zuletzt auch durch Castell selbst verschuldet war, der zwar ein großes Interesse an der Kolonialisierung des Staates Texas hatte, doch finanziell wenig geschickt war. Im Jahr 1847 trat er als Geschäftsführer zurück und die Geschicke des „Adelsvereins" wurden von August Freiherr von Bibra übernommen. (wikipedia.de)

10 **Henry Francis Fisher** (1805-1867) war ein bemerkenswerter deutscher Texaner. Geboren in Kassel, Hessen, 1837 oder Anfang 1838 kam er nach Houston, Texas, wo er als Hanse (Bremer) Konsul in Texas diente. (wikipedia.org: Übersetzung des Herausgebers)

11 **Friedrich Wilhelm von Wrede** (1786-1845). Am 24. Oktober 1845, bei einem Rückflug von Austin nach New Braunfels, von Wrede und Oscar von Claren wurden von Indianern an einem Ort, der als Live Oak Spring bezeichnet wurde, zehn bis zwölf Meilen von Austin, getötet und skalpiert.

12 **Ludwig Willke** (1818-1893) war früher Leutnant in der preußische Armee und wohnte bereits mit seiner Familie in Texas bei Solms' Ankunft.

13 **Louis Cachand Ervendberg** (1809–1863?). In Houston am 22. Dezember 1839 Ervendberg hielt er die ersten Gottesdienste unter den Deutschen in Texas. Er war auch Pastor in Industrie, Cat Spring, Biegel, La Grange und Columbus. Ervendberg wurde von Fürst Carl von Solms-Braunfels eingeladen, den Adelsverein-Einwanderern zu dienen, die er von Indianola zum Ort des heutigen New Braunfels begleitete. (wikipedia.org. Übersetzung des Herausgebers).

Hinweise

14 **Karlshafen** ist der ehemalige Name (1844–1849) der heute verlassenen Stadt Indianola (Texas).

15 **Nicolaus Zink** (* 4. Februar 1812 in Bamberg; † 3. November 1887 in Comfort, Texas, USA) war ein deutschamerikanischer Bauingenieur und Landwirt. Er führte Anfang 1845 den ersten Siedler-Treck des Mainzer Adelsvereins nach Texas und baute dort das Fort Zinkenburg, den Vorläufer der Ortschaft New Braunfels im Comal County.

Zink heiratete noch in Deutschland seine erste Ehefrau Luise von Kheusser. Die Ehe wurde 1847 in Texas wieder geschieden. Bald danach (1848/1849) heiratete Zink in Sisterdale (Kendall County) seine zweite Ehefrau Elisabeth. Schließlich heiratete er in dritter Ehe noch vor 1870 die Engländerin Agnes Williams.

Zink war zunächst Offizier in der königlich bayerischen Armee und war als Militärangehöriger an der Planung der ersten griechischen Eisenbahnstrecke beteiligt, später arbeitete er als Bauingenieur.

Ende des Jahres 1844 wanderte der „Freidenker" Zink mit seiner Ehefrau und der ersten Siedlergruppe, die vom Mainzer Adelsverein organisiert worden war, nach Texas aus. Im Dezember erreichten sie den Landeplatz Indianola (Karlshafen) in der Matagorda Bay im Calhoun County. Unter dem Kommando des damaligen Generalkommissars des Adelsvereins, Carl Prinz zu Solms-Braunfels, führte Zink den Treck aus unzähligen Karren und Wagen mehr als 3 Monate lang am Guadalupe River flussaufwärts über Victoria, McCoy's Creek und Seguin durch das unbesiedelte Texas. Unterwegs trennte sich Prinz zu Solms von seinem Treck und überließ seinem Stellvertreter von Coll und Nicolaus Zink das Kommando. Am 21. März 1845 erreichten die deutschen Auswanderer jenes Gebiet am Ostufer des Comal Creek, wo später die Siedlung New Braunfels gegründet wurde. Dort trafen sie auch wieder auf deren Namensgeber Prinz zu Solms-Braunfels.

Bei leichtem Schneesturm ließ Zink schnellstmöglich ein Fort zum Schutz der provisorischen Zeltstadt vor Witterung und vor allem vor Comanche-Indianern errichten, die nach ihm Zinkenburg genannt wurde. Das Fort hatte sogar zwei Bastionen mit Kanonen bestückt. In diesem Fort lebten die Deutschen, bis feste Häuser gebaut

Hinweise

werden konnten. Als Ingenieur entwickelte Zink die Pläne, nach denen die spätere Siedlung New Braunfels aufgebaut und das angrenzende Farmland eingeteilt wurde. Ihm zu Ehren wurde später in der Stadt die Zink Street benannt. Schon im Jahr 1850 war New Braunfels die viertgrößte Stadt des Staates Texas.

Als Lohn erhielt Zink ein 25 Acre großes Grundstück in der Stadt und 100 Acre Farmland außerhalb, die er in kleinere Grundstücke aufteilte, um sie verkaufen zu können. Im Jahr 1846 transportierte er Fahrgäste und Handelswaren zwischen Houston und New Braunfels.

Nach der Trennung von seiner Ehefrau im Jahr 1847 wollte Zink eigentlich nach Fredericksburg im Gillespie County ziehen, landete jedoch am Sister Creek im benachbarten Kendall County. Dort baute er ein zweistöckiges Blockhaus, das erste Gebäude genau an der Stelle, wo später die Siedlung Sisterdale entstehen und als das bekannteste Latin Settlement in die texanische Geschichte eingehen wird.

Zink setzte sich ganz allein gegen die Comanche durch, wurde in den nächsten Jahren ein erfolgreicher Farmer und erzielte einen guten Preis für seinen Weizen, den er an die Quartiermeister der nahen Armee-Unterkünfte verkaufte. In dieser Zeit heiratete Zink ein zweites Mal – Elisabeth.

In dieser Zeit um 1850 lebte eine Gruppe deutscher Forty-Eighters und Freidenker zusammen mit Zink in Sisterdale, z.B. der frühere Politiker Eduard Degener und der Pädagoge Adolph Douai. Im Jahr 1850 verkaufte Zink sein Haus und einiges Land an Eduard Degener und baute sich am Baron Creek südlich von Fredericksburg eine Mühle, von deren Ertrag er als Müller lebte. Im Jahr 1853 wohnte das Ehepaar Zink in der neuen Ortschaft Comfort, einem ebenfalls von deutschen Intellektuellen gegründeten Latin Settlement.

Zwanzig Jahre später, im Jahr 1870, lebte der 58-jährige Zink als Schindel-Hersteller (shinglemaker) mit seiner dritten Ehefrau im Kendall County in einem zweistöckigen Farmhaus am Spanish Pass zwischen Comfort und Boerne – auf der heutigen Don Strange Ranch. Das Haus steht seit 1984 unter Denkmalschutz. (wikipedia.-

Hinweise

de)

16 Dr. **Koester** wurde 1817 in Frankfurt geboren.

17 Nach eine Erzählung von Myra Lee Adams Goff, **Johann Jakob von Coll**, geboren in Wiesbaden in 1814. In 1852 von Coll besitze ein Saloon auf dem Marktplatz in New Braunfels. Ein Farmer namens Völker kam herein und schimpfte über dem Adelsverein und sagte es sei eine kriminelle Vereinigung. Von Coll holte seine Pistole aus seiner Stube und als er zurückkam, griff Völker ihn mit einem Messer an, zog Coll's Pistole und erschoss ihn.

18 **Jüdische Texaner** waren Teil der texanischen Geschichte, seit dem die ersten europäischen Entdecker in die Region im 16. Jahrhundert kamen. Mehr Information: http://mussenstellen.com/article/geschichte-der-juden-in-texas.

19 **Oscar von Claren** (1812–1845).

20 Die Pocken (auch **Blattern**; lateinisch Variola) sind eine für den Menschen gefährliche Infektionskrankheit, die von Pockenviren verursacht wird. (wikipedia.de)

21 Die **Comanche**, auch Komantschen genannt, sind ein Volksstamm der Indianer Nordamerikas, deren Vorfahren zusammen mit den sprachlich und kulturell verwandten Östlichen Shoshone einst am Oberlauf des Platte River im Osten Wyomings lebten, bevor sie Anfang/Mitte des 17. Jhd. über das Große Becken nach Süden und Südosten auf die Central Plains vordrangen. Ab 1750 waren die Comanche die dominante militärische sowie politische Macht der Südlichen Plains und hatten ein Handelsnetzwerk im Südwesten der Vereinigten Staaten etabliert. Als nomadische Plainsindianer gehörten sie zum Kulturareal der Prärien und Plains, hatten jedoch manche Traditionen der Stämme des Großen Beckens beibehalten. (wikipedia.de)

22 Ein **Texas Norther** oder Blue Norther, kurz auch Norther, bezeichnet in der Meteorologie ein im mittleren Westen und auf den Great Plains der USA auftretendes Wetterphänomen in Form einer Kältewelle. Der Name dieses Phänomens bezieht sich zum einen auf die

Hinweise

Windrichtung aus Norden, zum anderen auf den Bundesstaat Texas bzw. auf den klaren dunkelblauen Himmel, der mit einem blue norther einhergeht.

Da auf dem nordamerikanischen Festland nennenswerte Wetterscheiden in Form von Gebirgszügen in Ost-West-Richtung fehlen, kann zu allen Jahreszeiten kalte Polarluft von der Hudson Bay bis an die Golfküste gelangen und drastische Temperaturstürze verursachen. Bei einem norther fallen die Temperaturen um bis zu 25 °F (~14 °C) in der Stunde. Die als norther bezeichnete Wetterlage kann bis zu drei Tage lang anhalten.

23 **San Antonio** ist die älteste Stadt in Texas. Das Gebiet wurde 1691 erstmals von einer spanischen Vorhut erkundet. Der Name geht zurück auf den Heiligen Antonius von Padua, an dessen Gedenktag die Missionare in der Gegend haltgemacht hatten. 1718 bauten die Franziskaner (OFM) die Missionsstation San António de Valero, jenes Gebäude, das heute gemeinhin als das Alamo bekannt ist. Bei einem Militärstützpunkt zum Schutz der Missionare wurde 1735 die Siedlung San Antonio de Béxar gegründet, von der die heutige Stadt abstammt.

Die Stadt war zunächst Teil der spanischen Besitzungen und dann derer von Mexiko. San Antonio wurde am 9. Dezember 1835 von Truppen der bald daraufhin ausgerufenen Republik Texas im Aufstand gegen das mexikanische Regime von Antonio López de Santa Anna erobert.

24 **Juan Martin de Veramendi** (Dezember 17, 1778–1833).

25 **Georg Friedrich August Klappenbach** war Bürgermeister in Anklam in 1844. (http://www.anklam.de/Rathaus/Bürgermeister/alle-Bürgermeister).

26 Auch die Fahne in Rot-Weiß-Rot findet sich seit dem 14. Jahrhundert, seltener als Heerzeichen, wo sie hinter die **schwarz-goldenen kaiserlichen Reichsbanner** des Heiligen Römischen Reiches zurücktritt, als bei Zeremonien und festlichen Anlässen. (wikipedia.de)

27 Die **Cunard Line** ist eine britische Reederei mit Sitz in Southampton

Hinweise

und Santa Clarita, Kalifornien. Gegründet 1839, betrieb die Reederei einen Liniendienst nach Boston und Halifax, 1851 wurde New York City Endhafen. 1840 liefen die ersten Schiffe der Linie von Stapel, die Britannia, Acadia, Caledonia und Columbia, bis auf das letztere nahmen alle noch im selben Jahr den Betrieb auf. Konstruiert wurden sie von Robert Napier, der in erster Linie die Schiffsmaschinen baute und der wichtigste Berater des gesamten Projektes. Dies war der Beginn der weltweiten Passagier- und Frachtschifffahrt mit Dampfschiffen im großen Umfang. Britannia und Caledonia waren auch die ersten Schiffe der Reederei, die das Blaue Band für die schnellste Überquerung des Atlantiks eroberten. (wikipedia.de)

28 **Carl Ferdinand von Roemer** (* 5. Januar 1818 in Hildesheim; † 14. Dezember 1891 in Breslau) war ein deutscher Geologe, Paläontologe und Mineraloge. Als Hochschullehrer wurde er zum „Vater der texanischen Geologie".

Im Jahr 1845 reiste er über New York City nach Texas, wo er zwischen November 1845 und dem 8. Mai 1847 zwischen Galveston (Texas) und Houston, westlich im Gebiet New Braunfels und Fredericksburg bis in den Norden bei Waco im McLennan County die Fauna und Flora sowie den geologischen Bestand des Landes studierte – auch mit Abstechern in andere Südstaaten. Hier arbeitete er unter anderem mit dem Botaniker Otfried Hans von Meusebach zusammen. (wikipedia.de)

29 **Robert Simpson Neighbors** (November 3, 1815 – September 14, 1859) war ein indischer Agent und Texas Staatsgesetzgeber. Bekannt als ein fairer und entschlossener Beschützer der indischen Interessen, wie durch den Vertrag garantiert, wurde er für seine Überzeugungen von einem Texaner ermordet, der mit den Rechten der Comanches nicht einverstanden war. (wikipedia.com – Übersetzung des Herausgebers).

30 **Hermann Spieß** (* 1818 in Offenbach am Main, Hessen; † um 1873 in Texas, USA) war Studentenführer, wanderte 1847 nach Texas aus und war dritter und letzter Generalkommissar des „Mainzer Adelsvereins".

Spieß war der Sohn des Musikers und Pastors Johann Balthasar

Hinweise

Spieß, Förderer des öffentlichen Schulsystems in Offenbach, und der Luise Werner.

Sein Bruder Adolf Spieß war der Lehrer des jungen Carl Prinz zu Solms-Braunfels, dem ersten Generalkommissar des Mainzer Adelsvereins.

Während der Studentenunruhen von 1833 (siehe auch: Frankfurter Wachensturm) floh Spieß nach Burgdorf in die Schweiz. 1835 kehrte er auf das Gymnasium nach Darmstadt zurück, wo er 1838 sein Abitur machte. Im Frühjahr des Jahres begann er sein Studium an der Universität Gießen, wurde aber nach seinem Protest gegen das reaktionäre System für 2½ Jahre ausgeschlossen. Während dieser Zeit besuchte er das Polytechnische Institut in Karlsruhe und die „Akademie für Naturwissenschaften". 1842 kehrte er an die Universität Gießen zurück und machte dort seine Examen. 1842–1845 war er Mitglied der „Holz- und Forst-Kommission" in Darmstadt, wo er Ende 1844 sein zweites Examen ablegte.

Im Frühjahr 1845 nahm er eine zweijährige „Auszeit" und ging nach New York City, dann nach Milwaukee im Staat Wisconsin, New Orleans in Louisiana, Galveston (Texas) und kam schließlich im Frühjahr 1846 nach New Braunfels, dem texanischen „Hauptquartier" des Mainzer Adelsvereins. Bald kehrte Spieß nach Deutschland zurück, fühlte sich in seiner Heimat aber aufgrund der gesellschaftlichen Zustände unwohl. Er überzeugte seine Freunde Dr. Ferdinand von Herff, einen Verwandten von Otfried Hans Freiherr von Meusebach, dem zweiten Generalkommissar des „Mainzer Adelsvereins" in Texas, und Gustav Schleicher, in Wisconsin die sozialistische Kolonie Bettina (Texas) am Nordufer des Llano River zu gründen. Nachdem er eine Gruppe junger Leute für seinen Plan begeistert hatte, die sich die „Darmstädter", „Gesellschaft der Vierziger" oder die „Freidenker" nannten, wurde dieser Plan in Darmstadt öffentlich bekannt. Carl Graf zu Castell-Castell, Mitglied des „Mainzer Adelsvereins", überzeugte ihn in Wiesbaden, diese Kolonie doch in Texas auf dem Vereinsgebiet zu gründen. Spieß stimmte dieser Überlegung zu. Er und Herff erreichten New York im April 1847 und setzten ihre Reise nach New Orleans und Galveston fort. Während Spieß nach New Braunfels weiterzog, blieb Herff zunächst an der Küste,

Hinweise

um die „Darmstädter" im von Carl Prinz zu Solms-Braunfels 1844 gegründeten Carlshafen (heute: Indianola (Texas)) in Empfang zu nehmen.

Vom 20. Juli 1847 bis zur Auflösung des „Mainzer Adelsvereins" am 23. Februar 1848 war Spieß der dritte und letzte Generalkommissar des Vereins in Texas – nach Carl Prinz zu Solms-Braunfels und Otfried Hans Freiherr von Meusebach, setzte seine Tätigkeit allerdings für die Nachfolgeorganisation, die „Deutsche Colonisationsgesellschaft für Texas" bis 1852 fort, bis er von Louis Bene abgelöst wurde. Während seiner Amtszeit wurden allerdings keine neuen Siedlungen mehr gegründet.

www.ingramcontent.com/pod-product-compliance
Lightning Source LLC
LaVergne TN
LVHW030411120526
838202LV00098BA/299